NIVEAU C1.2

SICHER

IN ALLTAG UND BERUF!

DEUTSCH ALS ZWEITSPRACHE
KURS- UND ARBEITSBUCH

Michaela Perlmann-Balme
Susanne Schwalb
Magdalena Matussek

Hueber Verlag

2 ◀)) 6 Hörtext der Kurs- bzw. Arbeitsbuch-CD im Medienpaket (978–3–19–241209–7),
hier CD 2, Track 6.

18 Film(abschnitt) auf der DVD im Medienpaket (978–3–19–241209–7), hier Film 18.

Hörtexte und Filme können Sie auch über die kostenlose **Hueber Media**-App für Smartphone und Tablet
abrufen. Die Hörtexte stehen zudem als MP3-Dateien unter www.hueber.de/sicher-in-alltag-und-beruf
zum kostenlosen Download bereit.

→ AB 91/Ü2 Verweis auf passende Übung im Arbeitsbuch, hier z. B. auf Seite AB 91, Übung 2.

GRAMMATIK Übersicht → KB 96/1 Verweis auf Grammatikübersicht am Ende der Lektion,
hier auf Seite KB 96, Abschnitt 1.

← KB 89/4 Seite und Aufgabe im Kursbuch, auf der dieses Thema der Grammatikübersichtsseite
behandelt wird, hier z. B. auf Seite KB 89, Aufgabe 4.

zu Hören, KB 132, Aufgabe 2
Verweis auf zugehörige Aufgabe im Kursbuch, hier z. B. auf Seite KB 132, Aufgabe 2.

Für die hilfreiche Beratung bei der Überarbeitung des Lehrwerks danken wir:
Marija Francetić, Zagreb; Tünde Salakta, Budapest; Ludwig Hoffmann, Birgit Kneiert,
Frankfurt/Main; Esther Haertl, Nürnberg; Gunda Heck, Wilnsdorf; Alexander Oertel, Weimar.

Phonetik: Silvia Dahmen, Köln

4. 3. 2.   Die letzten Ziffern
2027 26 25 24 23   bezeichnen Zahl und Jahr des Druckes.
Alle Drucke dieser Auflage können, da unverändert,
nebeneinander benutzt werden.
1. Auflage
© 2020 Hueber Verlag GmbH & Co. KG, München, Deutschland
Umschlaggestaltung, Layout und Satz: Sieveking · Agentur für Kommunikation, München
Redaktion: Isabel Krämer-Kienle, Karin Ritter, Felix Steffan und Ingo Heyse,
Hueber Verlag GmbH & Co. KG, München
Druck und Bindung: Westermann Druck Zwickau GmbH, Zwickau
Printed in Germany
ISBN 978–3–19–221209–3

Art. 530_25543_001_02

INHALT KURSBUCH

KURSPROGRAMM

KURSPROGRAMM

SPRECHEN	SEHEN UND HÖREN	WORTSCHATZ	GRAMMATIK
In einer Diskussionsrunde Stellung beziehen **KB 93**	Einem Animationsfilm Detailinformationen entnehmen **KB 88**	Nachrichten aus der Wirtschaft verstehen **KB 92**	Verbalstil – Nominalstil; Kausale Zusammenhänge; Adjektive **KB 96**
Sich über die Ergebnisse eines Psychotests austauschen **KB 101**	Detailinformationen einer Vorlesung erfassen **KB 107**	Verhaltenstipps verstehen und Ratschläge erteilen **KB 100**	Gerundiv als Passiversatz; Aspektverschiebung mit Modalverben: Aktiv und Passiv; Passiversatz mit *bekommen* + Partizip II; Wortbildung: Nachsilben bei Adjektiven **KB 108**
Eine Debatte führen und Feedback geben **KB 123**	Die Kernaussagen einer Reportage und einer Podiumsdiskussion verstehen **KB 117**	Die Beschreibung eines Wettbewerbs verstehen und Schlüsselbegriffe erklären **KB 119**	Konditionale und konzessive Zusammenhänge; Adjektive und Partizipien mit Präpositionen; Präzisierende Verbindungsadverbien **KB 124**
Eine gemeinsame Auswahl treffen und das Ergebnis präsentieren und begründen **KB 129**	Ein Autorinnenporträt auf Detailebene verstehen **KB 135**	Erscheinungsformen von Büchern benennen und einen Ablauf beschreiben **KB 128**	Variationen der Satzstellung; Nachsilben bei Nomen; Temporale und finale Zusammenhänge **KB 136**
1 Aufbau und Inhalt einer Grafik präsentieren **KB 145** **2** Komplimente machen und auf Komplimente reagieren **KB 150**	Ein Werbevideo verstehen **KB 151**	Über berufliche Erfahrungen berichten **KB 147**	Konsekutive und modale Zusammenhänge; Vergleiche; Vorsilben *er-* und *re-* **KB 152**
Eine Kurzpräsentation vorbereiten und halten **KB 158**	Einem studentischen Kurzfilm Detailinformationen entnehmen **KB 163**	Tätigkeiten bei Experimenten beschreiben **KB 162**	Präpositionen mit Genitiv; Partizipialsätze; Vorsilben *durch-*, *über-*, *um-* und *unter-* **KB 164**

VORWORT

Liebe Leserinnen und Leser,

das Lehrwerk **SICHER IN ALLTAG UND BERUF!** ist die Inlandsausgabe der Lehrwerksreihe **SICHER!** und führt zum Abschluss der Stufen **B1+**, **B2** oder **C1** des *Gemeinsamen Europäischen Referenzrahmens für Sprachen*. Es richtet sich an fortgeschrittene erwachsene Deutschlernende ab 16 Jahren im deutschsprachigen Inland.

SICHER IN ALLTAG UND BERUF! C1 bereitet auf alle gängigen C1-Prüfungen vor, darunter das *Goethe-Zertifikat C1* und das *ÖSD-Zertifikat C1* sowie die *telc-Prüfungen Deutsch C1* und den *TestDaF*. Jedes Aufgabenformat der genannten Prüfungen wird mindestens einmal im Lehrwerk geübt. Eine Auflistung der Prüfungsformate im Lehrwerk finden Sie im Anhang (AB 192 – 193).

Die Lektionen sind in die Bausteine **LESEN** – **HÖREN** – **SCHREIBEN** – **SPRECHEN** – **WORTSCHATZ** – **SEHEN UND HÖREN** gegliedert. Am Ende jeder Lektion befindet sich eine kompakte und übersichtliche Darstellung der jeweiligen **GRAMMATIK**. Auf jede zweite Lektion folgen vier Seiten **EXTRA BERUF** mit je einem berufsspezifischen Thema. Auf der Niveaustufe C1.2 ist der übergreifende Kontext das Themenfeld *Beruflich unterwegs*.

In verschiedenen Kursen kann das Lernprogramm je nach Bedarf, Interesse und Zeitrahmen individuell zusammengestellt werden. Die Lektionen enthalten aktuelle, authentische Lernmaterialien für die Bereiche Alltag, Beruf, Studium und Ausbildung. Es findet sich ein breites Spektrum an aktuellen alltags- und berufsrelevanten Textsorten wie z. B. Zeitungsartikel, Blogs, Prospekte und Diskussionsbeiträge. Dazu gibt es abwechslungsreiches Aufgaben- und Übungsmaterial, das die Rezeption und die handlungsorientierte Produktion gleichermaßen fördert.

In der Rubrik „Wussten Sie schon?" wird modernes landeskundliches Wissen über die deutschsprachigen Länder vermittelt und damit der Blick für interkulturelle Themen und Fragestellungen geschärft. Strategien zum Lernen werden durch gezielte Aufgaben und praxisnahe Tipps gefördert.

Um individuellen Bedürfnissen gerecht zu werden, können Lernende auf die vertiefenden Übungen im Arbeitsbuch zurückgreifen. Am Ende der einzelnen Lektionen im Arbeitsbuch steht ein Selbsttest zur Verfügung.

Das Medienpaket zu **SICHER IN ALLTAG UND BERUF! C1** (978–3–19–241209–7) umfasst vier CDs mit Höraufnahmen zum Kurs- und Arbeitsbuch sowie eine DVD mit Filmen zum Baustein **SEHEN UND HÖREN**. Auf diese Medien kann auch über eine kostenlose App zugegriffen werden. Weitere Informationen und Materialien zum Unterrichten und Lernen finden Lehrkräfte und Lernende zudem unter **WWW.HUEBER.DE/SICHER-IN-ALLTAG-UND-BERUF**.

Viel Spaß mit **SICHER IN ALLTAG UND BERUF!** wünschen Ihnen Autorinnen und Verlag

7 FINANZEN

1 Umgang mit Geld

a Arbeiten Sie zu dritt. Sehen Sie die Fotos an. Was haben die Bilder mit dem Thema *Finanzen* zu tun?

b Lesen Sie die Aussagen rechts. Beschreiben Sie die Personen (Alter, Beruf, Konsumverhalten), die hinter diesen Aussagen stehen könnten.

> Wenn ich mir etwas wünsche, kaufe ich es mir, egal wie viel Geld ich auf dem Konto habe!

> Ich spare monatlich immer etwas für unvorhergesehene Ausgaben.

2 Sparen → AB 91/Ü2

Wie kann man im täglichen Leben sparen? Schreiben Sie einen Tipp auf einen Zettel. Alle Zettel werden eingesammelt und neu verteilt. Lesen Sie die Tipps im Kurs vor und diskutieren Sie, was Sie von den Ideen halten.

> Nimm immer die 2-Euro-Münzen aus dem Portemonnaie und wirf sie in eine Spardose.

1   Alternative oder Utopie? → AB 91–92/Ü3–4

a   Sehen Sie sich das Foto an. Worum könnte es sich hierbei handeln?

b   Lesen Sie den Text und entscheiden Sie, welche Lösung bei den Fragen (1–4) passt. Für jede Frage gibt es genau eine richtige Lösung.

1 Auf welchen Aspekt nimmt Absatz 2 Bezug?
- a Der radikale Lebenswandel Fellmers war für seine Familie ein Problem.
- b Die extreme Lebensform Fellmers wurde von seinen Nachbarn kritisiert.
- c Der außergewöhnliche Lebensstil Fellmers interessierte seine Mitmenschen wenig.
- d Mit seiner geldlosen Lebensweise sorgte Fellmer für viel Medieninteresse.

2 Laut Absatz 4 hat Raphael Fellmer …
- a das Geschäftskonzept von *SirPlus* im Alleingang entwickelt.
- b bei der Planung von *SirPlus* auf seine bisherigen Projekte zurückgreifen können.
- c geplant, mit *SirPlus* anderen Supermarktketten Konkurrenz zu machen.
- d die bestehende Infrastruktur der *Tafeln* zu seinem Vorteil genutzt.

3 Welche der folgenden Überschriften passt inhaltlich am besten zu Absatz 5?
- a Lebensmittelretter auf dem Vormarsch: Fellmers Team plant weitere *Rettermärkte*
- b Profit durch Abfall: Macht *SirPlus* bald den Discountern Konkurrenz?
- c Gewinn ohne Reue: Wie Sie weggeworfene Lebensmittel zu Geld machen
- d Erst bio, dann vegan, jetzt gerettet: Gibt es bald ein eigenes Siegel?

4 Was zeichnet einen Lebensmittelretter wie Fellmer aus?
- a Er ist darauf bedacht, nur so viele Lebensmittel zu kaufen, wie er konsumiert.
- b Er ernährt sich bewusst und versucht, auf so viel wie möglich zu verzichten.
- c Er sucht Gleichgesinnte und demonstriert gegen die Lebensmittelverschwendung.
- d Er ernährt sich hauptsächlich von Lebensmitteln, die aussortiert wurden.

Der Lebensmittelretter

Jedes Jahr landen tonnenweise Lebensmittel im Müll. Grund ist nicht, dass sie schimmelig oder ungenießbar sind. Oft sind ein abgelaufenes Mindesthaltbarkeitsdatum oder Überproduktion der Anlass dafür, dass Supermärkte oder Produzenten Lebensmittel entsorgen, die eigentlich
5   noch essbar wären. Zwar hat sich die Politik das Ziel gesteckt, diese Art der Lebensmittelverschwendung zu reduzieren – konkrete Konzepte oder Anreize gibt es jedoch noch keine. Die Lebensmittelverschwendung macht viele Menschen unzufrieden. Deshalb versuchen einige in Eigeninitiative, die weggeworfenen Lebensmittel zu sammeln und zu verteilen. Einer von ihnen ist der Berliner Raphael Fellmer.

10   Seine Karriere als Aktivist begann Fellmer ursprünglich im Jahr 2010, als er von einem Tag auf den anderen beschloss, ohne Geld zu leben. Er verdiente nichts und gab auch kein Geld mehr aus. Fünfeinhalb Jahre lebte er auf diese Weise mit seiner Frau und seinen zwei Kindern in und um Berlin. Die extreme Veränderung seiner Lebensweise sorgte für viel Aufmerksamkeit und er fand einige Unterstützer, die ihn bei sich wohnen ließen oder ihm Kleidung oder
15   Möbel schenkten. Die Reaktion der Medien war unterschiedlich. Erst als er immer öfter mit der Frage konfrontiert wurde, ob er nicht auf Kosten anderer und damit als Schmarotzer lebe, beendete er seinen radikalen Geld- und Konsumstreik. Was blieb, war sein Plan, das ressourcenschonende Konzept des *Teilens* in die Mitte der Gesellschaft zu bringen.

Lebensmittel holte sich Fellmer in seiner geldlosen Lebensphase aus der Mülltonne eines
20   Berliner Biosupermarkts, nachdem diese abends weggeworfen worden waren. Da er mit dieser als *Containern* bezeichneten Art der kostenlosen Lebensmittelbeschaffung kein Einzelkämpfer war, schloss er sich schon bald der jungen Initiative *foodsharing* an. Die tatkräftige Zusammenarbeit motivierte ihn. Mit seinen Mitstreitern setzte er sich das Ziel, Lebensmittel flächendeckend vor der Entsorgung zu retten, indem Ehrenamtliche diese bei Händlern und
25   Produzenten einsammeln und an die Mitglieder der Initiative verteilen. In kürzester Zeit entstand so ein Netzwerk von Tausenden Nutzern in Deutschland, Österreich und der Schweiz.

30

Die durch sein Engagement bei *foodsharing* gesammelten Erfahrungen brachten Fellmer auch auf die Idee zu seinem neuesten Projekt: Ein Onlineshop und mehrere Filialen, auch *Retter-märkte* genannt, in denen man Lebensmittel einkaufen kann, die sonst auf dem Müll gelandet wären. *SirPlus* heißt das Geschäftsmodell, bei dem Fellmer und sein Team bereits entsorgte Lebensmittel wieder in den Verkauf zurückholen. Er will den Verkauf dieser Lebensmittel aber nicht um jeden Preis. Den Tafeln, die aussortierte Lebensmittel kostenlos an Bedürftige verteilen, macht Fellmer nach eigenen Angaben keine Konkurrenz. *SirPlus* nehme nur das an, was die Tafeln nicht haben möchten – also auch Lebensmittel, deren Mindesthaltbarkeit

35

bereits abgelaufen ist.

In Zukunft soll es Märkte von *SirPlus* nicht nur in Berlin, sondern überall geben. Die finanziellen Voraussetzungen für das Franchising sicherten sich die selbst ernannten Lebensmittelretter durch eine *Crowdfunding*-Kampagne. Aus dem Idealisten Fellmer, der ohne Geld lebte, ist so ein Startup-Unternehmer geworden, der mit modernsten Methoden operiert. Er

40

sieht die Dinge positiv und begeistert damit auch andere für seine Idee. Er schwärmt bereits von neuen Projekten, mit denen er noch mehr Menschen an die nachhaltige Verwendung von Lebensmitteln heranführen und ihnen zeigen kann, dass sie damit nicht nur die Umwelt schonen, sondern auch ihren Geldbeutel.

c Welche Ziele verfolgt Raphael Fellmer mit seinem Lebensstil? Unterstreichen Sie im Text.

d Könnten Sie sich ein Leben wie das von Raphael Fellmer vorstellen? Warum (nicht)?

2 Verbalstil – Nominalstil: Teil 1 → AB 93–94/Ü5–8

GRAMMATIK
Übersicht → KB 96/1

a *Verbalstil* oder *Nominalstil*? Ergänzen Sie die Überschriften.

stil	stil
1 Lebensmittel werden verschwendet – und das macht viele Menschen unzufrieden.	Die Lebensmittelverschwendung macht viele Menschen unzufrieden.
2 Die Medien reagierten unterschiedlich.	Die Reaktion der Medien war unterschiedlich.
3 Man arbeitete tatkräftig zusammen, was ihn motivierte.	Die tatkräftige Zusammenarbeit motivierte ihn.
4 Er will diese Lebensmittel aber nicht um jeden Preis verkaufen.	Er will den Verkauf dieser Lebensmittel aber nicht um jeden Preis.
5 Er sieht die Dinge positiv und begeistert damit auch andere für seine Ideen.	Seine positive Sicht der Dinge begeistert auch andere für seine Ideen.

b Ergänzen Sie die Nomen mit Artikel. Unterstreichen Sie Vokaländerungen.

verstehen → *das Verständnis*   reagieren → _____

finden → *der Fund*   verkaufen → _____

verschwenden → _____   sehen → _____

c Ergänzen Sie.

1 Seine Familie versteht ihn und das bestärkt ihn.

   Das _____ bestärkt ihn.

2 Dass so viele Lebensmittel entsorgt werden, beschäftigt auch die Politik.

   Die _____ beschäftigt auch die Politik.

Ich kann jetzt …
- eine Reportage über das Thema *Lebensmittelverschwendung* verstehen. ☐ ☐ ☐
- in einem Text wichtige Einzelinformationen finden und richtig einordnen. ☐ ☐ ☐
- Verbalstil und Nominalstil verstehen und anwenden. ☐ ☐ ☐

SEHEN UND HÖREN

1 Eine Animation

Sehen Sie das Bild an. Worum könnte es in dem dazugehörigen Film gehen? Welche Rolle spielt die Figur?

2 Wach auf! → AB 95–96/Ü9–10

 a Arbeiten Sie in zwei Gruppen. Sehen Sie den
Animationsfilm <u>ohne</u> Ton an. Gruppe 1 notiert
möglichst detailliert, welche Personen vorkommen
und welche Rolle sie wohl spielen. Gruppe 2 notiert
möglichst viele Dinge, die mit Geld zu tun haben.

Personen	Geld
junger Mann mit Kinnbärtchen und dunklen Haaren = die Hauptfigur *Mann mit Brille = ...*	*Sparschwein, Euro-Münzen, ...*

b Lesen Sie den Refrain. Worum geht es in dem Song wohl? Wen spricht der Sänger hier an?

> **Wach auf! Es ist deine Schuld!**
> **Der Vertrag ist unterschrieben.**
> **Deine Rechnungen sind geblieben.**
> **Dein Geld ist rausgeschmissen. Pass auf!**

 c Sehen Sie den Anfang des Films an und hören Sie die ersten Takte des Liedes.
2 ◀)) 1 Um welchen Musikstil handelt es sich?

d Sehen Sie nun den Film in Abschnitten an.

 Abschnitt 1
2 ◀)) 2
Sehen Sie den ersten Abschnitt an. Verfassen Sie dann
mithilfe der Stichpunkte eine kurze Inhaltsangabe.

> sparen • Versprechen der Werbung •
> Rechnungen • Mahnungen • Ratenzahlung •
> Schulden • Vertrag unterschreiben • Kosten

> *Umgangssprache*
> *Umgangssprachliche Ausdrücke zei-*
> *gen sprachliche Kompetenz, sofern*
> *sie gezielt im richtigen Kontext ver-*
> *wendet werden. Andernfalls wirken*
> *sie störend und unangebracht. Notie-*
> *ren Sie daher in Ihrer Vokabelkartei,*
> *ob es sich bei einem Wort oder einer*
> *Redewendung um Umgangssprache,*
> *Jugendsprache oder Dialekt handelt.*

Es geht in dem Rap darum, dass junge Menschen ...

 Abschnitt 2
2 ◀)) 3
■ Sehen Sie den zweiten Abschnitt an. Erklären Sie die umgangssprachlichen Ausdrücke.
1 Mandy hat sich einen Typen angelacht. = *Mandy hat eine Beziehung mit einem jungen Mann begonnen.*
2 Jetzt hat sie ihn am Hals. = _____
3 Er hat eine dicke Karre. = _____
4 Er macht einen dicken Mann. = _____
5 Er hat die Kohle von Mandy. = _____
6 Sie lässt ihm alles durchgehen. = _____
7 Sie muss diesen Typen vor die Tür setzen und abschreiben. = _____
8 Es könnte in ihrer Bude kalt werden. = _____

■ Erzählen Sie die Geschichte von Can C. und Mandy in eigenen Worten nach.

3 Schuldenprävention einmal anders

a Lesen Sie den Pressebericht. Fassen Sie ihn in eigenen Worten zusammen.

> ### „WACH AUF!"
> **Jugendliche produzieren mit der AWO Kreisverband Berlin Spree-Wuhle e.V. einen Film zur Schuldenprävention.**
>
> Immer mehr Menschen sind überschuldet. Betroffen sind auch junge Erwachsene, die
> 5 den Umgang mit Geld weder im Elternhaus noch in der Schule erlernt haben und allzu
> leicht in die Schuldenfalle geraten. Die Schuldnerberatung der Arbeiterwohlfahrt AWO
> KV Berlin Spree-Wuhle e.V. brachte Jugendliche aus dem Bezirk mit Künstlern und
> Profis des *Jugend- und Kulturzentrums Schlesische27 e.V.* zusammen. In zwei Wochen-
> endworkshops ging es um die Themen *Geld*, *Konsum* und *Schulden*. Die Jugendlichen
> 10 (alle aus Hauptschulen bzw. Oberstufenzentren, ohne und mit Migrationshintergrund
> aus sieben Ländern) setzten gemeinsam mit den Profis ihre Eindrücke und Erfahrungen
> in verschiedenen Medien um. Entstanden sind ein Plakat, drei Filme sowie Musik und
> Text für einen Rap, der den Trickfilm begleitet.

b Wie kann man Jugendliche zum verantwortungsvollen Umgang mit Geld erziehen? Diskutieren Sie.

4 Verbalstil – Nominalstil: Teil 2 → AB 96–97/Ü11–12

GRAMMATIK
Übersicht → KB 96/1

a Ergänzen Sie die entsprechenden Formulierungen im Verbalstil aus dem Rap.

Verbalstil	Nominalstil
Kann es sein, _____	dass du dir das letzte Mal die Frage gestellt hast,
warum du in deinem Leben _____	noch nie richtige Ersparnisse gehabt hast?
Du weißt, _____	das Versprechen eines schöneren Lebens durch die Werbung,
doch *beachtet man die Kosten nicht,* gibt's größere Schäden.	bei Nichtbeachtung der Kosten gibt es größere Schäden.

b Nominalstil: Was ändert sich bei der Umformulierung? Ergänzen Sie.

1 Mandy **vertraut ihrem Freund** …	Mandys *Vertrauen zu ihrem Freund* …	**Verb + Dativ →** **Nomen +** *Präposition*
2 Alle Schuldner **nahmen an** der Beratung **teil** …	Die _____ _____ der Beratung …	**Verb + Präposition →** **Nomen + Präposition**
3 Mandy sorgt sich **ständig** um das Geld …	Mandys _____ Sorgen um das Geld …	**Adverb → dekliniertes Adjektiv**
4 Mandy verwendet **oft** eine Kreditkarte …	Mandys *häufige* Verwendung einer Kreditkarte …	
5 **Er** weist auf Probleme hin …	_____ Hinweis auf Probleme …	**Personalpronomen → Possessivartikel**
6 **Ein Freund** bezahlt meine Raten …	Die Bezahlung meiner Raten *durch einen Freund* …	**verursachende Person/ Sache →** _____

Ich kann jetzt …
- einen umgangssprachlichen Raptext verstehen und interpretieren.
- über das Thema *Schuldenprävention* diskutieren.
- Verbalstil und Nominalstil unterscheiden.

1 Bargeld im digitalen Zeitalter → AB 98/Ü13–14

a Was bezahlen Sie mit Bargeld?
Welche Einkäufe bezahlen Sie bargeldlos?
Sprechen Sie.

> *Wenn ich mir ein gebrauchtes Fahrrad kaufe, bezahle ich ...*

> eine Kugel Eis • eine Fahrkarte für den öffentlichen Nahverkehr • einen Einkauf im Supermarkt • eine Bestellung im Internet • ~~ein gebrauchtes Fahrrad~~ • Äpfel und Bananen am Obststand • die Miete für die Wohnung • ...

b Lesen Sie den Text und ordnen Sie die Aussagen 1–7 zu. Entscheiden Sie für jede Aussage, ob sie zum *Bargeld*, zum *virtuellen Geld* oder zu *beidem* passt. Es kann auch sein, dass einzelne Aussagen *nicht passen*. Für jede Aussage gibt es genau eine richtige Lösung. Die Hinweise zu den Lösungen können an verschiedenen Stellen im Text stehen, die Aussagen folgen nicht dem Textverlauf.

	Bar-geld	Virtuelles Geld	beide	passt nicht
1 Illegale Aktivitäten sind damit schwerer zu realisieren.	☐	☐	☐	☐
2 Die meisten schätzen es als vertrautes Zahlungsmittel.	☐	☐	☐	☐
3 Die Gefahr, zu viel Geld auszugeben, ist hiermit größer.	☐	☐	☐	☐
4 Man kann hiermit außer Einkäufen im Internet nichts bezahlen.	☐	☐	☐	☐
5 Es wird nur an wenigen Orten als Zahlungsmittel akzeptiert.	☐	☐	☐	☐
6 Man kann es unabhängig von der Tageszeit verwenden.	☐	☐	☐	☐
7 Manche Menschen können nur dieses Zahlungsmittel nutzen.	☐	☐	☐	☐

DIE ZUKUNFT DES BARGELDS

Ob beim Kauf eines Bustickets, im Restaurant, in einem Geschäft oder im Supermarkt: Inzwischen gibt es neben dem Bargeld auch alternative Zah-
5 lungsmöglichkeiten. Darunter ist aber nicht mehr nur das klassische Bezahlen mit Karte zu verstehen. Es gibt inzwischen diverse Apps, die das bargeld-lose Bezahlen möglich und damit das Einkaufen leichter machen: Zahlungen können in nur wenigen
10 Sekunden abgewickelt werden – und das rund um die Uhr. Auch wenn das bisher nicht überall mög-lich ist, macht es vieles einfacher, birgt aber Risiken und neue Gefahren für Otto Normalverbraucher.

Befürworter des bargeldlosen Zahlungsverkehrs argumentieren, dass die Abschaffung des Bar-
15 geldes zu mehr Transparenz führen könne. Schwarzarbeit und Korruption wären schwieriger, es könnten nämlich keine unbeobachteten Zahlungen mehr getätigt werden. Auch das bis-lang lukrative Geschäft von Taschendieben und Einbrechern würde durch die Abschaffung des Bargeldes deutlich unattraktiver werden. Manche behaupten sogar, das bargeldlose Bezahlen mache uns wegen seiner Bequemlichkeit insgesamt zu freieren Menschen.

20 Auf der anderen Seite hätte eine vollständige Umstellung auf bargeldloses Bezahlen auch Nachteile. Zum einen gibt es Bevölkerungsgruppen wie ältere Menschen oder Kinder, die damit nicht oder nur eingeschränkt zurechtkommen und die deshalb auf Bargeld angewiesen sind. Bargeld erfreut sich ja nicht zuletzt großer Beliebtheit, weil es von jedem ungeachtet der individuellen Voraussetzungen genutzt werden kann. Zum anderen gibt es Risiken wie Strom-

25 ausfälle oder Serverabstürze, die den Zahlungsverkehr lahmlegen könnten. Und das Daten-risiko: Aufgrund der mit jeder Transaktion übermittelten Daten lassen sich leicht detaillierte Profile der Nutzer anlegen. Aus diesen Gründen halten es Ökonomen für unwahrscheinlich, dass das Bargeld abgeschafft wird.

Allerdings ist es zum Beispiel in Schweden nicht unüblich, dass in einem Laden oder einer
30 Kneipe kein Bargeld akzeptiert wird. Dort muss man mangels Alternativen bereits jetzt bar-geldlos bezahlen. Im deutschsprachigen Raum ist die Akzeptanz des Bargeldes jedoch nach wie vor hoch, zumal nicht absehbar ist, dass für das bargeldlose Bezahlen ein einheitlicher Standard gefunden wird. So wird derzeit der Großteil aller Einkäufe nach wie vor bar bezahlt. Es ist also noch offen, inwieweit sich das virtuelle Geld auf Dauer wirklich durchsetzen kann.

2 Satzstrukturen: Kausale Zusammenhänge → AB 99–100/Ü15–17

GRAMMATIK
Übersicht → KB 96/2

a Unterstreichen Sie die kausalen Ausdrücke im Text.
Ergänzen Sie anschließend die Sätze in der Tabelle.

1 Präposition	Dort muss man mangels Alternativen bereits jetzt bargeldlos bezahlen.
2 Konnektor (Nebensatz)	Im deutschsprachigen Raum ist die Akzeptanz des Bargeldes jedoch nach wie vor hoch, zumal nicht absehbar ist, dass für das digitale Bezahlen ein einheitlicher Standard gefunden wird.
3 Konnektor (Hauptsatz)	Aus diesen Gründen halten es Ökonomen für unwahrscheinlich, dass das Bargeld abgeschafft wird.

b Welcher Kasus steht nach den Präpositionen in Aufgabe 2a? Markieren Sie.

☐ Genitiv ☐ Dativ

c Formulieren Sie die Sätze aus 2a mithilfe der anderen kausalen Ausdrücke um.

1 Dort muss man mangels Alternativen bereits jetzt bargeldlos bezahlen.

Dort muss man bereits jetzt bargeldlos bezahlen, weil es keine Alternativen gibt.

Ich kann jetzt …
- über die Verwendung unterschiedlicher Zahlungsmethoden sprechen.
- die Aussagen eines Berichts unterschiedlichen Kategorien zuordnen.
- kausale Zusammenhänge in verschiedenen Satzstrukturen verstehen und anwenden.

☺ ☺ ☺
☐ ☐ ☐
☐ ☐ ☐
☐ ☐ ☐

WORTSCHATZ

1 Nachrichten aus der Wirtschaft

a Was versteht man wohl unter dem Begriff „Mindestlohn"? Sprechen Sie im Kurs.

b Lesen Sie die Texte. Ordnen Sie die Begriffe aus der Wirtschaft den Definitionen zu.

1 die Konjunkturprognose	A eine sehr schnelle positive Entwicklung
2 der Boom	B ein Wirtschaftszweig/Geschäftszweig
3 der Betrieb	C eine Benachteiligung gegenüber der Konkurrenz
4 die Branche	D im weitesten Sinne eine Firma
5 das Gastgewerbe	E eine Vorhersage über eine wirtschaftliche Entwicklung
6 der Wettbewerbsnachteil	F Betriebe, die mit der Versorgung von Gästen zu tun haben

A Das Deutsche Institut für Wirtschaftsforschung stellte auf der gestrigen Pressekonferenz in Berlin die neuen Konjunkturprognosen vor. Demnach habe der seit einigen Jahren in Deutschland gel-
5 tende gesetzliche Mindestlohn keine negativen Auswirkungen auf das Wirtschaftswachstum. Ganz im Gegenteil erlebe die Wirtschaft gerade einen regelrechten Miniboom, der vor allem auf die gute Situation am Arbeitsmarkt zurückzufüh-
10 ren sei. Auch in den kommenden Jahren sei den Experten zufolge zu erwarten, dass sich die Konjunktur weiterhin gut entwickeln werde.

B Wie in den meisten europäischen Ländern gibt es auch in Deutschland und Österreich einen gesetzlichen Mindestlohn. In der Schweiz hingegen sprachen sich bei einer Volksabstimmung vier Fünftel
5 der Bürger gegen die Einführung eines Mindestlohns aus. In Deutschland ist etwas mehr als ein Zehntel der Betriebe betroffen. Die Einführung des gesetzlichen Mindestlohns zeigt vor allem in bestimmten Branchen Auswirkungen. Das betrifft
10 beispielsweise Friseure, Menschen in Pflegeberufen und im Gastgewerbe oder Taxifahrer. Und auch viele Obst- und Gemüsebauern sagen, dass die Preise für ihre Produkte steigen, zum Beispiel für

Erdbeeren, Spargel, Sauerkirschen und Äpfel. Denn auch Erntehelfer und Saisonarbeiter profitieren vom jetzigen Mindestlohn. Viele Landwirte sehen das als Wettbewerbsnachteil. [15]

2 Wortbildung: Adjektive → AB 101/Ü18–19

GRAMMATIK
Übersicht → KB 96/3

a Erklären Sie: Welche Wörter stecken in *gestrigen* (Text A, Z. 2) und *jetzigen* (Text B, Z. 16)?

b Ergänzen Sie die Endungen in der Tabelle.

Adverb	Adjektiv	Adverb	Adjektiv
bald	die bald**ig**___ Rettung	morgen	die morg**ig**___ Konferenz
dort	der dort**ig**___ Arbeitsmarkt	gestern	das gestr**ig**___ Meeting
sonst	die sonst**ig**___ Kosten	oben	die ob**ig**___ Texte

Ich kann jetzt …
- Fachbegriffe aus dem Bereich *Wirtschaft* verstehen.
- Konjunkturberichten und Wirtschaftsnachrichten Informationen entnehmen.
- aus Adverbien gebildete Adjektive verwenden.

😊 🙂 🙁
☐ ☐ ☐
☐ ☐ ☐
☐ ☐ ☐

SPRECHEN

1 Wer ist reich?

a Sehen Sie das Foto an. In was für einer Lebenssituation befinden sich die Personen wohl? Sammeln Sie Vermutungen im Kurs.

b Wann ist ein Mensch Ihrer Meinung nach reich? Markieren Sie und ergänzen Sie.

Man ist reich, wenn man …
- ☐ den Urlaub in fernen Ländern verbringen kann.
- ☐ ein sehr teures Auto hat.
- ☐ eine große Wohnung mieten kann.
- ☐ …

2 Reichtum und Gesellschaft → AB 102–103/Ü20–21

a Lesen Sie und ergänzen Sie in der richtigen Form.

> Einfluss · Gerechtigkeit · Gesellschaft · Stiftungen · ~~Verteilung~~ · Vermögen · Wohlhabende · Umfeld

Reichtum – eine gesellschaftliche Herausforderung?

Sozialwissenschaftler gehen davon aus, dass die _Verteilung_ (1) des Vermögens innerhalb einer _____ (2) die Machtverhältnisse widerspiegelt. Das heißt, je mehr ein Mensch besitzt, umso mehr _____ (3) kann er ausüben. Während manche einen Teil ihres _____ (4) mit anderen teilen, indem sie beispielsweise an _____ (5) und Organisationen Geld für wohltätige Zwecke spenden, haben andere wenig Sinn für soziale _____ (6). Einige _____ (7) sind auch deshalb geizig, weil sie Angst haben, von anderen Menschen in ihrem sozialen _____ (8) ausgenutzt zu werden.

b Sie nehmen an einer Diskussionsrunde zum Thema *Reichtum* teil. Arbeiten Sie zu dritt. Lesen Sie die Situation und sprechen Sie über das Thema. Ihre Gesprächspartner hören Ihnen zu und diskutieren dann mit Ihnen.

> Ein Fall in Österreich befeuert die Diskussion über Reichtum. Ein Immobilienmillionär soll Dutzende Wohnungen in zentraler Lage trotz dramatischer Wohnungsknappheit über mehrere Jahre absichtlich nicht vermietet haben. Nach eigener Aussage brauche er das Geld nicht. Sollten Immobilienbesitzer (nicht) höher besteuert werden?

- Nehmen Sie Stellung zu dem Beispiel.
- Nennen Sie Ihren Standpunkt (pro oder kontra) und begründen Sie diesen.
- Gehen Sie auf Argumente Ihrer Gesprächspartner/innen ein.
- Beschreiben Sie die aktuelle Situation in Ihrem Heimatland.

um das Wort bitten

„*Darf ich dazu etwas sagen?*
Dazu würde ich jetzt gern etwas sagen.
Lassen Sie mich kurz darauf eingehen."

jemanden höflich unterbrechen

„*Wenn ich Sie kurz unterbrechen darf: …*
Eine kurze Zwischenfrage bitte: …
Darf ich da kurz einhaken?"

Argumente einbringen

„*Ich halte es für besonders wichtig, dass …*
Wenn man bedenkt, dass …, dann …
Man sollte unbedingt berücksichtigen, dass …"

Unterbrechungen abwehren

„*Darf ich das bitte zu Ende führen?*
Einen Moment bitte, ich bin gleich fertig.
Würden Sie mich bitte ausreden lassen?"

Ich kann jetzt …   ☺ ☺ ☹
- an einer Diskussionsrunde teilnehmen und einen eigenen Standpunkt vertreten.   ☐ ☐ ☐
- Argumente für und gegen eine Sache nennen.   ☐ ☐ ☐
- auf Unterbrechungen eines Redebeitrags sprachlich adäquat reagieren.   ☐ ☐ ☐

HÖREN

1 Geldtransfer

a Haben Sie schon einmal Geld auf ein Konto im Ausland überwiesen?
Welche Erfahrungen haben Sie damit gemacht? Unterhalten Sie sich in Kleingruppen.

b Was ist wohl der Unterschied zwischen einer Überweisung
und einer Lastschrift? Sprechen Sie im Kurs.

2 Zahlungsverkehr in Europa → AB 103/Ü22–23

a Was erwarten Sie von einem Radiobeitrag zu diesem Thema?
Sammeln Sie in Kleingruppen.

b Hören Sie den Beitrag in Abschnitten und beantworten
Sie die Fragen.

2 ◀)) 4 **Abschnitt 1**

1 Wurden Ihre Erwartungen aus 2a erfüllt? Sprechen Sie.

2 Markieren Sie.

Was gilt für die Entwicklung des europäischen Finanzmarktes?
- [a] 2002 wurden die europäischen Währungen abgeschafft.
- [b] 2014 hat man den Zahlungsverkehr innerhalb der Eurozone vereinfacht.
- [c] 2002 wurde in der Europäischen Union erstmals der Euro verwendet.

2 ◀)) 5 **Abschnitt 2**

1 Finanzielle Transaktionen innerhalb der Eurozone sind seit der Einführung von SEPA …
- [a] zwischen Ländern kostengünstiger als innerhalb der einzelnen Länder.
- [b] zwischen Ländern genauso unproblematisch wie innerhalb eines Landes.
- [c] zwischen Unternehmen einfacher als zwischen Privatpersonen.

2 Wo gilt das einheitliche Zahlungssystem?
- [a] In ganz Europa.
- [b] In den Ländern, die den Euro als Währung haben.
- [c] In der Europäischen Union sowie einigen anderen europäischen Ländern.

2 ◀)) 6 **Abschnitt 3**

1 Die IBAN enthält …
- [a] einen Code für das Land der Bank, zum Beispiel DE.
- [b] die Bankleitzahl mit zwei Ziffern für die Bank.
- [c] die Kontonummer mit 10 bis 22 Ziffern.

2 Welches Problem sieht der Experte bei der IBAN?
- [a] Die Bank führt manchmal fehlerhafte Aufträge aus.
- [b] Die Kunden vertauschen oft einzelne Zahlen in der langen Nummer.
- [c] Man muss die neue Kontonummer auswendig lernen.

c Schreiben Sie die fünf richtigen Lösungssätze aus 2b auf ein Blatt untereinander.
Formulieren Sie auf dieser Grundlage eine mündliche Zusammenfassung der Reportage
mit eigenen Worten und tragen Sie diese in Gruppen vor. Geben Sie Feedback zu
den vorgetragenen Zusammenfassungen.

Ich kann jetzt …   ☺ ☺ ☹
- einen anspruchsvollen Radiobeitrag zu Wirtschaftsthemen verstehen. ☐ ☐ ☐
- einem Radiobeitrag Informationen über den Zahlungsverkehr entnehmen. ☐ ☐ ☐
- die Informationen eines Radiobeitrags mündlich zusammenfassen. ☐ ☐ ☐

SCHREIBEN

1 Länderporträt

a Lesen Sie die Informationen über die Schweiz. Zu welchen Bereichen passen die Schlagwörter im Text? Ordnen Sie zu.

Geografie	Politik	Wirtschaft	Sonstiges

Fläche

DIE SCHWEIZ

Fläche: 41 285 km^2

Lage: Alpenstaat in Europa, grenzt an Deutschland, Österreich, Liechtenstein, Italien und Frankreich

Einwohner: rund 8,4 Millionen, davon rund 24 Prozent Ausländer (1,9 Millionen)

Bevölkerungsdichte: 212 Einwohner pro km^2

Währung: Schweizer Franken

Wirtschaftszentren: die Großstädte Zürich, Genf, Basel, Lausanne, Bern und Winterthur

Politische Gliederung: Bundesstaat, 26 Kantone

Regierungssitz: Bern

Global tätige Unternehmen: Banken (UBS, Credit Suisse usw.); Nahrungsmittel (Nestlé usw.); Pharma (Novartis, Roche usw.); Industrie (Swatch usw.)

Handwerk: Uhren

Preisniveau: höher als in den meisten anderen europäischen Ländern; vergleichbar mit Norwegen, Schweden oder Island

Lebenshaltungskosten: betragen circa ein Drittel des Bruttoeinkommens; größte Ausgabe für Miete und Energie

Steuern: durchschnittlich 12 Prozent des Bruttoeinkommens

b Formulieren Sie zu fünf Informationen aus a einen Text.

> Die Schweiz hat circa 8 Millionen Einwohner, fast ein Viertel davon hat keinen schweizerischen Pass. Ein großer Teil der Bevölkerung lebt in den sechs Großstädten …

2 Projekt: Ländervergleich → AB 104/Ü24

a Verfassen Sie ein Porträt eines Landes Ihrer Wahl im Vergleich zur Schweiz. Recherchieren Sie dazu Informationen über dieses Land im Internet. Schreiben Sie 150 Wörter. Gehen Sie auf fünf Inhaltspunkte ein und verwenden Sie dabei die folgenden Redemittel.

Angaben über die wirtschaftliche Lage eines Landes machen

„ *Die Lebenshaltungskosten in … gehören zu den höchsten/niedrigsten …*
Sie liegen bei etwa/schätzungsweise …
Die größte Belastung des Haushaltsbudgets bilden die Ausgaben für … "

Vergleiche ausdrücken

„ *Ähnlich wie / Anders als in der Schweiz gibt es …*
Dafür sind die Steuern im Vergleich zur Schweiz …
Im Vergleich/Gegensatz zur Schweiz ist das Preisniveau eher etwas …
Das Preisniveau in … ist (nicht) vergleichbar mit …
In … werden mehr als / weniger als / etwa gleich viel Steuern bezahlt wie …
Während es in der Schweiz sechs wirtschaftliche Zentren gibt, sind es in … (nur) … "

b Die Texte werden ausgetauscht und im Kurs vorgelesen, ohne das Land zu nennen. Die Zuhörenden raten, welches Land gemeint ist, und geben Feedback.

Ich kann jetzt …
- Sachinformationen über ein Land verstehen und wiedergeben.   ☐ ☐ ☐
- die Situation in zwei Ländern miteinander vergleichen.   ☐ ☐ ☐

GRAMMATIK

1 Verbalstil – Nominalstil ← KB 87/2; 89/4

In der Schriftsprache ist der Nominalstil, d.h. der Einsatz von Nomen anstelle von Verben, verbreitet.
Wird ein Verb zum Nomen umgeformt, kommt es bei starken Verben häufig zum Vokalwechsel.

brechen → der Bruch   finden → der Fund   aussteigen → der Ausstieg

Mit dem Nominalstil lassen sich längere und komplexere Sätze bilden.

Verbalstil	Nominalstil	verbal → nominal
Man arbeitete **tatkräftig** zu-sammen, was ihn motivierte.	Die **tatkräftige** Zusammenarbeit motivierte ihn.	Adverb → dekliniertes Adjektiv
Die **Medien** reagierten unterschiedlich.	Die Reaktion **der Medien** war unterschiedlich.	Objekt/Subjekt → Genitivattribut
Dass **Lebensmittel** verschwendet werden, beunruhigt ihn.	Die Verschwendung **von Lebens-mitteln** beunruhigt ihn.	Nomen ohne Artikel → *von* + Dativ
Junge Leute **suchen nach** Ferienjobs.	Die **Suche** junger Leute nach Ferienjobs …	Verb + Präposition → Nomen + Präposition
Er sieht die Dinge positiv und begeistert damit auch andere für seine Ideen.	**Seine** positive Sicht der Dinge begeistert auch andere für seine Ideen.	Personalpronomen → Possessivartikel
Die Supermärkte entsorgen abgelaufene Lebensmittel.	Die Entsorgung abgelaufener Lebens-mittel **durch die Supermärkte** …	Verursachende Person/Sache → *durch* + Akk.
Die Schuldnerberatung hilft **dem** Jugendlichen.	Die **Hilfe** der Schuldnerberatung **für** den Jugendlichen …	Verb + Dativ → Nomen + Präposition

2 Satzstrukturen: Kausale Zusammenhänge ← KB 91/2

Gründe können mithilfe unterschiedlicher Strukturen ausgedrückt werden.
Die Sätze sind jeweils in der Bedeutung gleich, jedoch in Struktur und Sprachstil verschieden.

Konnektor Nebensatz	weil/da/ zumal	Bargeld wird verwendet, **weil** / **da** es praktisch ist. Die Akzeptanz des Bargeldes ist nach wie vor hoch, **zumal** nicht absehbar ist, dass eine einheitliche Alternative gefunden wird.
Konnektor Hauptsatz	deshalb/ deswegen/ daher/ aus diesem Grund/ denn	Herr Salem legt Wert auf Datenschutz, **deshalb** / **deswegen** / **daher** / **aus diesem Grund** bezahlt er meistens in bar. Er ist zufrieden, **denn** er bekommt durch seine Vorsicht nur selten Werbung oder Spam.
	nämlich/ eben*	Schwarzarbeit ist ohne Bargeld schwieriger. Es können **nämlich** / **eben** keine unbeobachteten Zahlungen getätigt werden.
Präposition	wegen + G./ mangels + G./ aufgrund + G./ dank + G.	**Wegen** der Bequemlichkeit ist bargeldloses Bezahlen beliebt. Man muss **mangels** Alternativen bargeldlos bezahlen. **Aufgrund** des mangelhaften Datenschutzes im Internet bezahlen viele lieber mit Bargeld. **Dank** neuer technischer Entwicklungen gibt es Hoffnung.

* Die Hauptsatzkonnektoren *nämlich* und *eben* stehen meistens auf Position 3.

3 Wortbildung: Adjektive ← KB 92/2

Die Nachsilbe *-ig* macht aus Adverbien attributive Adjektive, die in der Schriftsprache oft vorkommen.

temporal		lokal		modal	
bald	das bald**ig**e Wiedersehen	**dort**	das dort**ig**e Bürgerbüro	**sonst**	die sonst**ig**en Kosten
morgen	der morg**ig**e Tag	**oben**	der ob**ig**e Absender		
gestern	die gestr**ig**e Sitzung	**hier**	die hies**ig**e Situation		

PSYCHOLOGIE

1 Hand auf Hand

Sehen Sie das Bild an und sprechen Sie zu zweit.
Wozu haben sich die Personen zusammengefunden?
Was haben sie miteinander zu tun?

Wir stellen uns vor, dass die Personen auf dem Foto sich gerade in einem beruflichen Weiterbildungsseminar befinden. Vermutlich …

2 Begriffe aus der Psychologie

Wählen Sie einen der Begriffe aus und überlegen
Sie, was man darunter verstehen könnte.
Sprechen Sie im Kurs.

> Achtsamkeitstraining • Empathie •
> Psychosomatik • Stressbewältigung •
> Psychotherapie

Ich denke, unter Empathie versteht man die Fähigkeit, sich in andere Menschen einfühlen zu können.

1 Emotionale Intelligenz → AB 107/Ü2

a Was könnte man unter dem Begriff *emotionale Intelligenz* verstehen? Welcher Zusammenhang könnte zwischen dem *Intelligenzquotienten* (IQ) und dem *emotionalen Intelligenzquotienten* (EQ) bestehen? Sammeln Sie Ideen im Kurs.

Ich glaube, der IQ sagt etwas darüber aus, …

Der EQ meint hingegen …

b Lesen Sie den Text über *emotionale Intelligenz*. Welche Sätze (A–J) passen in die Lücken (1–8)? Es gibt jeweils nur eine richtige Lösung. Zwei Sätze können nicht zugeordnet werden.

Z _0_ welch wichtige Rolle die emotionale Intelligenz im Leben eines jeden spielt

A ___ wenn die emotionalen Fähigkeiten einer Person ausgeprägt sind.

B ___ schnelle und effektive Lösen von Aufgaben, abstrakten und konkreten Problemstellungen

C ___ weil sie sich zu jemandem weniger hingezogen fühlen

D ___ Ziel dabei ist sozusagen ein entspanntes und harmonisches Miteinander

E ___ Nicht so der EQ, bei dem ja neben der Erfahrung Faktoren wie Lebensweisheit, Gefühl und Vernunft eine große Rolle spielen.

F ___ Im Gegensatz dazu sind die Fähigkeiten, die den EQ auszeichnen,

G ___ Allerdings lässt sich das nicht einfach behaupten.

H ___ Sie sollten eine Ihnen bekannte, sehr sympathische Person in wenigen Worten beschreiben

I ___ Der IQ ist, wie man inzwischen weiß, nicht der alleinige Parameter für gesellschaftlichen Erfolg und Anerkennung.

J ___ Im Allgemeinen gelingt uns das deshalb,

Der EQ – ein Gradmesser für Erfolg im Leben

Was versteht man unter emotionaler Intelligenz?

In wenigen Worten ausgedrückt beschreibt emotionale Intelligenz die Fähigkeit, mithilfe des gesunden Men-
5 schenverstands in einer immer komplexer werdenden Welt klarzukommen. Erstmals wurde sie vor fast hundert Jahren von Edward Thorndike beschrieben und damals noch als *soziale Intelligenz* bezeichnet. Lange Zeit wurde jedoch verkannt, **(0)**. In den letzten Jahren schenkte man
10 dann aber sowohl den Faktoren, die sie ausmachen, als auch ihrer Messbarkeit immer größere Aufmerksamkeit.

Welche menschlichen Fähigkeiten umfasst der EQ?

Der sogenannte EQ, also der emotionale Intelligenzquotient, ist ganz klar abzugrenzen vom Intelligenzquotienten, also IQ. **(1)** Ohne ein gewisses Quantum an emotionaler Intelligenz
15 wären wir – auch mit einem hohen IQ – vermutlich weniger erfolgreich und vor allem weniger beliebt. Folgende menschliche Fähigkeiten betrachtet man als Säulen des EQ:
- sich in der Welt zurechtzufinden
- Situationen einschätzen zu können
- Beziehungen zu anderen Menschen zu knüpfen und zu erhalten
20 - die eigenen Gefühle und die Gefühle anderer zu erkennen
- sein Leben selbst in die Hand zu nehmen

Worin unterscheiden sich IQ und EQ?

Den IQ könnte man ganz generell als *Problemlösungsintelligenz* bezeichnen. Er umfasst das **(2)** wie auch die Fähigkeit, schwierige Situationen durch logisches Denken zu meis-
25 tern. Hier geht es vor allem darum, Zusammenhänge zu erkennen, und weniger um Erfah-
rungswerte. Neuere Forschungen haben ergeben, dass der IQ eines Menschen nur gering-
fügig variabel ist. **(3)** Er nimmt im Laufe eines Lebens meist deutlich zu und bleibt im Alter
dann relativ stabil, während der IQ im höheren Lebensalter meist abnimmt. Ein Grund
dafür, warum ältere Kollegen am Arbeitsplatz häufig so geschätzt werden.

8

30 **Warum ist die emotionale Intelligenz eines Menschen so entscheidend?**
Zur Bewusstmachung dessen, wie relevant emotionale Intelligenz im Leben tatsächlich ist, hier ein kurzer, einfach durchzuführender Test: Stellen Sie sich vor, **(4)** und begründen, warum Sie diesen Menschen mögen. Unwahrscheinlich, dass Ihnen dabei die ausgeprägte Stärke der Person für Formen und Zahlen einfällt. Vielmehr kommt Ihnen in den
35 Sinn, dass Sie mit ihr gute Gespräche führen können oder sie sehr zuverlässig ist. Sympathie entsteht dann, **(5)** Die rationale Intelligenz spielt dabei eine untergeordnete Rolle. Selbst im Berufsleben hängt der Erfolg zur Hälfte von der emotionalen Intelligenz ab.

Was ist für emotionale Intelligenz noch charakteristisch?
Durch unsere emotionale Intelligenz sind wir überhaupt erst in der Lage, andere Men-
40 schen richtig einzuschätzen. **(6)** weil wir nicht nur deren Pluspunkte und Defizite erkennen, sondern auch unsere eigenen Stärken und Schwächen wahrnehmen und daran arbeiten. **(7)** mit den Personen, die uns umgeben. Ein weiterer Bestandteil unseres EQs ist Stressresistenz, eine heutzutage als äußerst wertvoll zu betrachtende Eigenschaft.

Wie grenzt man EQ und Persönlichkeit voneinander ab?
45 Die Persönlichkeit eines Menschen und sein EQ sind jedoch nicht das Gleiche. Der durch die individuellen Persönlichkeitsmerkmale festgelegte Charakter einer Person ist eine kaum zu verändernde Konstante. **(8)** erlernbar und anpassbar. Weitere Aspekte davon sind auch unsere spontanen und intuitiven Reaktionen. Es lohnt sich also sicherlich, diese uns allen innewohnenden Kapazitäten zu verstärken und aufs Beste auszuschöpfen.

c **Lagen Sie mit Ihren Vermutungen in Aufgabe 1a richtig? Fassen Sie noch einmal kurz zusammen, was die emotionale Intelligenz eines Menschen ausmacht und welche Bedeutung sie hat.**

2 Gerundiv als Passiversatz → AB 108–109/Ü3–5

GRAMMATIK
Übersicht → KB 108/1a

a **Welche Umschreibungen passen? Markieren Sie.**

Hier ein kurzer, einfach **durchzuführender** Test. (Z. 32)
☐ *Hier ein kurzer Test, der einfach durchzuführen ist.*
☐ *Hier ein kurzer Test, der einfach durchgeführt wurde.*
☐ *Hier ein kurzer Test, der einfach durchgeführt werden kann.*
☐ *Hier ein kurzer Test, der einfach durchführbar ist.*

b **Bilden Sie je drei mögliche Umschreibungen der Sätze.**

1 Stressresistenz ist eine als äußerst wertvoll **zu betrachtende** Eigenschaft. (Z. 43)

2 Der Charakter eines Menschen ist eine kaum **zu verändernde** Konstante. (Z. 46/47)

c **Formulieren Sie die Relativsätze in Gerundivkonstruktionen um.**

1 Emotionale Intelligenz ist eine Qualität, die jederzeit erlernt werden kann.
    Emotionale Intelligenz ist eine jederzeit zu   *Qualität.*

2 In zwischenmenschlichen Beziehungen gibt es häufig Probleme, die gelöst werden müssen.

Ich kann jetzt ...   😊 🙂 🙁
■ wichtige Details aus einem Sachtext verstehen und in eigenen Worten wiedergeben.   ☐ ☐ ☐
■ das Gerundiv und seine Varianten verstehen und anwenden.   ☐ ☐ ☐

WORTSCHATZ

1 Der richtige Umgang → AB 109/Ü6–7

Zu welchem Tipp passt welche Erläuterung? Ordnen Sie zu.

☐ 1 auf die innere Stimme hören

☐ 2 sich trotz negativer Gefühle im Griff haben

☐ 3 Belohnungen aufsparen

☐ 4 durch Achtsamkeitstraining entspannen lernen

☐ 5 Empathie und Sensibilität zeigen

☐ 6 an Beziehungen arbeiten

A Langfristige Ziele über kurzfristige stellen – dadurch hat man auf längere Sicht reelle Chancen auf mehr Erfolg und kann sich mit größerer Selbstzufriedenheit etwas gönnen.

B Der reale Austausch mit anderen stärkt das Selbstwertgefühl, bringt einen auf positive Gedanken und lässt einen Unterstützung erfahren.

C Das heißt vor allem, sich in andere hineinversetzen zu können, und nicht nur materielle, sondern auch ideelle Werte zu schätzen.

D Darauf vertrauen, was man mit dem Herzen fühlt, und manchmal Entscheidungen treffen, die auf den ersten Blick nicht unbedingt ideal erscheinen.

E Unbewusste Stressauslöser bewusst wahrnehmen und versuchen, diese frühzeitig abzubauen.

F Herausfinden, was wirklich hinter einer unangenehmen Gefühlswallung steckt und rational und angemessen darauf reagieren.

2 Was würden Sie raten?

Lesen Sie die Situation. Überlegen Sie, welche der in 1 beschriebenen Verhaltenstipps helfen könnten, und machen Sie sich Notizen. Sprechen Sie anschließend im Kurs.

Ihr Bekannter Joan ärgert sich über seine Kollegin, die mit ihm im selben Büro arbeitet. Sie erzählt sehr oft, wie sehr sie vom Chef für ihre tolle Arbeit gelobt wird. Joan hat das Gefühl, dass sie ihm damit zu verstehen geben will, dass sie alles besser kann als er. Joan fragt Sie um Rat, wie er mit seiner Kollegin umgehen soll. Was sollte Joan tun?

Ich denke, Joan sollte nicht zu emotional reagieren, da er sonst zu unprofessionell wirkt. Besonders am Arbeitsplatz ist es wichtig, …

Ich würde Joan raten, er sollte …

3 Wortbildung: Nachsilben -(i)al und -(i)ell bei Adjektiven → AB 110/Ü8

GRAMMATIK
Übersicht → KB 108/2a

Markieren Sie in den Texten in 1 und 2 die Adjektive mit den Endungen -(i)al / -(i)ell und wenn möglich die dazugehörigen Nomen. Ersetzen Sie sie dann durch folgende synonyme Ausdrücke.

käuflich erwerbbar · gut überlegt · nicht fachmännisch · nicht virtuell · gefühlsmäßig · ~~realistisch~~ · sehr gut, optimal

1 reelle Chancen = _realistische Chancen_   2 …

Ich kann jetzt …
- Tipps zum Thema *emotionale Intelligenz* verstehen.
- eine schwierige Situation erfassen und Hinweise geben.
- Adjektive auf -(i)al und -(i)ell unterscheiden.

☺ ☺ ☹
☐ ☐ ☐
☐ ☐ ☐
☐ ☐ ☐

1 Psychotests → AB 110/Ü9

a Haben Sie schon einmal einen Psychotest gemacht? Berichten Sie.

b Markieren Sie Ihre Antworten und vergleichen Sie Ihr Ergebnis mit der Auswertung.

1 Sind Sie schon oft übers Ohr gehauen worden?
- ⓪ Nein, ich bin sehr wachsam.
- ② Ja, leider, eigentlich ziemlich blamabel.
- ① Gelegentlich, wenn ich nicht aufgepasst habe.

2 Haben Sie Ihren Partner schon mal beim Lügen ertappt?
- ② Nur, wenn ich ihm zufällig auf die Schliche kam.
- ⓪ Ja, das merke ich ihm sofort an.
- ① Er lügt mich grundsätzlich nicht an, das wäre inakzeptabel.

3 Kleider machen Leute. Wirklich?
- ① Das kommt auf den jeweiligen Menschen an.
- ② Kleidung lässt Rückschlüsse auf den Menschen zu.
- ⓪ Das stimmt überhaupt nicht.

4 Leute, die viel mit den Händen reden, …
- ② machen mich manchmal nervös.
- ① haben ein ausgeprägtes Gefühlsleben.
- ⓪ sind ziemlich temperamentvoll.

5 Ihr Gegenüber weicht Ihrem Blick ständig aus.
- ⓪ Er hat wenig Selbstbewusstsein.
- ② Er mag mich nicht.
- ① Er will etwas vor mir verbergen.

0–3 Punkte:
Sie haben Lebenserfahrung und Einfühlungsvermögen, sind überhaupt sensibel. Deshalb lassen Sie sich von vordergründigen Eindrücken nicht blenden. Bei der Einschätzung anderer irren Sie sich nur selten.

4–7 Punkte:
Sie haben eine gute Menschenkenntnis. Trotzdem sind Sie manchmal zu vertrauensselig oder zu misstrauisch. So unterlaufen Ihnen kleine Fehleinschätzungen, die Ihnen aber keine Nachteile einbringen.

8–10 Punkte:
Bei der Einschätzung Ihrer Mitmenschen werden Sie von Äußerlichkeiten abgelenkt. Beobachten Sie genauer! So können Sie sich ein besseres Bild von Ihrem Gegenüber machen.

c Unterhalten Sie sich in Kleingruppen. Trifft die Auswertung auf Sie zu? Wie treffsicher können solche Tests Menschen charakterisieren? Warum haben sie wohl so eine große Anziehungskraft?

2 Wortbildung: Nachsilben -(a/i)bel und -(i)ös bei Adjektiven → AB 111–112/Ü10–12

GRAMMATIK
Übersicht → KB 108/2b

a Umschreiben Sie die Adjektive aus dem Test mithilfe der Formulierungen.

> etwas nicht hinnehmen · ~~beschämend sein~~ · einfühlsam sein · jemanden aus der Ruhe bringen

1 Leider bin ich schon oft übervorteilt und betrogen worden. Das ist **blamabel**.
   Das ist beschämend.
2 Meine Partnerin / Mein Partner lügt mich nicht an. Das wäre **inakzeptabel**.
   Das würde
3 Leute, die viel gestikulieren, machen mich **nervös**. _Sie_
4 Sie sind sehr **sensibel**. _Sie_

b Wie lauten die Nomen, die zu den Adjektiven passen? Ergänzen Sie.

blamabel – _die Blamage_   (in-)akzeptabel – _____
nervös – _____   sensibel – _____

Ich kann jetzt …
- einen Psychotest durchführen und meine Meinung zum Ergebnis äußern.
- über Sinn und Attraktivität von solchen Tests sprechen.
- Adjektive mit den Endungen -(a/i)bel und -(i)ös verstehen.

☺ ☺ ☹
☐ ☐ ☐
☐ ☐ ☐
☐ ☐ ☐

SCHREIBEN

1 Gute und schlechte Arbeitsplätze

Was unterscheidet Ihrer Meinung nach einen guten von einem schlechten Arbeitsplatz? Notieren Sie für sich vier positive und vier negative Kriterien. Erstellen Sie anschließend im Kurs ein Ranking mit den jeweils am häufigsten genannten Kriterien.

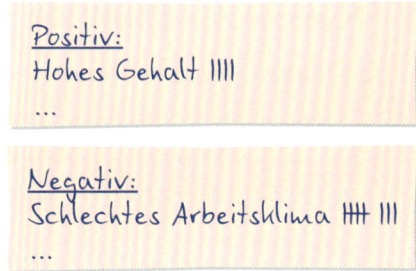

Positiv:
Hohes Gehalt IIII
...

Negativ:
Schlechtes Arbeitsklima IIII III
...

2 Kündigungsgründe → AB 112–114/Ü13–14

a Sehen Sie das Schaubild an. Worüber gibt es Auskunft? Sprechen Sie.

Warum Mitarbeiter ihrer Firma den Rücken kehren

Andauernder Stress und Leistungsdruck	30 %
Schlechte Work-Life-Balance	23 %
Ungerechte Behandlung bei Beförderungen	20 %
Fehlender Ausgleich für angefallene Überstunden	14 %
Chemie mit den Kollegen stimmt nicht	13 %
Keine konstruktive Feedbackkultur	12 %
Keine Anreize wie Dienstwagen oder Jobticket	10 %
Andere Gründe	8 %
Nichts davon	26 %

2 ◄)) 7 **b** Hören Sie eine persönliche Meinung zum Thema. Nehmen Sie Stellung zur gehörten Aussage und beziehen Sie sich dabei auch auf die vorliegende Grafik.

c Verfassen Sie einen Text von mindestens 250 Wörtern zum Thema *Kündigungsgründe*. Berücksichtigen Sie den Aufbau des Textes (Einführung in das Thema, Aufbau einer Argumentation, Schlussfolgerung). Gehen Sie dabei auf die folgenden Punkte ein:

- Fassen Sie die wichtigsten Informationen der Statistik zusammen.
- Interpretieren Sie die Informationen: Wie erklären sich die Zahlen? Warum verhalten sich die Befragten so, wie es in der Statistik beschrieben wird?
- Erläutern Sie, wie Sie im Vergleich dazu die Situation in anderen Ländern oder Regionen einschätzen.
- Wie ist Ihre persönliche Meinung zum Thema? Was wäre für Sie ein Grund, eine feste Anstellung zu kündigen?

Bezug auf eine Grafik nehmen

„*Im vorliegenden Schaubild geht es um das Thema …*
Die Grafik geht der Frage nach, aus welchen Gründen/wie/ob … "

Umfrageergebnisse kommentieren

„*Was besonders auffällt/ins Auge springt, ist …*
Ein wichtiger Gesichtspunkt ist für mich dabei … "

d Partnerkorrektur: Korrigieren Sie nun den Text Ihrer Lernpartnerin/Ihres Lernpartners. Achten Sie dabei auf alle inhaltlichen und sprachlichen Punkte, die oben genannt wurden.

Ich kann jetzt …
- positive und negative Kriterien zum Thema *Arbeitsplatz* sammeln.
- Informationen einer Grafik verstehen und analysieren.
- meine Ansicht zu einem Umfrageergebnis differenziert schriftlich darlegen.

HÖREN

1 Erfahrungen als Psychotherapeutin →AB 115/Ü15

a Sehen Sie sich das Buchcover an. Welche Themen könnte die Autorin, eine Kinder- und Jugendpsychotherapeutin, darin ansprechen?

b Hören Sie nun das Interview mit Dr. Nelia Schmid-König in Abschnitten und markieren Sie jeweils die richtige Antwort.

2 ◀)) 8 **Abschnitt 1**

1 Kinder und Jugendliche, die in Therapie sind, …
- ☐ haben entweder Depressionen oder starke Aggressionen.
- ☐ leiden immer auch körperlich, z. B. unter Kopf- und Bauchschmerzen.
- ☐ haben unterschiedliche Probleme, die man in bestimmte Kategorien einteilen kann.

2 Von der sogenannten ADHS-Symptomatik betroffen sind meist …
- ☐ überdurchschnittlich intelligente Kinder, die gut in der Schule sind.
- ☐ Jungen, die sich wenig unter Kontrolle haben und im Umgang sehr anstrengend sind.
- ☐ junge Leute, die nicht verstehen, was um sie herum passiert.

2 ◀)) 9 **Abschnitt 2**

1 Therapeutische Hilfe …
- ☐ nehmen „auffällige" Kinder bzw. deren Eltern heutzutage schneller in Anspruch als früher.
- ☐ brauchen immer mehr Kinder und Jugendliche mit Problemen.
- ☐ sollten noch mehr junge Menschen bekommen.

2 In den Therapiestunden …
- ☐ werden sowohl Kinder als auch Jugendliche zum Spielen aufgefordert.
- ☐ bedienen sich die jungen Patienten verschiedener Ausdrucksformen.
- ☐ fragt die Therapeutin alle Patienten zuerst, was sie bedrückt.

2 ◀)) 10 **Abschnitt 3**

1 Verbessern könnte man die Eltern-Kind-Beziehung, indem Eltern …
- ☐ sich mehr Zeit für die Lektüre von Erziehungsratgebern nehmen.
- ☐ ihren Kindern mehr Fragen zu sich selbst stellen.
- ☐ ihren Kindern mehr zuhören, sie beobachten und sie besser kennenlernen.

2 Die Elternmitarbeit ist für den Therapieerfolg umso wichtiger, …
- ☐ je jünger die Elternpaare sind.
- ☐ je jünger die Patienten sind.
- ☐ je weniger präsent die Väter in der Familie sind.

c Lesen Sie eine schriftliche Zusammenfassung des Interviews. Welche zwei Sätze in der Zusammenfassung enthalten falsche Informationen? Markieren Sie.

> Frau Schmid-König, eine Kinder- und Jugendtherapeutin, wird zu verschiedenen Aspekten ihres Berufs befragt. Sie nennt Gründe, aus denen junge Menschen in therapeutische Behandlung kommen. Das können depressive Verstimmungen oder Aggressionen, häufig aber auch Lernstörungen, psychosomatische Erkrankungen oder ADHS, das sogenannte Aufmerksamkeits-Defizit-Hyperaktivitäts-Syndrom, sein. Sie beschreibt, welche Altersgruppen in welcher Form behandelt werden.
> 5 Für Jungen empfiehlt sie andere Behandlungsmethoden als für Mädchen. Die Therapeutin findet nicht, dass es heutzutage mehr therapiebedürftige Kinder als früher gibt. Vielmehr würden Störungen schneller bemerkt. Über heutige Eltern sagt sie, diese seien gut über alles informiert. Außerdem wüssten viele Eltern aufgrund der intensiven Auseinandersetzung mit ihren Kindern genau, was
> 10 die richtige Therapie ist. Das Wichtigste ist laut Frau Schmid-König, dass Eltern sich Zeit für ihre Kinder nehmen, damit sich die Eltern-Kind-Beziehung verbessert.

Ich kann jetzt …
- ▪ Haupt- und Detailaussagen in einem anspruchsvollen Interview verstehen.
- ▪ die schriftliche Zusammenfassung eines Interviews korrigieren.

☺ ☺ ☹
☐ ☐ ☐
☐ ☐ ☐

1 Lebenshilfen → AB 116/Ü16

a Unterhalten Sie sich in Kleingruppen: Wie und wo findet man in schwierigen Situationen Unterstützung? Haben Sie schon einmal einen psychologischen Ratgeber gelesen? Wenn ja, zu welchem Thema?

b Lesen Sie in einer Zeitschrift drei Ankündigungen für Ratgeber zum Thema *Hilfe für Paare und Familien*. In welchem Text steht was? Ordnen Sie zu.

1 Für ein besseres Miteinander muss man sich von der veralteten Idee der geschlechtsspezifischen Aufgabenverteilung in einer Beziehung lösen. ☐

2 Bei Kindern und Jugendlichen äußern sich familiäre Probleme oft durch ungewöhnliche oder störende Verhaltensweisen. ☐

3 Eine wichtige Erkenntnis ist, dass sich bestehende Beziehungsmuster nur schwer verändern lassen. ☐

4 Durch eine bestimmte Methode und deren Möglichkeiten können die Gründe für bestimmte Verhaltensweisen erklärt werden. ☐

5 Die Beschäftigung mit der familiären Vergangenheit kann Erklärungen für aktuelle Probleme liefern. ☐

6 Eltern fühlen sich oft für die Probleme ihres Nachwuchses verantwortlich. ☐

A

In modernen Familien sind die Eltern häufig gestresst und am Ende ihrer Kräfte: Sie machen sich Sorgen um ihre von Schulproblemen geplagten Kinder und deren Zukunft, und haben Angst, nicht den richtigen Umgang miteinander zu finden. Besonders problematisch
5 wird es, wenn der Nachwuchs mit Auffälligkeiten wie Lernstörungen oder Aggressionen auf sein Umfeld reagiert. Nelia Schmid-König schildert in ihrem Buch auf nachvollziehbare und äußerst gelungene Weise, welche innerfamiliären Prozesse zu derartigen Problemlagen beitragen können und wie man die meist verschlüsselten Hilferufe
10 der Kinder zu verstehen lernt. Eltern sollen dadurch in die Lage versetzt werden, besser mit diesen Schwierigkeiten zurechtzukommen. Vor allem aber sollen die Eltern dazu gebracht werden, ihre Schuldgefühle loszuwerden. Nur so kann erneut ein harmonisches und freudvolles Familienleben beginnen. Zudem erhalten sie Tipps für ihre
15 Paarbeziehung.

B

Längst ist ein neues Beziehungszeitalter angebrochen: Bei jedem zehnten Paar in Deutschland ist es inzwischen die Frau, die die Familie ernährt. Ingrid Müller-Münch zeigt, wie heutige Paare mit dieser neuen Situation umgehen, und kommt zu überraschenden Ergebnis-
20 sen. Die Autorin hat mit Männern und Frauen gesprochen, die sich mitten in dieser umwälzenden Neuorientierung befinden. Sie hat nachgefragt, was aus Männern wird, die keine Arbeit mehr haben, sich aber auch nicht als Hausmann verstehen. Mit Putzen, Bügeln und Staubsaugen tun sie sich schwer, solche Tätigkeiten kratzen an
25 ihrem Selbstbild von Männlichkeit. In den Beziehungen stimmt meist vieles nicht mehr. Ein arbeitsloser Mann an der Seite einer erfolgreichen Frau – alte Positionen geraten ins Wanken, in die neuen Rollen muss sich erst eingefunden werden. Deshalb ist ein gesellschaftliches Umdenken dringend notwendig. Wie dies gelingen kann und an wel-
30 chen überholten Vorstellungen Frau/Mann nicht mehr länger festhalten kann, bekommen die Leser hier anschaulich und überzeugend dargelegt.

C

Die Familie, in die wir hineingeboren werden, hat großen Einfluss auf uns – lebenslang. Um persönlichen Problemen oder immer wie-
35 derkehrenden Beziehungsschwierigkeiten auf die Spur zu kommen, ist die Beschäftigung mit der Herkunftsfamilie wichtig. Mit einer „Familienaufstellung" können wir hinter unsere eigenen Kulissen schauen und z.B. begreifen, warum wir aus eingefahrenen Verhaltensmustern so schlecht herauskommen. Wer aber heute eine Fami-
40 lienaufstellung machen möchte, steht vor einer enormen Vielzahl von Angeboten. Dieser kompetente Fachratgeber verspricht Hilfestellung. Die Leser sollen durch den Dschungel der familientherapeutischen Möglichkeiten geführt werden. Man erhält Antworten auf folgende Fragen:

45 ■ Wie funktionieren Familienaufstellungen?
■ Was bewirken sie, was können sie nicht?
■ Welche Methode passt am besten zu den eigenen Fragestellungen und Problemen?
■ Wie findet man einen seriösen Therapeuten und vermeidet die Gurus?

Neben zahlreichen Beispielen bekommt man auch Übungen und praktische Hinweise
50 geboten.

c Welches dieser Bücher würden Sie selbst gern lesen? Warum?

d Sie sind zu einer Podiumsdiskussion zum Thema *Sinn und Unsinn von psychologischen Ratgebern* eingeladen. In der Vorbereitung lesen Sie den kurzen Kommentar einer Therapeutin. Sie selbst stehen psychologischen Ratgebern kritisch gegenüber und möchten etwas zum Thema sagen. Äußern Sie Kritik und begründen Sie Ihre Position. Sagen Sie, welche Maßnahmen Sie in schwierigen Lebenssituationen stattdessen empfehlen würden.

Psychologische Ratgeber

Ich empfehle all meinen Patienten, psychologische Ratgeber zu lesen, denn sie orientieren sich an der aktuellsten Forschung und sind inhaltlich auf den Punkt gebracht. Ich finde die meisten Ratgeber sehr lebenspraktisch. In der Wartezeit auf einen Therapieplatz können sie eine große Hilfe sein.

Mareike S., Psychotherapeutin

2 Wie kann man es noch sagen?

Was bedeuten die Redewendungen? Ordnen Sie zu.

1 den richtigen Umgang miteinander finden (Z. 3/4)
2 Schuldgefühle loswerden (Z. 12/13)
3 an ihrem Selbstbild von Männlichkeit kratzen (Z. 24/25)
4 alte Positionen geraten ins Wanken (Z. 27)
5 wiederkehrenden Beziehungsschwierigkeiten auf die Spur kommen (Z. 34/35)
6 aus eingefahrenen Verhaltensmustern herauskommen (Z. 38/39)

a sich davon befreien, dass man sich wegen etwas schlecht fühlt
b herausfinden, wie und warum es zu den immer gleichen Problemen kommt
c eine bestimmte Vorstellung infrage stellen
d lernen, mit anderen gut zurechtzukommen
e die eigenen Handlungsweisen analysieren und versuchen, sich neu zu orientieren
f etablierte Einstellungen sind nicht länger gültig

Wussten Sie schon? → AB 117/Ü 17

Der österreichische Neurologe und Tiefenpsychologe Sigmund Freud (1856–1939) war der Begründer der sogenannten Psychoanalyse, die auf die Entwicklung der meisten modernen Therapieformen einen starken Einfluss hatte. Mit seinen Forschungen zur menschlichen Psyche und ihren möglichen Erkrankungen und Behandlungsmethoden wie beispielsweise Hypnose oder Traumdeutung erlangte er im 20. Jahrhundert weltweit Bekanntheit.

3 Aspektverschiebung mit Modalverben: Aktiv – Passiv → AB 117–118/Ü18–20

GRAMMATIK
Übersicht → KB 108/1b

Formulieren Sie die folgenden Sätze aus den Texten in 1 mit dem Modalverb *wollen* vom Passiv ins Aktiv um.

1 Eltern sollen dadurch in die Lage versetzt werden, besser mit diesen Schwierigkeiten zurechtzukommen. (Z. 10/11)
   Die Autorin will Eltern dadurch in die Lage versetzen, besser mit diesen Schwierigkeiten zurechtzukommen.

2 Vor allem sollen die Eltern dazu gebracht werden, ihre Schuldgefühle loszuwerden. (Z. 11–13)
   Die Therapeutin

3 Die Leser sollen durch den Dschungel der familientherapeutischen Möglichkeiten geführt werden. (Z. 42/43)
   Der Ratgeber

4 Passiversatz mit *bekommen* + Partizip II → AB 118/Ü21–22

GRAMMATIK
Übersicht → KB 108/1c

a **Welcher der folgenden Sätze hat die gleiche Bedeutung? Markieren Sie.**

Wie dies gelingen kann, **bekommen** die Leser hier anschaulich und überzeugend **dargelegt**.
☐ *Wie dies gelingen kann, legen die Leser hier anschaulich und überzeugend dar.*
☐ *Wie dies gelingen kann, wird den Lesern hier anschaulich und überzeugend dargelegt.*

b **Setzen Sie den folgenden Satz ins Passiv.**

Neben zahlreichen Beispielen **bekommt** man auch Übungen und praktische Hinweise **geboten**.
Neben zahlreichen Beispielen werden einem

c **Bilden Sie Sätze mit *bekommen* + Partizip II.**

1 In diesem Buch wird einem erklärt, wie Familienaufstellungen funktionieren.
   Man

2 Dem Leser wird gezeigt, wie heutige Paare mit der neuen Situation umgehen.
   Der Leser

Ich kann jetzt …
- Ankündigungen für psychologische Ratgeber im Detail verstehen.
- die Aspektverschiebung von Aktiv zu Passiv mithilfe von *wollen* ausdrücken.
- alternative Ausdrucksweisen für Passiv mit dem Verb *bekommen* + Partizip II verstehen und anwenden.

1 Der Internetauftritt

a Sehen Sie die Webseite an. Notieren Sie möglichst viele Informationen zu dieser Veranstaltung.

b Könnte diese Vorlesung auch für „fachfremde" Personen interessant sein? Warum (nicht)?

2 Eine Vorlesung → AB 119/Ü23

22 a Sehen Sie sich einen Ausschnitt aus einer Vorlesung im Fach Pädagogik zum Thema *Persönlichkeit und Verhalten* an. Ergänzen Sie beim Hören die Gliederungspunkte in Stichpunkten.

Komponenten der Persönlichkeit

Assoziationen zu den Fotos

Annahme der Alltagspsychologie

Funktion der Alltagspsychologie

b Sehen Sie die Vorlesung in Abschnitten an. Beantworten Sie die Fragen oder ergänzen Sie.

22 Abschnitt 1
1 Die Dozentin erzählt von einer Deutschaufgabe ihrer Tochter. Worin bestand diese?
2 Welchen Zusammenhang gibt es mit dem Thema der Veranstaltung?
3 Was bietet die Folie den Studierenden?

23 Abschnitt 2
1 Körperliche Erscheinung, Verhalten und Erleben eines Menschen bilden seine _____
2 Welches Beispiel führt die Dozentin an, um die Abfolge „Wahrnehmung – Schlüsse ziehen" zu veranschaulichen? _____
3 Zieht man bei der Wahrnehmung eines Menschen Rückschlüsse auf seine Persönlichkeit, spricht man von _____ psychologie.

24 Abschnitt 3
Erstellen Sie zu diesem Teil der Veranstaltung eine Mitschrift.

25 c Sehen Sie die gesamte Veranstaltung noch einmal an. Markieren Sie im Evaluationsbogen, welche der Aussagen zutrifft bzw. nicht zutrifft. Ergänzen Sie dabei auch noch weitere Kriterien. Vergleichen Sie anschließend im Kurs und begründen Sie Ihre Bewertung.

	trifft zu	trifft nicht zu
Das Thema des Vortrags ist interessant.		
Die Dozentin versteht es, die Aufmerksamkeit ihrer Zuhörer zu gewinnen.		
Die Folien sind übersichtlich aufgebaut und hilfreich für das Verständnis.		
Die Sprache der Dozentin ist klar und verständlich.		

Ich kann jetzt … ☺ ☺ ☹
- Hauptinformationen und Details einer Vorlesung verstehen und eine Mitschrift zu einem Teil der Vorlesung erstellen. ☐ ☐ ☐
- eine Vorlesung mithilfe eines Evaluationsbogens beurteilen. ☐ ☐ ☐

GRAMMATIK

1 Passiversatz und Aspektverschiebung

a Gerundiv als Passiversatz ← KB 99/2

Passivsätze mit den Modalverben *können*, *müssen* oder *sollen* kann man auch mithilfe des Gerundivs ausdrücken. Es wird mit *zu* + Partizip I + Adjektivendung gebildet und steht attributiv vor dem Nomen. Das Gerundiv wird vorwiegend in der Schriftsprache verwendet. In der gesprochenen Sprache verwendet man eher Relativsätze. Es hängt vom Kontext ab, welches Modalverb passt. Eine weitere Alternative zum Gerundiv ist ein Relativsatz mit Infinitiv + *zu*.

Gerundiv	Passiv mit Modalverb	Infinitiv + *zu*
ein **dringend zu lösendes** Problem	ein Problem, das **dringend gelöst werden muss (soll)**	ein Problem, das **dringend zu lösen ist**
ein **einfach durchzuführender** Test	ein Test, der **einfach durchgeführt werden kann**	ein Test, der **einfach durchzuführen ist**

b Aspektverschiebung mit Modalverben: Aktiv – Passiv ← KB 106/3

Eine Absicht lässt sich in zwei Formen ausdrücken: als Aktivsatz mit dem Modalverb *wollen* oder als Passivkonstruktion mit *sollen*.

Aktiv mit *wollen*	Passiv mit *sollen*
Die Autorin **will** Eltern **in die Lage versetzen**, mit Auffälligkeiten ihrer Kinder umzugehen.	Eltern **sollen** (nach Vorstellung der Autorin) **in die Lage versetzt werden**, mit Auffälligkeiten ihrer Kinder umzugehen.

c Passiversatz mit *bekommen* + Partizip II ← KB 106/4

Ein Passivsatz ohne modalen Charakter lässt sich aktiv durch eine Konstruktion mit *bekommen* + Partizip II ausdrücken.

Passiv	*bekommen* + Partizip II
Dem Leser **wird** anschaulich **dargelegt**, wie ein Umdenken gelingen kann.	Der Leser **bekommt** anschaulich **dargelegt**, wie ein Umdenken gelingen kann.

2 Wortbildung: Nachsilben bei Adjektiven

a -*(i)al* und -*(i)ell* ← KB 100/3

Einige Adjektive mit dem gleichen Stamm und den Endungen -*(i)al* oder -*(i)ell* haben unterschiedliche Bedeutungen.

real – reell	der **reale** Austausch = der konkrete Austausch	**reelle** Chancen auf mehr Erfolg = sehr gute Chancen auf mehr Erfolg
ideal – ideell	die **ideale** Entscheidung = die bestmögliche Entscheidung	**ideelle** Werte = keine ökonomischen Werte
rational – rationell	eine **rationale** Überlegung = eine vernunftgesteuerte Überlegung	**rationelle** Arbeitsabläufe = rasche, effiziente Arbeitsabläufe

b -*(a/i)bel* und -*(i)ös* ← KB 101/2

Die Adjektive, die auf -*(a/i)bel* und -*(i)ös* enden, stammen meist aus dem Lateinischen. Die Nachsilben bedeuten gewöhnlich, dass etwas gemacht werden kann, entsprechen also einem Passiversatz.

-*(a/i)bel*	Der Lärm ist nicht toler**abel**. = Der Lärm kann nicht toleriert/ausgehalten werden. Manche Menschen sind sehr sens**ibel**. (= empfindsam)
-*(i)ös*	Es macht mich nerv**ös**, wenn jemand immer mit den Händen redet. Therapeuten, die eine schnelle Heilung versprechen, sind nicht immer seri**ös**.

IM KONTAKT MIT KUNDEN

Fuad Khoumsi (26) kommt aus dem Irak und hat dort bereits einige Jahre als Verkäufer gearbeitet. Später hat er in einem Einzelhandelsgeschäft in Bielefeld im Verkauf gearbeitet. Vor Kurzem hat sich Fuad erfolgreich um eine neunwöchige Schulung bei einem Bahnunternehmen beworben, bei dem Quereinsteiger zu Zugbegleitern weitergebildet werden.

CHECKLISTE
IM KONTAKT MIT KUNDEN

- ☐ Kundengespräche führen
- ☐ Mit schwierigen Kunden umgehen
- ☐ Sich in Konfliktsituationen richtig verhalten
- ☐ Konfliktmanagement praktisch üben

1 Kundengespräche führen

a Fuad erhält in der Schulung ein Infoblatt zu den Aufgaben eines Zugbegleiters.
Lesen Sie den Text und ergänzen Sie in der richtigen Form.

> verfügen · Dienstleistungsberuf · beantworten · Auskunft · Beförderungsentgelt

Zugbegleiter (m/w/d) üben einen _____ (1) aus, der mit viel Kontakt
zu Menschen verbunden ist und zum Großteil innerhalb von Zügen ausgeübt wird.
Sie sind für die Kontrolle von Fahrausweisen verantwortlich. Außerdem können sie
_____ (2) erheben, d. h. Fahrscheine verkaufen. Darüber hinaus ge-
5 hört zum Berufsbild des Zugbegleiters auch das Erteilen von _____ (3).
Sie / Er _____ (4) hierbei Fragen der Fahrgäste und gibt Auskunft über
Bahntarife, den Streckenverlauf, Anschlusszüge, Fahrplanänderungen oder Störungen
im Schienenverkehr. Als Zugbegleiter sollte man zum einen Freude am Reisen haben,
zum anderen auch über Kommunikationstalent _____ (5). Schließlich
10 kommt ein Zugbegleiter jeden Tag mit fremden Menschen in Kontakt.

EXTRA BERUF

b Lesen Sie den Text erneut. Welche Aufgaben hat ein Zugbegleiter?
Welche davon sind kommunikativ? Sammeln Sie.

2 ◀)) 11–14 **c** Fuad werden in der Schulung vier Situationen vorgespielt, in denen sich Zugbegleiter
an Fahrgäste wenden. Um welche kommunikative Aufgabe aus dem Text handelt es sich?
Hören und notieren Sie.

1 _____   3 _____
2 _____   4 _____

2 ◀)) 11–14 **d** Hören Sie die Situationen noch einmal. Bewerten Sie: Wie höflich ist die Zugbegleiterin /
der Zugbegleiter? Begründen Sie Ihre Entscheidung.

	Situation 1	Situation 2	Situation 3	Situation 4
sehr höflich	☐	☐	☐	☐
höflich	☐	☐	☐	☐
unhöflich	☐	☐	☐	☐

e Überlegen Sie sich eine Gesprächssituation zwischen Zugbegleiter/in und Fahrgast,
wie sie im Berufsleben vorkommen kann. Bereiten Sie zu zweit einen Dialog dazu vor.
Die / Der Zugbegleiter/in soll sehr höflich sein.

2 Mit schwierigen Kunden umgehen

a Fuad lernt in der Schulung auch Verhaltensweisen für Problemsituationen im Umgang mit Kunden. Welche Probleme könnten auftreten? Sammeln Sie im Kurs.

> Manche Kunden nörgeln herum, wenn sie …

> Es gibt auch Kunden, die alles besser wissen, zum Beispiel …

b Zum Einstieg in das Thema erhält Fuad die Broschüre *Umgang mit schwierigen Kunden – Deeskalationstraining.* Lesen Sie das dort beschriebene 5-Schritte-Programm zur Bewältigung schwieriger Situationen und ordnen Sie die Erläuterungen den Überschriften zu.

Schritt 1: Aktiv zuhören ☐
Schritt 2: Das Problem benennen lassen ☐
Schritt 3: Die Problemursache erläutern ☐
Schritt 4: Beruhigend auf die Kundin / den Kunden einwirken ☐
Schritt 5: Wege zur Problemlösung aufzeigen ☐

Umgang mit schwierigen Kunden – Deeskalationstraining

A Versuchen Sie auf jeden Fall immer dann, wenn Sie beim Kunden* starke Emotionen oder Aggressionen bemerken, ihn zu bitten, Ruhe zu bewahren. Falls Sie verbal angegriffen werden,
5 geben Sie klar zu verstehen, dass so ein Verhalten inakzeptabel ist.

B Um das Problem genau zu erfassen, muss klar sein, was genau vorgefallen ist. Der Fahrgast soll sich verstanden fühlen und Ihre Bereitschaft erkennen, ihm entgegenzukommen. Geben Sie dem Kunden erst einmal Raum für sein Anliegen, auch wenn er sehr
10 aufgeregt oder angespannt wirkt.

C Zeigen Sie dem Kunden, dass Sie „für ihn da sind". Nicken Sie verständnisvoll, zeigen Sie, dass Sie seinen Erläuterungen aufmerksam folgen.

D Falls der Grund für das Problem des Fahrgasts auf einem Versäumnis des Unternehmens beruht, sollten Sie die Schuld eingestehen und gleichzeitig um Verständnis für diesen
15 Missstand bitten. Geben Sie dem Kunden dann gut verständliche Hinweise an die Hand, warum es zu diesem Problem gekommen ist. Handelt es sich hingegen um ein Verschulden des Kunden, sollte ihm das nahegebracht werden, gleichzeitig aber auch ein Vorschlag für die richtige Vorgehensweise unterbreitet werden.

E Auch wenn es sich um eine Sachlage handelt, die sich auf die Schnelle nicht verändern
20 lässt, müssen Sie sich dennoch bemühen, dem Kunden einen akzeptablen Vorschlag zu unterbreiten, wie sich der Missstand aus der Welt schaffen lässt oder dessen negative Auswirkung reduziert werden kann. Falls Sie es schaffen, die Schwierigkeiten vollständig aus dem Weg zu räumen, umso besser!

* Im Text wurde aus Gründen der besseren Lesbarkeit nur die männliche Form verwendet.

c Welche Tipps sind Ihrer Ansicht nach leichter bzw. schwieriger umzusetzen? Begründen Sie Ihre Meinung und diskutieren Sie.

d In welchen anderen Berufen gibt es ähnliche Konfliktsituationen? Welche der behandelten Schritte könnten auch in Ihrem Beruf relevant sein? Berichten Sie.

3 Sich in Konfliktsituationen richtig verhalten

a Fuad und andere Teilnehmende der Schulung sollen das Verhalten in Konfliktsituationen trainieren. Welchen Effekt haben die Arten zu sprechen? Überlegen Sie zu zweit und präsentieren Sie Ihre Ergebnisse.

> deutliches Sprechen

> angenehme Lautstärke

> ausgewogene Intonation

> warmer Stimmklang

> moderate Sprechgeschwindigkeit

> angenehme Stimmlage

> Interesse wecken · zum Zuhören einladen · Sicherheit vermitteln · überzeugend wirken · Interesse am Austausch · beruhigende Wirkung · Empathie · Freundlichkeit

2 ◀)) 15 b Fuad und seine Kollegin Ranja spielen eine Konfliktsituation, wie sie in ihrem Berufsalltag vorkommen könnte. Hören Sie das Gespräch. Um welches Problem handelt es sich?

> Der weibliche Fahrgast ...

c Welche der Schritte zur Deeskalation in 2b wendet Fuad an?

2 ◀)) 15 d Hören Sie das Gespräch noch einmal. Achten Sie dabei auf Fuads Sprechweise. Welche der Aspekte in 3a setzt er gut um, wo könnte er sich noch verbessern?

EXTRA BERUF

Gut gemacht hat er: Noch verbessern könnte er:

Er spricht sehr deutlich, ...

e Fuad und seine Kolleginnen und Kollegen sollen sich die Wirkung von Mimik und Gestik bewusst machen. Lesen Sie die verschiedenen Möglichkeiten, sich mimisch und gestisch auszudrücken, und notieren Sie jede Ausdrucksweise auf ein Kärtchen. Welche sollte man eher vermeiden und welche wirken auf das Gegenüber eher positiv? Ergänzen Sie auf dem Kärtchen *v* (vermeiden) oder *p* (positiv).

Mimik

> Augenbrauen hochziehen · Blickkontakt halten · ständiges Wegsehen · Nase rümpfen · geschlossener, lächelnder Mund · weit geöffneter Mund · Stirnrunzeln · Augen verdrehen · Gähnen

Gestik

> erhobener Zeigefinger · Hände sichtbar halten · sich am Kopf kratzen · Reiben des Kinns · Arme vor der Brust verschränken · wild gestikulieren · offene Handinnenflächen · mit dem Finger auf das Gegenüber zeigen

> *Nonverbale Kommunikation und kulturelle Unterschiede*
> *Einerseits gibt es universelle, angeborene Gesichtsausdrücke für grundlegende Emotionen wie Wut, Trauer, Freude oder Angst, die überall verstanden werden. Andererseits wird Mimik in verschiedenen Kulturkreisen oft unterschiedlich eingesetzt. Gesten sind interkulturell sogar oft so verschieden, dass sie gegenteilige Bedeutungen haben können, wie beispielsweise das Nicken mit dem Kopf.*

f Legen Sie die Kärtchen verkehrt herum auf einen Stapel. Jeder zieht reihum verdeckt ein Kärtchen und macht die darauf stehende Geste bzw. den Gesichtsausdruck. Die anderen sagen, was sie sehen und wie es auf sie wirkt.

g In welchen Berufsfeldern ist es besonders wichtig, sich der Wirkung der eigenen Mimik und Gestik auf andere Menschen bewusst zu sein? Diskutieren Sie.

4 Konfliktmanagement praktisch üben

a Ordnen Sie die Redemittel den verschiedenen Schritten der Deeskalation zu und ergänzen Sie weitere Redemittel.

1 Das Problem benennen lassen
2 Die Problemursache zu erläutern versuchen
3 Beruhigend auf die Kundin / den Kunden einwirken
4 Wege zur Problemlösung aufzeigen

A „*Okay, das ist alles halb so wild. Passen Sie auf …*
B *In einem ähnlichen Fall haben wir Folgendes unternommen: …*
C *Ich würde sagen, hier handelt es sich um …*
D *Erzählen Sie doch noch mal von Anfang an.* "

b Wählen Sie eine der folgenden Situationen oder denken Sie sich eine eigene aus und bereiten Sie zusammen mit einem oder zwei Lernpartnerinnen / Lernpartnern ein Rollenspiel vor. Verwenden Sie passende Redemittel und denken Sie daran, auch bewusst nonverbale Signale einzusetzen.

EXTRA BERUF

Situation 1: Die Klimaanlage im Zug ist im Juli bei 33 Grad Außentemperatur ausgefallen, das Abteil ist sehr voll. Eine Reisende verliert die Nerven und wird der / dem Zugbegleiter/in gegenüber ungehalten. Diese/r versucht,
5 den Fahrgast zu beruhigen und verspricht, sich um Abhilfe zu bemühen.

Situation 2: Die / Der Zugbegleiter/in fordert einen Fahrgast auf, seinen Fahrschein vorzuzeigen. Dieser reagiert nicht und tut nach nochmaliger Aufforderung so, als würde er
10 den Zugbegleiter nicht verstehen, vermutlich, weil er keinen gültigen Fahrschein hat. Die / Der Zugbegleiter/in versucht, die Situation bestmöglich zu klären.

Situation 3: Die Sitzplatzreservierungsanzeige funktioniert nicht. Ein Fahrgast mit einer Sitzplatzreservierung möchte
15 sich auf seinen reservierten Platz setzen, doch der dort sitzende Fahrgast will den Platz nicht freimachen, weil er meint, denselben Platz reserviert zu haben. Beide bestehen auf dem Sitzplatz und ärgern sich über die Bahn. Als Sie versuchen, das Problem in Ruhe zu regeln, bemerken Sie,
20 dass einer der beiden Fahrgäste im falschen Wagen ist.

c Präsentieren Sie Ihr Rollenspiel im Kurs. Die anderen machen sich währenddessen Notizen und geben anschließend Feedback.

> Was mir besonders gut gefallen hat:
> Wozu ich noch Fragen habe:
> Was ich zur Verbesserung vorschlagen möchte:
> Was ich für mich mitnehmen kann:

> **Feedback geben**
> *Bei Rollenspielen in Schulungen ist es üblich, dass nicht nur die Trainerin / der Trainer ein Feedback gibt, sondern dass sich auch die Teilnehmerinnen und Teilnehmer unterein- ander Feedback geben. Auf diese Weise denkt jeder darüber nach, was positiv war und was man noch verbessern kann – der Lerneffekt ist dadurch für alle größer.*

d Was kann man Ihrer Ansicht nach in Rollenspielen für das eigene Berufsleben lernen? Diskutieren Sie.

9 STADT UND DORF

1 Visionen für die Zukunft → AB 123/Ü2

a Arbeiten Sie in Kleingruppen. Sammeln Sie W-Fragen zu dem Bild und schreiben Sie sie auf einen Zettel.

b Geben Sie nun die Fragen Ihrer Gruppe an eine andere Gruppe weiter. Diese überlegt sich mögliche Antworten.

c Die Gruppen tragen dann ihre Vermutungen zu den Fragen in b im Kurs vor.

> *Wo könnten sich diese Gebände befinden?*

> *Wir glauben, dass es sich um den Entwurf von Häusern in der Zukunft handelt …*

2 Unser Lebensraum in der Zukunft

Wie sieht die Umgebung aus, in der Sie in Zukunft leben wollen? Wählen Sie zwei Stichwörter aus und sprechen Sie in Kleingruppen drei Minuten lang über Ihren Lebensraum in der Zukunft. Sie können selbst weitere Stichwörter ergänzen.

saubere Luft • im Grünen • Landschaft • Wohnung • Arbeitsplatz • Orte zur Entspannung und Unterhaltung • Straßen, Wege, Schienen • Verkehrsmittel • kulturelle Angebote • …

> *Ich möchte unbedingt im Grünen leben, wenn es irgendwie möglich ist …*

1 Metropole oder Megastadt?

Ergänzen Sie die Begriffe *Metropole* und *Megastadt* in den folgenden Definitionen.

A Entscheidend für die Definition ist die Zahl der Einwohner. Als _____ wird eine Stadt mit mehr als zehn Millionen Einwohnern bezeichnet. Shanghai ist z. B. mit über 26 Millionen eine der einwohnerreichsten Städte der Welt.

B Entscheidend für die Definition ist die Funktion beispielsweise als politischer, kultureller oder wirtschaftlicher Mittelpunkt eines Landes oder einer Region. Im Falle der Stadt Frankfurt spricht man von einer Finanz_____.

2 Zukunft der Stadt → AB 124–126/Ü3–6

a Sehen Sie das Foto an und lesen Sie die Überschrift des Artikels sowie den fett gedruckten Vorspann. Worum geht es wohl in dem Text? Sprechen Sie im Kurs.

b Lesen Sie den Text. Welche Aspekte einer „Stadt von morgen" werden hier angesprochen? Markieren Sie die Schlüsselwörter in jedem Abschnitt. Vergleichen Sie diese in der Kleingruppe.

Die Stadt von morgen

Bereits heute lebt über die Hälfte der Weltbevölkerung in Städten – und Prognosen zeigen, dass die Zahl der Stadtbewohner weiter zunehmen wird. Mit den Großstädten wachsen aber auch die Probleme. Um das Leben in den Metropolen in Zukunft lebenswert zu machen, müssen bereits heute die Grundlagen dafür gelegt werden.

1 Die Luft ist sauber und klar. Weder der städtische Verkehr noch die Industrie leiten Schadstoffe in die Atmosphäre. Neue Gebäude produzieren durch Solarpanels auf den Dächern mehr Energie, als sie verbrauchen können, und speisen den nachhaltig produzierten Strom in intelligente Netze ein. Begrünte Fassaden sorgen für ein angenehmes Klima und liefern zugleich wertvolle Anbauflächen für die Selbstversorgung der Stadtbewohner. Das Leben in der Stadt ist angenehm und sauber – ganz ohne Smog, Lärm oder Gestank. 10

2 Großstädte als Antrieb eines nachhaltigen Wandels? Für die meisten Stadtbewohner ist das ein 15 Wunschtraum für die Zukunft. Doch bereits heute arbeiten Forscher, Politiker und Städteplaner in aller Welt daran, die Vision einer sauberen und lebenswerten Stadt zu verwirklichen. Ziel ist es, die Städte so umzustrukturieren, dass sie das Potenzial haben, dem Klimawandel entgegenzusteuern. Metropolen können zu Pionieren eines nachhaltigen Wandels werden, vorausgesetzt, wir schaffen es, die notwendigen Maßnahmen zu identifizieren und umzusetzen. 20

3 Die Realität ist leider eine andere. Millionen von Menschen haben kein sauberes Trinkwasser, leiden unter extremem Smog oder müssen häufige Stromausfälle in Kauf nehmen. Hinzu kommt, dass viele Großstädte den anfallenden Müll nicht entsorgen können und schmutzige Abwässer unreguliert in Flüsse geleitet werden. Im Falle, dass wir nichts unternehmen, werden die Lebensbedingungen bald nicht mehr erträglich sein. 25

4 Nichtsdestotrotz lassen sich die Allerwenigsten davon abschrecken, in die Stadt zu ziehen – die Städte werden also kontinuierlich weiter wachsen. Weltweit betrachtet strömen jeden Tag Tausende Menschen vom Land in die Stadt, sei es aufgrund der Arbeit, der guten Schulen und Hochschulen, der großen Auswahl an Ärzten und Krankenhäusern oder aber des vielfältigen Freizeit- und Kulturangebots. Für viele Länder und Regionen sind die Großstädte entscheidende 30 Wachstumsmotoren, die einen nicht unerheblichen Teil zum Bruttoinlandsprodukt beitragen.

9

5   Nicht zuletzt aus diesen Gründen geht die Organisation für wirtschaftliche Zusammenarbeit und Entwicklung (OECD) davon aus, dass bis zum Ende des Jahrhunderts über 85 Prozent der Weltbevölkerung in Städten leben werden. Kennzeichnend ist dabei nicht nur die allgemeine Zunahme der Stadtbevölkerung, sondern auch die Entstehung von großräumigen städtischen Ballungsräumen, sogenannten Megastädten. 35

6   Mit Blick auf das Klima ist das Wachstum der Städte teuer erkauft. Großstädte und Megastädte führen zu großen logistischen Herausforderungen in den Bereichen Verkehr, Wohnen und Lebensmittelversorgung – und sie verursachen auch erhebliche Umweltbelastungen, da durch sie einerseits in einem verhältnismäßig kleinen Gebiet Unmengen an Energie, Rohstoffen und Trinkwasser verbraucht und andererseits Massen an Schadstoffen, Abwasser und Müll produziert werden. 40

7   Doch wie lässt sich diesen Fehlentwicklungen entgegenwirken? Was ist der Schlüssel für ein nachhaltiges Leben und Arbeiten in der Stadt? Experten werfen jetzt einen neuen Blick auf die Städte: Sie sind nicht nur Problemverursacher, sondern auch wichtige Akteure, wenn es darum geht, umweltfreundliches Wachstum und nachhaltige Maßnahmen zu erforschen und zu fördern. Unter der Bedingung, dass neue Technologien und Lösungsansätze entwickelt und umgesetzt werden, kann die Urbanisierung so als Ausgangspunkt hin zu einer nachhaltigen Lebensweise verstanden werden. 45

Detailverstehen in Fachtexten
Beim Lesen von Fachtexten sollte man sich nach jedem Absatz fragen: Welche Frage wird hier beantwortet? Was kommt mir bekannt vor? Was ist neu? Was verstehe ich nicht? Brauche ich diese Information für meine Fragestellung? Kann ich in eigenen Worten zusammenfassen, worum es hier geht?

9

c   **Bearbeiten Sie in Kleingruppen je einen Absatz des Textes. Was sind die wichtigsten Informationen darin? Vervollständigen Sie den Satz. Verwenden Sie möglichst eigene Worte.**

Absatz 1: Wir wünschen uns für die Zukunft ein noch komfortableres Leben
in großen Städten – ohne Smog, Lärm oder Gestank.

Absatz 2: Forscher, Politiker und Städteplaner sehen in einer Umstrukturierung Möglichkeiten,

Absatz 3: Zurzeit leiden Stadtbewohner in vielen Teilen der Welt unter den Problemen mit

Absatz 4: Attraktiv für immer mehr Menschen sind dagegen die Angebote an

Absatz 5: Auch in Zukunft nimmt die Zahl der Stadtbewohner zu und

Absatz 6: Die Herausforderungen und Probleme der Städte nehmen zu, weil

Absatz 7: Um ein umweltfreundliches Wachstum zu ermöglichen, müssen

d   **Lesen Sie den Text *Die Stadt von morgen* in Aufgabe 2b erneut. Verfassen Sie anschließend einen schriftlichen Kommentar dazu. Schreiben Sie mindestens 250 Wörter und berücksichtigen Sie auch den Aufbau des Textes (Einführung in das Thema, Aufbau der Argumentation, Schlussfolgerung). Gehen Sie dabei auf folgende Punkte ein.**

- Fassen Sie die relevanten Informationen des Artikels zusammen.
- Wie ist Ihre Meinung zu diesen Informationen?
- Welche weiteren Herausforderungen oder Lösungsansätze bietet die Urbanisierung?
- Was wird sich Ihrer Meinung nach bald verändern? Warum?

3 Satzstrukturen: Konditionale Zusammenhänge → AB 127–128/Ü7–9

GRAMMATIK
Übersicht → KB 124/1a

a Unterstreichen Sie zunächst in den Sätzen die Konnektoren, die die gleiche Bedeutung wie *wenn* und *sofern/falls* haben.

1 <u>Im Falle, dass</u> wir nichts unternehmen, werden die Bedingungen bald nicht mehr erträglich sein. (Z. 24)
Falls wir nichts unternehmen, werden die Bedingungen bald nicht mehr erträglich sein.

2 Metropolen können zu Pionieren eines nachhaltigen Wandels werden, vorausgesetzt, wir schaffen es, die notwendigen Maßnahmen zu identifizieren und umzusetzen. (Z. 19–20)
Metropolen können zu Pionieren eines nachhaltigen Wandels werden,

3 Unter der Bedingung, dass neue Technologien und Lösungsansätze entwickelt und umgesetzt werden, kann die Urbanisierung so als Ausgangspunkt hin zu einer nachhaltigen Lebensweise verstanden werden. (Z. 47–49)
Die Urbanisierung kann als Ausgangspunkt hin zu einer nachhaltigen Lebensweise verstanden werden,

b Schreiben Sie die Sätze in Aufgabe 3a mit den Konnektoren *wenn, sofern* und *falls*.

c Formulieren Sie schriftsprachlich. Verwenden Sie *bei* + Dativ, *im Falle* + Genitiv.

1 Fassaden begrünen → Klima in der Stadt verbessern
Bei einer Begrünung der Fassaden verbessert sich das Klima in der Stadt.
Im Falle einer Begrünung der Fassaden verbessert sich das Klima in der Stadt.

2 Autos mit Elektromotor nutzen → Lärm wird reduziert
Bei
Im Falle

3 Stromnetze stabilisieren → störende Ausfälle werden selten
Bei
Im Falle

4 Müll wird richtig entsorgt → Umweltverschmutzung wird reduziert
Bei
Im Falle

d Bilden Sie Sätze mit negativer Bedeutung. Formulieren Sie dabei die Sätze mit *sonst/andernfalls* in Sätze mit *wenn … nicht, (dann) …* um und umgekehrt.

1 Wir sollten umdenken, sonst/andernfalls werden die Probleme immer größer.
Wenn wir nicht

2 Wenn die Wissenschaft die Herausforderungen nicht annimmt, (dann) wird es keine Lösungen geben.
Die Wissenschaft muss

3 Die Städte müssen ihr Potenzial nutzen, sonst/andernfalls wird das Leben in der Stadt unerträglich.

4 Wenn Stadtplaner zukünftig keine innovativen Lösungen finden, (dann) ersticken wir im Verkehr.

Ich kann jetzt …
- einen komplexen Sachtext über Stadtentwicklung verstehen. ☐ ☐ ☐
- konditionale Zusammenhänge in Sätzen verstehen und korrekt ausdrücken. ☐ ☐ ☐

SEHEN UND HÖREN

1 Landwirtschaft in der Stadt

Lesen Sie den Zeitungsartikel. Um welchen Trend geht es?

Städter lieben neuerdings Gartenarbeit

Bis vor nicht allzu langer Zeit wurde Gärtnern noch als spießig angesehen. Heute liegt es voll im Trend. Selbst Menschen ohne eigenen Garten können sich selbst mit Grünzeug versorgen. An immer mehr öffentlichen Plätzen in Städten wie Berlin, Zürich oder Wien pflanzen Hobbygärtner Gemüse im Eigenanbau. Kenner der Szene nennen das Phänomen *Urbane Landwirtschaft* oder *Urban Farming*.

2 *Prinzessinnengarten* in Berlin → AB 129/Ü10–11

26 **a** Sehen Sie den Anfang des Films <u>ohne</u> Ton an.

- Wo befinden sich die Personen?
- Worüber sprechen sie wohl?

b Sehen Sie nun den Film in Abschnitten an. Was ist wichtig? Notieren Sie zu jedem Abschnitt drei Stichpunkte.

27 Abschnitt 1   *sozial,*

28 Abschnitt 2

29 Abschnitt 3   *Biodiversität,*

30 Abschnitt 4

31 Abschnitt 5   *mobiles Beetsystem,*

c Formulieren Sie mögliche Fragen, die den Interviewpartnern gestellt wurden. Überlegen Sie auch, wie die Antworten darauf lauteten.

Was ist …

32 **d** Sehen Sie den Film noch einmal ganz. Überprüfen Sie, ob Sie sich an alle Fragen und Antworten richtig erinnert haben.

3 Ist *Urban Farming* die Zukunft?

33 Sehen Sie sich eine Podiumsdiskussion zum Thema *Urbane Landwirtschaft* an. Entscheiden Sie, zu wem die Aussagen 1 bis 5 passen. Für jede Aussage gibt es genau eine richtige Lösung.

	Frau Mai	Herr Stein	beide	keiner
1 Man hat in Berlin viele Möglichkeiten, sein eigenes Gemüse anzubauen.	☐	☐	☐	☐
2 Die Haltung von Tieren ist bei der *Urbanen Landwirtschaft* nicht erlaubt.	☐	☐	☐	☐
3 Fans von *Urbaner Landwirtschaft* produzieren Lebensmittel für sich selbst.	☐	☐	☐	☐
4 Städtische Gartenflächen sind nicht öffentlich zugänglich.	☐	☐	☐	☐
5 *Urbane Landwirtschaft* leistet einen positiven Beitrag zum Klimaschutz.	☐	☐	☐	☐

Ich kann jetzt …	☺	🙂	☹
■ ein Interview über ein soziales und ökologisches Projekt verstehen.	☐	☐	☐
■ Themengebiete in längeren monologischen Passagen identifizieren.	☐	☐	☐
■ die Aussagen in einer Podiumsdiskussion den einzelnen Teilnehmenden zuordnen.	☐	☐	☐

1 Leben in der Großstadt → AB 130/Ü12

a Wählen Sie als Beispiel eine Großstadt, die Sie gut kennen, und unterhalten Sie sich in Kleingruppen: Wie leben die Menschen dort? Was ist Ihrer Meinung nach typisch für das Leben in einer Großstadt?

b Lesen Sie den Blogartikel. Welche Aspekte des Großstadtlebens werden hier geschildert? Markieren Sie die Textstellen.

Gesichter einer Großstadt

„Wien ist die lebenswerteste Stadt, die ich kenne.“

Irina Mackowitz (47) hat schon in vielen Städten gelebt. Geboren in Saalfeld (Thüringen) zog es sie nach der Schule
5 nach Berlin, wo sie Publizistik studierte. Ihr späterer Beruf als Journalistin führte dazu, dass Irina die meiste Zeit ihres Lebens in Städten gelebt hat. Nach beruflichen Stationen in London und Basel lebt und arbeitet sie nun seit gut fünf Jahren in Wien.

10 „Ursprünglich bin ich aus beruflichen Gründen hier gestrandet“, erzählt die gebürtige Thüringerin. „Wien wäre als Wohnort eigentlich nicht meine erste Wahl gewesen.“ Je länger sie jedoch in der österreichischen Hauptstadt lebe, desto besser gefalle sie ihr. Besonders angetan ist sie von den Märkten in Wien - sie sagt, dass sie fast nichts mehr im Supermarkt einkauft. „Gleich bei uns um die Ecke gibt es einen Bauernmarkt. Es ist einfach schön, wenn einen der Gemüsehänd-
15 ler kennt und persönlich grüßt.“ Neben der freundlichen Atmosphäre schätzt sie die gute Qualität der Produkte.

In Österreich wird viel über Themen wie nachhaltige Energieversorgung, Verkehr und Lebensmittelkonsum diskutiert. Städte wie Wien, in denen mehrere Millionen Menschen auf engem Raum zusammenleben, haben immer auch Auswirkungen auf die Umwelt. Auch der wachsende Tourismus
20 spielt keine unwesentliche Rolle dabei, dass Müll und Abgase in der Stadt stetig zunehmen.

Für Irina steht jedoch fest, dass sie in der Stadt bleiben möchte. Sie sagt: „Wien vereint die Vorteile einer Großstadt mit den Annehmlichkeiten eines kleinen Dorfes.“ Einerseits findet man vom Tangokurs bis zum Klassikkonzert quasi alle Kultur- und Freizeitangebote, die man sich vorstellen kann. Andererseits findet man bei Tagesausflügen in die naheliegenden Weinberge oder bei
25 Spaziergängen auf dem Zentralfriedhof viel Ruhe und Natur. „Alles ist überschaubar und gemütlich und dennoch aufregend und pulsierend“, meint Irina.

c Ordnen Sie die Redemittel den Schreibabsichten zu.

Schreibabsicht	Redemittel
1 Informationen zusammenfassen	A *„ Ich habe selbst schon einmal …*
2 die eigene Meinung äußern	B *Der Beitrag beschreibt / zeigt …*
3 Vor- und Nachteile benennen	C *Das sieht man beispielsweise daran, dass …*
4 über persönliche Erfahrungen berichten	D *Ich bin der Ansicht / Ich finde, dass …*
5 sich auf etwas beziehen	E *Große Herausforderungen sind … Positiv ist aber … „*

d Auf einer Lernplattform diskutieren Sie mit Ihrem Dozenten und anderen Seminarteilnehmenden über das Thema *Leben in der Großstadt*. Schreiben Sie einen kurzen Beitrag. Erläutern und begründen Sie, welche positiven und negativen Aspekte es für Menschen haben kann, in einer größeren Stadt zu wohnen. Schreiben Sie mindestens 200 Wörter.

Ich kann jetzt …   😊 🙂 🙁
- dem Inhalt eines Blogartikels relevante Aspekte entnehmen.   ☐ ☐ ☐
- unterschiedlichen Schreibabsichten passende Redemittel zuordnen.   ☐ ☐ ☐
- einen schriftlichen Diskussionsbeitrag über das Thema *Leben in Großstädten* verfassen.   ☐ ☐ ☐

9

WORTSCHATZ

1 Groß oder klein?

a Ergänzen Sie im Lexikoneintrag die Begriffe *Dorf*, *Kleinstadt* und *Großstadt*.

> Dorf · Kleinstadt · Großstadt

_____ (1) nennt man eine Stadt mit einer Einwohnerzahl zwischen 5 000 und 20 000. Ab 100 000 Einwohnern bezeichnet man eine Stadt als _____ (2). Für diese Einteilung spielen auch die Bevölkerungsdichte und die gesellschaftliche bzw. kulturelle Bedeutung eine Rolle. Als _____ (3) bezeichnet man eine Siedlung, die landwirtschaftlich geprägt ist.

b Unterhalten Sie sich in kleinen Gruppen. Wie viele Einwohner hat der Ort, in dem Sie zurzeit leben? Zu welcher Kategorie aus 1a zählt er?

2 *Unser Dorf hat Zukunft*

a Sehen Sie sich das Foto an. Was zeigt es? Wo könnte es entstanden sein?

b Lesen Sie die Beschreibung des Wettbewerbs und erläutern Sie die Begriffe *Kommission* und *Golddorf*.

Der Wettbewerb *Unser Dorf hat Zukunft* wird seit 1961 durchgeführt. Teilnehmen können alle Orte, die weniger als 3 000 Einwohner haben. Die angemeldeten Dörfer werden von einer Kommission aus Vertretern verschiedener Institutionen besucht und begutachtet. Die Bewohner des Ortes bereiten hierzu eine Führung durch das Dorf vor. Die schönsten Orte erhalten am Ende eine Auszeichnung in Bronze, Silber oder Gold. Die Gewinner einer Goldmedaille dürfen sich *Golddorf* nennen.

3 Adjektive und Partizipien mit Präpositionen → AB 130–131/Ü13–15

GRAMMATIK
Übersicht → KB 124/2

a Lesen Sie den Bericht einer Dorfbewohnerin über die Beteiligung am Wettbewerb und ergänzen Sie.

> gespannt auf · stolz auf · bemüht um · erfreut über · aufgeschlossen gegenüber

„Wir sind alle sehr _____ (1) unser Dorf! Einerseits gibt es alte Bauern-häuser, eine lange Tradition und viel Natur. Andererseits ist die wirtschaftliche Situation sehr gut, nicht zuletzt auch, weil die Dorfbevölkerung _____ (2) modernen Technologien ist. Letztes Jahr haben wir uns zusammengesetzt, um den Ort beim Wettbewerb *Unser Dorf hat Zukunft* anzumelden. Die Vertreter unserer Vereine waren _____ (3) eine authentische und zugleich ansprechende Präsentation des Dorfes. Das ganze Dorf war natürlich sehr _____ (4) das Ergebnis. Selbstver-ständlich waren alle sehr _____ (5) die Mitteilung, dass wir die Goldmedaille gewonnen haben! In Zukunft dürfen wir uns also *Golddorf* nennen."

b Welche positive Wirkung können Wettbewerbe wie *Unser Dorf hat Zukunft* Ihrer Meinung nach haben? Welche negativen Effekte könnte es geben? Diskutieren Sie.

Ich kann jetzt …
- Orte unterschiedlicher Größe unterscheiden und einordnen.
- wichtige Begriffe bei der Beschreibung eines Wettbewerbs verstehen und erklären.
- Adjektive und Partizipien mit den dazu passenden Präpositionen verwenden.

1 Dorf einmal anders

a **Lesen Sie den Text und ergänzen Sie.**

> zwanzigköpfige · 140 Personen · 1,5 Mio. Euro · 30 Hektar · 2010

Die Ökosiedlung Tempelhof

Kaufen Sie sich ein Dorf! Klingt verrückt? Eine _____ (1) Gruppe aus Unternehmern und engagierten Bürgern hat es getan. Im Jahr _____ (2) kauften sie für _____ (3) das Dorf Tempelhof in der süddeutschen Provinz. Heute leben auf dem insgesamt _____ (4) umfassenden Dorfgelände fast _____ (5) in einer experimentellen und weitestgehend nachhaltigen und autarken Lebensgemeinschaft.

b **Wie stellen Sie sich das Leben in einem Ökodorf vor? Diskutieren Sie.**

2 Aussteiger mit Hightech → AB 132–133/Ü16–17

a **Lesen Sie die vier Texte (A–D). In welchen Texten gibt es Aussagen zu den Themenschwerpunkten (1–5)? Zu jedem Themenschwerpunkt gibt es mehrere Aspekte. Notieren Sie die Lösung in Stichpunkten.**

- Thema 1: Zusammensetzung der Dorfgemeinschaft
- Thema 2: Lage und Größe des Dorfes
- Thema 3: Motivation, im Dorf zu leben
- Thema 4: Besitz der Dorfbewohner/innen
- Thema 5: Resonanz der Nachbargemeinden

Thema 1: Zusammensetzung der Dorfgemeinschaft
Text B: Menschen aus allen Gesellschaftsschichten
Text C: …

|A| **Aline** Ich habe früher auch schon mit anderen Menschen zusammengewohnt. Das Leben in der Gemeinschaft ist aber ganz anders. Man kann sich hier aussuchen, ob man gern allein, in einer Wohngemeinschaft oder mit Partner oder Familie wohnen möchte. Ich habe zusammen mit fünf anderen, die auch im Handwerk tätig sind, eine Wohngemeinschaft
5 gegründet. Die Kosten für die Gegenstände des täglichen Gebrauchs teilen wir uns. Für die Ernährung zahlt jeder im Dorf einen monatlichen Grundbetrag. Vor meinem Umzug hatte ich eine gute Anstellung und eine große Wohnung mit allerlei Schnickschnack und Krempel. Aber irgendwann stellt sich wahrscheinlich jeder die Frage, ob man das alles wirklich braucht. Im Endeffekt halte ich eine gute Sozialstruktur für viel wertvoller als
10 materiellen Besitz. In Tempelhof gehören mir nur ein Schrank und ein Bett. Der Rest wird gemeinschaftlich genutzt.

|B| **Niko** Die Ökosiedlung Tempelhof liegt auf halbem Weg zwischen Ulm und Würzburg. Sie hat rund 26 Hektar landwirtschaftliche Nutzfläche, auf denen genügend Gemüse und Obst für den Eigenbedarf wachsen. Zudem werden hier Ziegen und Hühner gehalten. Im
15 Dorf gibt es außerdem auch eine eigene Bäckerei, eine Käserei und eine Imkerei. Ich lebe zwar selbst im Nachbardorf Kreßberg und bin kein Bewohner des Dorfes, aber ich bin oft in Tempelhof. Ab und an besuche ich Freunde, die dort leben. Der Zusammenhalt der Gemeinschaft beeindruckt mich, man wird von allen freundlich begrüßt und empfangen. Von außen betrachtet meinen viele, der Ort sei eine Ansiedlung gleichgesinnter Hippies.
20 In Wirklichkeit leben in Tempelhof jedoch bereits seit der Gründung sehr unterschiedliche Menschen aus allen Gesellschaftsschichten und mit diversen Hintergründen. Es wäre schön, wenn es mehr Orte wie Tempelhof gäbe.

C **Hubert** Ich bin jetzt Anfang fünfzig und hatte früher einen attraktiven Job in München.
Mit dem Geld, das ich dort verdient habe, konnte ich mir eigentlich jeden erdenklichen
25 Luxus leisten. Allerdings hat mich der ewige Konsum auf Dauer nicht glücklich gemacht.
Ganz im Gegenteil: Ich wurde krank davon. Deshalb habe ich alles verkauft und bin quasi
ohne Besitz nach Tempelhof gegangen. Früher hätte ich mir nicht vorstellen können, in
einer großen Gemeinschaft zu leben. Inzwischen fühle ich mich allerdings sehr wohl
hier. Das Dorf ist einfach unglaublich vielseitig und bunt. Manche der Bewohnerinnen
30 und Bewohner kommen aus anderen Kulturen oder haben eine andere Muttersprache
als Deutsch. Hier leben Handwerker, Akademiker und einige Künstler, aber auch viele
ältere Menschen, die bereits im Ruhestand sind. Nicht alle, die hier wohnen, arbeiten im
Dorf oder in den umliegenden Gemeinden. Manche pendeln sogar bis nach München und
Stuttgart zu ihrer Arbeitsstelle. Auf der anderen Seite gibt es aber auch viele Menschen
35 in den Nachbardörfern, die unser Projekt gut finden und öfter vorbeikommen oder sogar
ihre Kinder hier in den Kindergarten oder in die Schule schicken.

D **Lena** Viele von uns essen gemeinsam in der Dorfkantine. Zudem gibt es regelmäßige Treffen, bei denen wir alltägliche Anliegen besprechen. Jeder, der möchte, darf etwas beitragen. Da kommt manchmal ganz Unterschiedliches zusammen, schließlich wohnen hier
40 Menschen in allen Lebensphasen und allen Altersstufen. Große Entscheidungen werden
basisdemokratisch, das heißt von allen, getroffen. Wir Bewohnerinnen und Bewohner
verstehen unser Dorf als Zukunftswerkstatt und soziales Experiment. Nach Tempelhof
führt uns alle auf die ein oder andere Weise die Idee, ein sinnerfülltes Leben zu führen.
Dafür haben alle bereits ihr früheres Leben aufgegeben. Regelmäßig organisieren wir
45 Seminare oder Vorträge zu weltanschaulichen Fragen, beispielsweise zu Themen wie
Nachhaltigkeit oder Wachstumsgesellschaft. Dazu sind auch immer wieder Fachleute
eingeladen.

b Warum würden Sie im Ökodorf Tempelhof wohnen wollen? Warum (nicht)?

3 Konzessive Zusammenhänge → AB 134–135/Ü18–20

GRAMMATIK
Übersicht → KB 124/1b

a Formulieren Sie die Sätze mithilfe der Konnektoren *obwohl /
wenn auch* oder *trotzdem / dennoch / allerdings* um.

1 Früher hätte ich mir nicht vorstellen können, in einer großen
Gemeinschaft zu leben. Inzwischen fühle ich mich allerdings
sehr wohl hier.
2 Ich habe früher auch mit anderen Menschen
zusammengewohnt. Das Leben in der Gemeinschaft ist aber
ganz anders als meine bisherigen Erfahrungen.
3 Ich lebe zwar selbst im Nachbardorf Kreßberg und bin kein
Bewohner des Dorfes, aber ich bin oft in Tempelhof.

1 Obwohl ich

b Formulieren Sie einen Widerspruch oder Gegensatz mit den Konnektoren *trotz* und *ungeachtet.*

1 viel Geld ↔ Er war auf Dauer nicht glücklich.
2 WG-Erfahrungen ↔ Er lernt in der Gemeinschaft Neues dazu.
3 regelmäßige Treffen ↔ Es gibt auch zwischenmenschliche Konflikte.

*Trotz des vielen Geldes
war er auf Dauer nicht
glücklich.*

Ich kann jetzt … 🙂 😐 🙁
- eine Beschreibung über alternative Lebensformen auf dem Land verstehen. ☐ ☐ ☐
- die Hauptaussagen mehrerer persönlicher Ansichten zusammenfassen. ☐ ☐ ☐
- konzessive Zusammenhänge in unterschiedlichen Satzstrukturen ausdrücken. ☐ ☐ ☐

1 *Dörfersterben* → AB 135/Ü21

a Was erwarten Sie von einem Vortrag zum Thema *Dörfersterben*? Welche Assoziationen ruft der Begriff hervor?

2 ◀)) 16   **b** Lesen Sie die Stichworte auf den Präsentationsfolien. Hören Sie anschließend den Vortrag einmal und ergänzen Sie. Schreiben Sie die fehlenden Informationen stichwortartig in die freien Zeilen (1–10).

Präsentation	Lösungen
Vortragsreihe *Landleben* Heute: Prof. Dr. Martin Wesebricht 0 …	0 Dörfersterben
Beispiel: Herrn Müllers Gutshaus Das Haus liegt 1 …	1
Nicht jeder lebt gern auf dem Land. Ein Grundproblem ist, dass 2 …	2
Leerstand akzeptieren? Nein, weil: 3 … Alternative: 4 …	3 4
Wirkung eines Dorfes hängt ab von 5 …	5
Landleben und Lebensstandard Ein Beispiel: 6 …	6
Leben im Dorf Relevanz von Netzwerken 7 … Dorfzentren stärken durch 8 …	7 8
Der soziale Aspekt Familienfreundlichkeit stärken, indem 9 … Bedürfnisse der älteren Generation 10 …	9 10

c Welches Argument für oder gegen das Leben im Dorf ist für Sie das wichtigste? Warum?

Ich kann jetzt …   ☺ ☺ ☹
- spontane Assoziationen zu einem Vortragsthema äußern.   ☐ ☐ ☐
- die Hauptaussagen einer Präsentation auf Präsentationsfolien zusammenfassen.   ☐ ☐ ☐

SPRECHEN

1 Eine Debatte → AB 136/Ü22

a Lesen Sie die Aussage und diskutieren Sie mit Ihrer Lernpartnerin / Ihrem Lernpartner.

> *Das Leben auf dem Land ist reizvoller als das Leben in der Stadt.*

- Wie verstehen Sie diese Aussage?
- Sagen Sie, inwieweit Sie mit der Aussage übereinstimmen oder sie ablehnen.
- Geben Sie dazu Gründe und Beispiele an.
- Gehen Sie auch auf die Argumente Ihrer Lernpartnerin / Ihres Lernpartners ein.

In einem kleinen Dorf fühlt man sich oft wohler und geborgener als …

Als alleinstehende Person …

Argumente für / gegen eine These formulieren

„ *Ich bin der Ansicht, dass vieles für / gegen die These spricht. Beispielsweise die Tatsache, dass …*
Meiner Meinung nach ist das falsch. Vielmehr / Im Gegenteil könnte man sagen, dass …
Ich stimme der Aussage zu, und zwar deshalb, weil … „

auf Argumente eingehen

„ *Wie meine Vorrednerin / mein Vorredner gesagt hat, ist es so: …*
Darauf lässt sich / möchte ich erwidern, dass …
Man könnte andererseits aber auch … anführen. „

Argumente entkräften

„ *Das Argument … ist nicht stichhaltig beziehungsweise wenig überzeugend.*
Ich kann nicht nachvollziehen, warum / wo / was …
Das Argument überzeugt mich nicht, und zwar aus folgendem Grund: … „

b Geben Sie sich anschließend gegenseitig Feedback. Welche Argumente haben Sie (nicht) überzeugt?

Aktives Zuhören
Beim erfolgreichen Diskutieren geht es nicht nur um das eigene Sprechen. Aktives Zuhören ist ebenso wichtig. Nonverbale Zeichen wie Blickkontakt und Nicken zeigen, dass Sie aufmerksam sind. Wertschätzung beweist man auch dadurch, dass man Aussagen der Gesprächspartner im eigenen Beitrag aufgreift, wiederholt bzw. zusammenfasst und darauf eingeht.

2 Präzisierende Verbindungsadverbien → AB 136/Ü23

GRAMMATIK
Übersicht → KB 124/3

a Unterstreichen Sie in den Redemitteln in Aufgabe 1 alle Ausdrücke, die etwas präzisieren.

b Formulieren Sie die Sätze mithilfe der Wörter in Klammern neu.

1 Der Vortrag war gut strukturiert. Er war meiner Meinung nach deshalb gut strukturiert, weil er eine übersichtliche Gliederung hatte. *(und zwar)*
2 Ich habe mich darauf konzentriert, die Redemittel zu benutzen. Ich habe darauf geachtet, meine Argumente in einem guten Deutsch vorzutragen. *(beziehungsweise)*
3 Insgesamt waren es zu viele Argumente für die Aussage. Man müsste auch darauf eingehen, was gegen die Aussage spricht. *(vielmehr)*

Ich kann jetzt …
- in einer Diskussion Argumente für und gegen eine Aussage anführen.
- auf die Argumente der Gesprächspartner eingehen und diese entkräften.
- präzisierende Verbindungsadverbien richtig anwenden.

GRAMMATIK

1 Satzstrukturen: Konditionale und konzessive Zusammenhänge

a Bedingungen ausdrücken: Konditionalsätze ← KB 116/3

Konnektor Nebensatz	im Falle, dass / unter der Bedingung, dass / angenommen, dass / vorausgesetzt*, dass	**Im Falle, dass** / **Unter der Bedingung, dass** / **Angenommen, dass** / **Vorausgesetzt, dass** wir die Mittel bekommen, schaffen wir die neue Technik an.
Konnektor Hauptsatz	sonst / andernfalls	Wir dürfen nicht mehr so viele Schadstoffe produzieren, … **sonst**/**andernfalls** atmen wir noch schlechtere Luft ein. … wir atmen **sonst**/**andernfalls** noch schlechtere Luft ein.
Präposition	bei + D / im Falle + G / ohne + A	**Bei** / **Im Falle** hoher Schadstoffproduktion atmen wir schlechte Luft ein. **Ohne** den Einsatz von Glashaus-Techniken funktioniert die vertikale Landwirtschaft nicht.

* *Vorausgesetzt* kann auch als Hauptsatzkonnektor verwendet werden,
   z. B. Wir können noch vieles ändern, *vorausgesetzt* wir beginnen sofort.

b Kontroverses ausdrücken: Konzessivsätze ← KB 121/3

Konnektor Nebensatz	obwohl / obgleich / obschon / wenn auch / ungeachtet der Tatsache, dass	Der Lebensstil der Tempelhofer ist alternativ, **obwohl** / **obgleich** / **obschon** / **ungeachtet der Tatsache, dass** sie mit supermoderner Technik ausgestattet sind. **Wenn** die Lebensweise dort **auch** anders ist, wird sie doch akzeptiert.
Konnektor Hauptsatz	trotzdem / dennoch / allerdings	Es ist ein Ort mit Tradition. **Trotzdem**/**Dennoch**/**Allerdings** haben sich die Nachbarn an die neuen Bewohner gewöhnt.
Präposition	trotz + G* / ungeachtet + G	**Trotz**/**Ungeachtet** der ganz anderen Lebensweise akzeptieren die Nachbarn die neuen Bewohner.

* *Trotz* wird in der gesprochenen Sprache immer öfter mit Dativ gebraucht.

2 Adjektive und Partizipien mit Präpositionen ← KB 119/3

Manche Adjektive und Partizipien verwendet man in Verbindung mit bestimmten Präpositionen.

Akkusativ	Beispiele
angewiesen auf	Viele Dörfer sind **auf** die Landwirtschaft **angewiesen**.
bemüht um	Die Vereine sind **bemüht um** eine authentische Präsentation.
gespannt auf	Das ganze Dorf ist **gespannt auf** das Ergebnis.
erfreut über	Alle sind **erfreut über** die Wahl der Jury.
dankbar für	Die Dorfbewohner sind **dankbar für** den Preis.

Dativ	Beispiele
aufgeschlossen gegenüber	Sie sind stets **aufgeschlossen gegenüber** Neuem.
erfahren in	Der Vereinsvorstand ist **erfahren im** Präsentieren.
überzeugt von	Ich bin **überzeugt von** der weiteren Entwicklung.
zufrieden mit	Alle Helfer sind **zufrieden mit** dem Ergebnis.

3 Präzisierende Verbindungsadverbien ← KB 123/2

beziehungsweise (bzw.) respektive	*Urbane Landwirtschaft* **beziehungsweise (bzw.)** / **respektive** *Urban Farming* liegt im Trend.
und zwar	Die Zukunft gehört ökologischen Lebensformen, **und zwar** speziell Projekten wie dem Prinzessinnengarten.
vielmehr	Es geht nicht nur um Fassaden, **vielmehr** geht es um die Stadtlandschaft.

10 LITERATUR

1 Zitate zum Thema *Lesen* → AB 139/Ü2

a Welche Schlagwörter lassen sich den folgenden Zitaten zuordnen?
Ergänzen Sie noch weitere Schlagwörter.

> Freude • Persönlichkeitsentwicklung • Vorstellungskraft • Freiheit • Training • …

Lesen ist Denken mit fremdem Gehirn. (Arthur Schopenhauer, 1788–1860)

Ein schönes Buch ist wie ein Schmetterling. Leicht liegt es in der Hand, entführt uns
von einer Blüte zur nächsten und lässt den Himmel ahnen. *(Lao-Tse, vermutlich 6. Jh. v. Chr.)*

Dort, wo man Bücher verbrennt, verbrennt man am Ende auch Menschen. (Heinrich Heine, 1797–1856)

Ein Buch muss die Axt sein für das gefrorene Meer in uns. (Franz Kafka, 1883–1924)

Lesen ist für den Geist, was Gymnastik für den Körper ist. *(Joseph Addison, 1672–1719)*

b Welches Zitat gefällt Ihnen besonders gut? Warum?

c Kennen Sie noch andere Zitate zum Thema *Lesen*?

1 Lesen ist …

Ergänzen Sie den Satz frei: „Lesen ist …" Notieren Sie Ihren
Satz auf einem farbigen Notizzettel. Erstellen Sie eine Collage
im Kurs, indem Sie alle Zettel auf ein großes Plakat kleben.

2 Macht Lesen glücklich? → AB 140/Ü3–4

a Lesen Sie den Text in b. Markieren Sie die Aussagen, die Ihrer
eigenen in 1 inhaltlich ähnlich sind. Vergleichen Sie im Kurs.

b Welche Beispiele und Vergleiche werden im Text zu den folgenden Aussagen 1–7 angeführt?
Bearbeiten Sie zu dritt jeweils zwei Aussagen und tragen Sie die Ergebnisse im Kurs zusammen.

Lesen …
1 kann süchtig machen: *Wir müssen einfach weiterlesen,* _____
2 kann beim Vorlesen gemeinsame Welten erschließen: _____
3 ist Kommunikation: _____
4 lässt einen in andere Gedankenwelten eintauchen: _____
5 kann kritische Gedanken hervorrufen: _____
6 verursacht starke Gefühle und Empfindungen: _____
7 spielt bei der geistigen Entwicklung eine wichtige Rolle: _____

10

Lesen ist das pure Glück

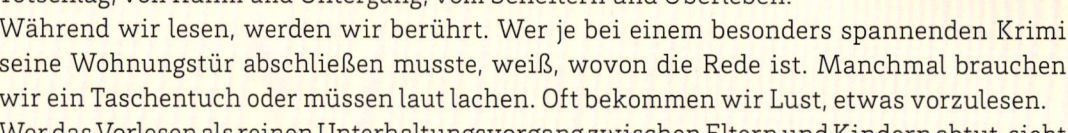

**Bücher öffnen den Blick auf die Welt. Sie lassen Zeitreisen zu und ver-
binden uns nicht nur mit den erfundenen Figuren, sondern auch mit
den realen Menschen ganz nah bei uns. Lesen mag vielleicht anstren-**
5 **gender sein als Fernsehen, aber es macht auch viel glücklicher.**

Lesen, das ist weit mehr als nur ein paar Buchstaben aneinanderzu-
reihen. Wir begegnen Figuren und Menschen, deren Leben ein ganz
anderes als das unsere ist. Wir lesen von Freundschaft, Liebe, Verrat,
von Eigennutz, Hilfsbereitschaft oder Manipulation, von Mord und
10 Totschlag, von Ruhm und Untergang, vom Scheitern und Überleben.
Während wir lesen, werden wir berührt. Wer je bei einem besonders spannenden Krimi
seine Wohnungstür abschließen musste, weiß, wovon die Rede ist. Manchmal brauchen
wir ein Taschentuch oder müssen laut lachen. Oft bekommen wir Lust, etwas vorzulesen.
Wer das Vorlesen als reinen Unterhaltungsvorgang zwischen Eltern und Kindern abtut, sieht
15 nur einen winzigen Teil davon. Es geht um weit mehr, als leseunfähigen jungen Menschen
den Zugang zu einem Medium zu ermöglichen, das ihnen (noch) verschlossen ist. Vorlesen
heißt, zusammen unterwegs zu sein. Die geschriebenen Worte auszusprechen, macht sie
lebendig, übrigens nicht nur gegenüber Kindern, sondern auch gegenüber dem Liebsten
oder den alternden Eltern. Und wenn man am Ende der Geschichte ist, fängt das eigene
20 Leben erst an. Selbst ein Buch, das nicht begeistert oder restlos überzeugt, erzeugt einen
Moment der Nachdenklichkeit oder macht einen neuen Aspekt eines Themas sichtbar.
Seltener versinken wir in einer Geschichte so sehr, dass wir darüber Raum und Zeit
vergessen. Vorkommen kann es aber immer wieder. Wir müssen einfach weiterlesen,
es wird Nacht und manchmal sogar wieder Tag. Und dann erreichen wir die letzte Seite
25 einer wirklich gut erzählten Geschichte und sind traurig und glücklich zugleich.
Traurig, weil das Buch zu Ende ist, und glücklich über diesen Ausflug in ein Leben, das
sich von unserem oft radikal unterscheidet und in dem wir trotzdem irgendwie zu Besuch
sein konnten. Oder auch glücklich über das Stromern durch die Gedankenwelt eines
anderen, mit dem wir uns ausgetauscht haben über seine und unsere Sicht. Denn indem
30 wir lesen, wohnen wir den erfundenen Ereignissen von irgendwo nicht einfach nur bei.

> Die Buchstaben werden lebendig und mit ihnen die starken Bilder, Figuren und Emp-
> findungen. Vielleicht schleicht sich eine Formulierung ein, die besonders präzise etwas
> beschreibt, was wir selbst nicht hätten benennen können. Das alles macht das Lesen aus,
> deshalb ist es ein so großer Zauber, wenn Kinder zum ersten Mal aus Buchstaben ihren
> 35 eigenen Namen bilden können oder den ihrer Straße. Deshalb ist es so wichtig, vorzulesen
> und selbst zu lesen oder wieder anzufangen zu lesen. Weil Bücher Reichtum schenken,
> Fantasie, Kreativität und Glück.

c   Finden Sie die Argumente, warum Lesen glücklich machen soll, überzeugend?
Warum (nicht)?

3   Variationen der Satzstellung → AB 140–141/Ü5–6

GRAMMATIK
Übersicht → KB 136/1

a   Lesen Sie die folgenden Sätze aus dem Text noch einmal. Was fällt
Ihnen zur Position der unterstrichenen Satzteile auf? Welche Wortstellung
würde man eigentlich erwarten? Formulieren Sie um.

1 Lesen mag vielleicht anstrengender sein <u>als Fernsehen</u>, aber es macht auch viel glücklicher. (Z. 4/5)
2 <u>Vorkommen</u> kann es aber immer wieder. (Z. 23)
3 Oder auch glücklich über das Stromern durch die Gedankenwelt eines anderen, mit dem
wir uns ausgetauscht haben <u>über seine und unsere Sicht</u>. (Z. 28/29)

1 Lesen mag vielleicht anstrengender als Fernsehen sein, aber es macht auch
viel glücklicher.

b   Warum werden die Satzteile hier umgestellt? Ordnen Sie die Sätze aus a zu.

☐ Übersichtlichere Satzstruktur   [3] Nachtrag / Genauere Erklärung   ☐ Betonung

c   Lesen Sie die Sätze und stellen Sie jeweils die unterstrichenen Satzteile an den Anfang
oder ans Ende des Satzes.

1 Ich konnte die Geschichte nicht auf Anhieb <u>verstehen</u>.
2 Sie hat sich den Roman nicht als gedrucktes Buch, <u>sondern als Hörbuch</u> gekauft.
3 Ich habe von der Romanverfilmung schon <u>gehört</u>, sie aber noch nicht gesehen.

1 Verstehen konnte ich die Geschichte nicht auf Anhieb.

4   Wortbildung: Nachsilben bei Nomen → AB 141/Ü7

GRAMMATIK
Übersicht → KB 136/2

a   Suchen Sie im Text Nomen mit den Endungen *-(a)tion, -ie, -ität, -tum,*
-ur und *-ium*. Ergänzen Sie auch die Pluralformen, wenn vorhanden.

die *Fig*____ur, - *en*   die _____ation, -_____
die _____ität, -_____   die _____ie, -_____
das _____ium, -   der _____tum, -_____

b   Ergänzen Sie weitere Nomen mit den Endungen aus a und die jeweiligen Artikel.
Welche Endung hat nicht immer den gleichen Artikel?

die Spekul*ation* , - *en*   _____Strukt_____ , -_____   _____Wachs_____ , -_____
_____Intens_____ , -   _____Stad_____ , -_____   _____Reg_____ , -_____

Ich kann jetzt …

	😊	🙂	🙁
▪ einem Text Einzelheiten entnehmen und sie mit eigenen Erfahrungen vergleichen.	☐	☐	☐
▪ Variationen der Satzstellung verstehen und anwenden.	☐	☐	☐
▪ die Nachsilben *-(a)tion, -ie, -ität, -tum, -ur* und *-ium* verstehen und anwenden.	☐	☐	☐

1 Rund ums Buch → AB 142/Ü8

a In welcher Form kann Literatur erscheinen? Setzen Sie die Silben zusammen und ordnen Sie die Begriffe den Zeichnungen zu. Sammeln Sie anschließend Vor- und Nachteile der einzelnen Erscheinungsformen für die Nutzer.

> Ta • elek • bun • Hör • schen • ge • ni • tro • de • ne • sches

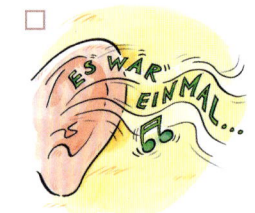

☐

1 als _____ Ausgabe
2 im _____ format

3 als ____buch
4 als _____ Buch

b Was passiert von der Ideenfindung bis zum Lesen eines Buches? Bringen Sie die Schritte in eine sinnvolle Reihenfolge. Es gibt mehrere Lösungsmöglichkeiten.

☐ Verfassen einer ersten Version des Buches als Manuskript durch Autorin / Autor
☑ Zusendung einer Buchidee mit Exposé an einen Verlag
☐ Überprüfung und Korrektur des Textes durch die Redaktion
☐ Erscheinen des Buches und Verkauf im Buchhandel und im Internet
☐ Versand des fertigen Layouts an die Druckerei und Druck des Buches
☐ Vertragliche Einigung von Autorin / Autor und Verlag auf ein Autorenhonorar
☐ Vermarktung des Buches durch gezielte Werbung in verschiedenen Medien
☐ Auswahl einer passenden Schrift und eines Covers für das Buch

c Formulieren Sie die einzelnen Schritte in 1b in Sätze um. Verbinden Sie die Sätze mithilfe der temporalen Konnektoren.

> zuerst • anschließend • danach •
> nachdem • gleichzeitig • bevor •
> sobald • während

Zuerst sendet die Autorin / der Autor eine Buchidee mit Exposé an einen Verlag. Danach ...

2 Satzstrukturen: Temporale Zusammenhänge → AB 142–144/Ü9–12

GRAMMATIK
Übersicht → KB 136/3a

a Ergänzen Sie die Konnektoren *während, währenddessen, daraufhin* und *woraufhin*.

1 Der Verlag entscheidet, dass er das Buch verlegen möchte.
_____ erhält der Autor einen Autorenvertrag.
2 Der Verlag entscheidet, dass er das Buch verlegen möchte,
_____ der Autor einen Autorenvertrag erhält.
3 Anschließend beginnt der Verkauf des Buches. _____ versucht der Verlag, die Neuerscheinung möglichst gut zu vermarkten.
4 _____ der Verkauf des Buches beginnt, versucht das Verlag, die Neuerscheinung möglichst gut zu vermarkten.

b Was ist hier der Unterschied zwischen *während* und *währenddessen* bzw. *daraufhin* und *woraufhin*?

Ich kann jetzt ...
- verschiedene Erscheinungsformen von Literatur und deren Vor- und Nachteile benennen. ☐ ☐ ☐
- temporale Zusammenhänge in verschiedenen Satzstrukturen verstehen und anwenden. ☐ ☐ ☐

10

1 Die Qual der Wahl → AB 144–145/Ü13–14

a Sehen Sie sich die beiden Bilder an. Sammeln Sie zu zweit Ideen und präsentieren Sie diese im Plenum.

Zu den Fotos fällt mir das Thema … ein. Ich würde sagen, hier wird …

b Stellen Sie sich vor, Sie arbeiten bei einer Zeitung und sollen für einen Artikel zum Thema *Leselust* ein passendes Bild wählen. Arbeiten Sie zu zweit. Entscheiden Sie, welches der beiden Bilder Ihrer Meinung nach am besten geeignet ist und begründen Sie Ihre Meinung.

eine Präferenz ausdrücken

„ *Meiner Meinung nach kommt eher … infrage. Das passt zu …*
… ist meines Erachtens besser geeignet.
… finde ich von der Bildaussage her besser passend. "

jemandem widersprechen

„ *Ich muss sagen, da bin ich anderer Ansicht. Ich finde …*
Da muss ich dir leider widersprechen. Meiner Meinung nach …
Dem kann ich leider nicht zustimmen. Ich meine, … "

c Erarbeiten Sie nun eine kreative Kurzpräsentation für die Vorstellung Ihres Ergebnisses im Kurs. Erläutern Sie, welche Gründe aus Ihrer Sicht für das eine und gegen das andere Bild gesprochen haben. Überlegen Sie sich auch eine passende Einleitung und einen Schluss.

etwas positiv bewerten

„ *Bild A … ist in Hinblick auf … besonders passend!*
… ist doch ein richtiger Hingucker!
… halten wir auf diesem Bild für absolut gelungen!
Für … spricht die hervorragende Darstellung von … "

etwas negativ bewerten

„ *… ist unserer Meinung nach nicht sehr aussagekräftig.*
… passt aus meiner Sicht nicht zum Thema, weil …
Von … bekommt man ja geradezu Augenschmerzen!
Ich finde es unangemessen / unangebracht, dass … "

Ich kann jetzt …
- den Inhalt möglicher Bilder für einen Artikel beschreiben.
- die Ergebnisse einer Entscheidungsfindung in einer Präsentation zusammenfassen.
- mit Nachdruck für eine getroffene Bildauswahl argumentieren.

1 Die Zukunft des Buches → AB 145–146/Ü15–16

a Wie häufig nehmen Sie ein Buch zur Hand?
Was für Bücher lesen Sie am liebsten?
Unterhalten Sie sich in Kleingruppen.

b Lesen Sie die Meinungen von Leserinnen und Lesern
zur Frage: *Welche Zukunft hat das gedruckte Buch?*
Welche Äußerung passt zu welcher Meinung?
Ordnen Sie zu. Jede Meinung kann nur einmal gewählt
werden. Es gibt nicht für jede Person eine passende
Meinung. Gibt es für eine Person keine passende
Meinung, schreiben Sie X.

Sie / Er ist der Meinung, dass ...

1 ____ das digitale Lesen auch einen Einfluss auf das Verfassen von Texten haben wird.
2 ____ das Gefühl, ein Buch in der Hand zu halten, bei der Nutzung anderer Medien fehlt.
3 ____ E-Books bereits in Kürze das gedruckte Buch verdrängen werden.
4 ____ es auch in Zukunft gedruckte Bücher geben wird.
5 ____ die Vielzahl an Medien zur Nutzung von Literatur sehr erfreulich ist.
6 ____ das analoge Lesen gegenüber dem digitalen Lesen klare Vorteile bietet.
7 ____ es angenehm ist, keine schweren Bücher mehr mit sich herumtragen zu müssen.
8 ____ elektronisches Lesen in jeder Hinsicht Einsparmöglichkeiten bietet.
9 ____ bislang nur eine kleine Minderheit der Leserschaft E-Books kauft.
10 ____ Anleitungen und ähnliche Texte künftig per Spracheingabe vom Handy abgerufen werden.

10

A Sieht man sich auf einer der großen Buchmessen in Frankfurt oder Leipzig um, stellt man fest, dass man sich um das Buch generell keine Sorgen machen muss. Jedes Jahr überschwemmen Tausende von Neuerscheinungen den Buchmarkt und ein Großteil davon findet auch seine Leserschaft. Aber natürlich ist die Zukunft des Buches im Wandel begriffen und es gibt inzwischen neben dem gedruckten Buch auch zahlreiche weitere Erscheinungsformen. *Sabrina, Frankfurt*

B Ich kann nur sagen, dass ich es durchaus begrüße, auf wie viele verschiedene Weisen man heute Literatur genießen kann. Ich liebe Krimis und spannende Erzählungen und die lese ich sowohl gern in Buchform auf meinem Sofa als auch als E-Book, wenn ich unterwegs bin. Und wenn ich mal, so wie am Strand oder beim Autofahren, meine Augen nicht auf eine Seite richten will oder kann, gönne ich mir ein Hörbuch, das ich auf mein Smartphone heruntergeladen habe. *Ivan, Wien*

C Wer glaubt, dass elektronisch gelesene Lektüren jetzt schon das große Rennen machen, der täuscht sich gewaltig! Im vergangenen Jahr lag der Anteil der verkauften E-Books bei gerade mal 6 % aller verkauften Bücher. Allerdings hat er sich im Verlauf der letzten acht Jahre verzehnfacht. Es bleibt abzuwarten, wie die Entwicklung weitergeht. Noch ist es vor allem die belletristische Literatur, die auf E-Readern gelesen wird, Sach- oder Schulbücher verkaufen sich derzeit noch größtenteils in gedruckter Form. *Heiko, Bern*

D Das ganze Jammern und Klagen um das Verschwinden von gedruckten Büchern kann ich nicht so recht nachvollziehen. Es ist doch wunderbar, dass man – auch als Vielleser – nicht mehr Stapel von Büchern mit in den Urlaub schleppen muss, sondern eine große Auswahl auf seinem Lesegerät immer parat hat. Schade nur, dass es bald keine interessanten Bücherregale in den Wohnungen von Freunden und Bekannten mehr geben wird, wo man sich anhand der Titel auf den Buchrücken ein noch besseres Bild der Person machen kann. *Fusia, Köln*

E Ein anregendes oder packendes Buch zu lesen, heißt für mich: Abschalten vom Alltag, Entspannung und Eintauchen in eine andere Welt. Dazu brauche ich dann schon rein optisch und haptisch, also wenn ich es ansehe und anfasse, etwas, das mich nicht an meinen Arbeitslaptop, mein Tablet oder Smartphone erinnert. Deshalb kommt für mich
30 ein elektronisches Lesegerät nicht infrage. Ich will ein richtiges Buch in der Hand halten, darin blättern, es riechen und schlimmstenfalls auch Kaffeeflecken darauf verewigen.
Jarmil, Salzburg

F In Zukunft werden Gebrauchstexte und Informationen, die bislang noch in Büchern zu finden sind, nicht mehr in gedruckter Form genutzt werden. Viel praktischer ist es, wenn
35 die gewünschten Informationen jederzeit auf dem Smartphone mündlich „abrufbar" sind. Man diktiert seine Fragen und erhält die passenden Antworten und Lösungen. So hat man auch die Hände frei, um beispielsweise an seinem Auto herumzuschrauben oder ein neues Kochrezept auszuprobieren. *Silvio, Bozen*

G Digitales Lesen und die Möglichkeit, seine Texte digital, beispielsweise auch mithilfe
40 von *Selfpublishing*, einer breiteren Öffentlichkeit zugänglich zu machen, verändert vermutlich auch die Art des Schreibens und die entstehenden Inhalte. Autoren und Verlage wissen so nämlich viel genauer, was beim Leser ankommt – viele Texte werden infolge sich verändernder Lesegewohnheiten kürzer und pointierter. Das heißt im Umkehrschluss aber auch, dass lange und in sich verstrickte Romane mit Hunderten Seiten möglicherweise schon
45 bald kein großes Publikum mehr haben. *Verena, Lübeck*

H Jetzt schon sind die Preise von E-Books deutlich geringer als die von gedruckten Büchern und sie werden weiter fallen, da ja die Herstellungskosten weit niedriger sind. Das liegt daran, dass keine Druckkosten mehr entstehen und auch die Lagerung der Bücher sowie der Verkauf in Buchhandlungen wegfallen wird. Und auch ökologisch rechnet sich
50 die Umstellung, da bei der Herstellung weniger Strom und gar kein Papier verbraucht wird. Wenn das kein Fortschritt auf der ganzen Linie ist! Schade ist nur, dass es keine Buchläden mehr geben wird. *Franco, Affoltern am Albis*

10

2 Ihre Ansicht bitte!

Setzen Sie sich in Kleingruppen zusammen und schreiben Sie folgende Satzanfänge auf Papierstreifen. Mischen Sie anschließend die Papierstreifen und legen Sie sie mit dem Text nach unten auf den Tisch. Jeder zieht einen Streifen und überlegt, wie er den Satz ergänzen möchte. Sprechen Sie anschließend im Kurs.

Wenn ich beruflich oder für meine Ausbildung etwas lese, …

Ich bin (k)ein großer Fan von E-Books, …

Die Zukunft von gedruckten Büchern hängt davon ab, …

Ein gebundenes Buch ist …

Mit einem E-Reader kann man …

Es wird noch eine Zeit dauern, bis …

Buchhandlungen sind für mich Orte, …

Eine wirkliche Alternative zu … ist …

Ich kann jetzt …
- über persönliche Lesegewohnheiten sprechen.
- den zentralen Inhalt von Meinungsäußerungen erfassen.
- über die Rolle des Buches heute und morgen sprechen.

☺ ☺ ☺
☐ ☐ ☐
☐ ☐ ☐
☐ ☐ ☐

1 Titelbilder

a Sehen Sie die Bilder an. Warum gibt es wohl zwei unterschiedliche Bilder mit jeweils gleichen Titeln? Worin unterscheiden sie sich und warum?

b Welche Romanverfilmungen kennen Sie? Was hat Ihnen daran (weniger) gut gefallen?

c Welche Fragen sollte sich ein Drehbuchautor beim Umschreiben einer literarischen Vorlage stellen? Sammeln Sie zu zweit.

Welche Personen treten im Film auf?
...

2 Interview mit einer Drehbuchautorin → AB 146–148/Ü17–18

2 ◀)) 17 **a** Hören Sie ein Interview mit einer Drehbuchautorin. Markieren Sie bei jeder Aussage, ob diese richtig ist (+), falsch ist (-) oder ob dazu im Text nichts gesagt wird (x). Hören Sie das Interview nur einmal.

1 Laura Lackmann schreibt neben Filmdrehbüchern auch Kurzgeschichten. ☐
2 Der Moderator berichtet von einer Kindheitserfahrung mit einer Literaturverfilmung. ☐
3 Er war begeistert von dem Film *Die unendliche Geschichte*. ☐
4 Frau Lackmann versteht die Reaktion des Moderators auf die verfilmte Geschichte nicht. ☐
5 Sie erläutert die Unterschiede zwischen den Medien Buch und Film. ☐
6 Frau Lackmann erklärt die notwendigen Beschränkungen in der Filmadaption. ☐
7 In Literaturverfilmungen gibt es oft mehr Figuren als im Buch. ☐
8 Im Film können die Gefühle der handelnden Personen klarer als im Buch dargestellt werden. ☐
9 Für den Film ist wichtig, was im „Kopfkino" des Drehbuchautors abläuft. ☐
10 Der Drehbuchautor steht zwischen der Romanvorlage und den Ideen des Regisseurs. ☐
11 Die Zusammenarbeit mit Buchautoren läuft meist in ähnlicher Weise ab. ☐

b Wurden Ihre Überlegungen aus 1c thematisiert? Wenn ja, welche?

c Hören Sie das Interview noch einmal in Abschnitten. Notieren Sie die Antworten in Stichpunkten.

2 ◀)) 18 **Abschnitt 1**

1 Wie reagierte der Moderator, als er mit sieben Jahren die Verfilmung einer Kindergeschichte sah?
2 In welchen Punkten unterscheiden sich die dramaturgischen Regeln von Büchern und Filmen?
3 Welche Aufgaben muss man bei der Adaption eines Romans bewältigen?

2 ◀)) 19 **Abschnitt 2**

1 Was kann in der filmischen Umsetzung mit einigen Romanfiguren passieren?
2 Welche Passagen eines Romans sind besonders schwer im Film umzusetzen?

2 ◀)) 20 **Abschnitt 3**

1 Warum sind manche Zuschauer von Literaturverfilmungen enttäuscht?
2 Wer ist letztendlich dafür verantwortlich, was im Film zu sehen ist?
3 Was kann der Romanautor zu der Verfilmung seines Werkes beitragen?

d Setzen Sie sich in Kleingruppen zusammen. Suchen Sie im Internet nach weiteren Buchverfilmungen und sammeln Sie Informationen. Wählen Sie zwei Verfilmungen aus, die Sie interessieren würden, und präsentieren Sie diese kurz in der Gruppe.

Ich kann jetzt ...   😊 🙂 🙁

- über eigene Erfahrungen mit Literaturverfilmungen berichten. ☐ ☐ ☐
- die Erläuterungen einer Drehbuchautorin in einem Interview im Detail verstehen. ☐ ☐ ☐

1 Das Gedicht *Das Buch* → AB 148/Ü19

> Im Gedicht steht, dass man es überall lesen kann.

a Lesen Sie den Anfang des Gedichts „Das Buch" von Robert Gernhardt bis Zeile 13. Was wird hier über das Buch gesagt?

Das Buch

Ums Buch ist mir nicht bange.
Das Buch hält sich noch lange.
   Man kann es bei sich tragen
   und überall aufschlagen.
5 Sofort und ohne Warten,
kann man das Lesen starten.
   Im Sitzen, Stehen, Knien
   ganz ohne Batterien.
10 Beim Fliegen, Fahren, Gehen –
ein Buch bleibt niemals stehen.
   Beim Essen, Kochen, Würzen –
   ein Buch kann nicht abstürzen.
Die meisten andren Medien
15 tun sich von selbst _____.
   Kaum sind sie eingeschaltet,
   heißt's schon: Die sind _____!
Und nicht mehr kompatibel –
marsch in den _____

zu Bändern, Filmen, Platten, 20
die wir einst gerne _____,
   und die nur noch ein Dreck sind
   Weil die Geräte weg _____
und niemals wiederkehren,
gibt's nichts zu sehn, zu _____. 25
   Es sei denn, man ist klüger
   und hält sich gleich an _____,
die noch in hundert Jahren
das sind, was sie einst _____:
   Schön lesbar und beguckbar, 30
   so stehn sie *unverruckbar*
in Schränken und Regalen
und die Benutzer _____:
   Hab'n die sich gut gehalten!
   Das Buch wird nicht _____. 35

Robert Gernhardt

b Ergänzen Sie nun folgende Wörter in den Lücken.

> Abfallkübel • erledigen • Bücher • veraltet • ~~unverruckbar~~ •
> sind • veralten • hören • waren • hatten • strahlen

c Was fällt an der Textform auf? Markieren Sie.

☐ Jeweils zwei Zeilen hintereinander reimen sich am Zeilenende.
☐ Die letzten beiden Silben sind in je zwei Zeilen hintereinander immer komplett gleich.
☐ Die Zeilen oder Verse haben einen bestimmten Betonungsrhythmus.

d Verfassen Sie selbst eine weitere Gedichtstrophe von sechs Zeilen. Achten Sie dabei auf Reim und Betonungsrhythmus.

2 Satzstrukturen: Temporale Zusammenhänge → AB 149/Ü20

GRAMMATIK
Übersicht → KB 136/3a

a Lesen Sie die Zeilen 8 und 10 aus dem Gedicht noch einmal.
Schreiben Sie die präpositionalen Formulierungen mit *im/beim* + nominalisierter Infinitiv
mit den Nebensatzkonnektoren *während / (immer) wenn* neu.

Im Sitzen, Stehen, Knien … _____
Beim Fliegen, Fahren, Gehen … _____

b Was ist richtig? Markieren Sie.

1 *Im/Beim* + nominalisierter Infinitiv drückt ☐ Vorzeitiges ☐ Gleichzeitiges ☐ Nachzeitiges aus.
2 *Im* + nominalisierter Infinitiv verwendet man eher bei Verben, die
   ☐ einen Zustand ☐ eine Aktion ausdrücken.
3 *Beim* + nominalisierter Infinitiv verwendet man eher bei Verben, die
   ☐ einen Zustand ☐ eine Aktion ausdrücken.

10

SCHREIBEN

3 Literatur heute

Sie sollen für das Forum *Erziehung und Bildung* eine Stellungnahme schreiben, ob man heutzutage noch Literatur lesen sollte. Schreiben Sie einen Text, in dem Sie unterschiedliche Argumente anführen, Vor- und Nachteile darlegen und Ihre Position begründen. Ihr Text soll etwa 350 Wörter umfassen. Die beiden Aussagen geben Ihnen erste Ideen.

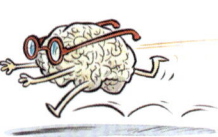

Ja, denn Literatur bildet das Gehirn!

Nein, längere fiktive Texte zu lesen, ist pure Zeitverschwendung!

Schritt 1: Thesen aufstellen

1 Lesen Sie die Thesen und ergänzen Sie weitere.

> – Literatur schafft Identifikationsmöglichkeiten.
> – Die Zeit, Bücher zu lesen, kann man für Sinnvolleres nutzen.
> – Das Lesen von Literatur verbessert den eigenen Sprachstil.
> – …

2 Ordnen Sie Ihre Thesen nach Pro und Kontra.

Schritt 2: Thesen mit Argumenten und Beispielen belegen

1 Lesen Sie die These und ihre Begründung. Unterstreichen Sie Schlüsselwörter der Argumente.

> <u>Literatur schafft Identifikationsmöglichkeiten</u>
> Manchmal findet man Ähnlichkeiten zwischen sich selbst und einer literarischen Figur. Die Figur und ihre Lebensumstände regen so das eigene Denken und Handeln an. Insbesondere für Kinder und Jugendliche ist es wichtig, Vorbilder zu erleben, mit denen sie sich vergleichen und identifizieren können, denn das kann sie bei der Herausbildung der eigenen Persönlichkeit unterstützen.

2 Formulieren Sie für weitere Thesen mehrere Argumente.

Schritt 3: Die Stellungnahme gliedern

Ordnen Sie die Begriffe den passenden Erläuterungen zu.

Einleitung · Hauptteil · Schluss

_____: Schreiben Sie eine ausführliche und logisch aufgebaute Pro- und Kontra-Argumentation. Ordnen Sie Ihre Argumente nach deren Wichtigkeit und stellen Sie die stärksten Argumente ans Ende.

_____: Fassen Sie das Wichtigste aus Ihren Argumenten zusammen und beziehen Sie Stellung, indem Sie Ihre eigene Meinung äußern und diese begründen. Ganz am Ende kann noch ein Ausblick oder Lösungsvorschlag stehen.

_____: Wecken Sie das Interesse der Leserin / des Lesers, indem Sie die Grundproblematik des Themas darstellen und stichpunktartig auf den Aufbau Ihres Textes eingehen. Verweisen Sie, wenn es passt, auch auf die Aktualität des Themas.

Schritt 4: Die Stellungnahme schreiben

Verfassen Sie nun eine Einleitung, schließen Sie Ihre Argumentationen aus Schritt 2 im Hauptteil an und formulieren Sie einen passenden Schluss.

Ich kann jetzt …

- Aussageabsicht und Reimschema eines Gedichts erkennen und passende Reime ergänzen. ☐ ☐ ☐
- eine zum Gedicht passende eigene Strophe verfassen. ☐ ☐ ☐
- Thesen aufstellen und eine Stellungnahme schreiben. ☐ ☐ ☐

SEHEN UND HÖREN

1 Ein Roman entsteht

Sehen Sie die Bilder an. Was macht die Schriftstellerin Beatrix Mannel wohl gerade?

2 Porträt einer Autorin: Beatrix Mannel → AB 149/Ü21

34 a Sehen Sie den Anfang der Fotoreportage <u>ohne</u> Ton an. Um welche Art von Roman handelt es sich wohl?

b Sehen Sie die Fotoreportage nun in Abschnitten an. Beantworten Sie die Fragen und ergänzen Sie.

35 **Abschnitt 1**

1 Waren Ihre Vermutungen in 2a richtig?
2 Beatrix Mannel schreibt Bücher für Kinder und Jugendliche, lustige Bücher und _____.
3 Von einigen gibt es _____ in andere Sprachen.
4 Am Anfang der Geschichte steht meist nur eine _____.
5 Ihr Roman „Die Insel des Mondes" spielt in _____.
6 Für die Entstehung eines Romans recherchiert sie vorab sehr viel in _____.

36 **Abschnitt 2**

1 Wie weckt Beatrix Mannel das Interesse eines Verlages für einen neuen Roman?
2 Wovon handelt „Die Insel des Mondes"?
3 Was konnte sie auf ihrer Reise nach Madagaskar kennenlernen?
4 Wozu braucht sie die Fotos, die auf der Reise entstanden?

37 **Abschnitt 3**

1 Welche beiden Entstehungsphasen eines Buches beschreibt sie?
2 Wie lange schreibt die Schriftstellerin an einem Roman?
3 Was macht Frau Mannel neben dem Schreiben noch? Warum?

c Was finden Sie am Leben einer Autorin reizvoll, was würde Ihnen weniger gut gefallen?

3 Satzstrukturen: Finale Zusammenhänge → AB 150–151/Ü22–24

GRAMMATIK
Übersicht → KB 136/3b

Was passt? Ordnen Sie zu.

> ☐ damit • ☐ um … zu • ☐ zum • ☐ wofür • ☐ dazu • ☐ für • ☐ zur/zwecks

 __(1)__ die Entstehung eines Romans recherchiert die Autorin sehr viel in Bibliotheken. __(2)__ einen Vertrag mit einem Verlag __(2)__ bekommen, muss sie vorab ein Exposé formulieren. Für „die Insel des Mondes" fuhr Beatrix Mannel __(3)__ Beobachten der Vanilleernte nach Madagaskar. Oft wird für ein neues Buch ein Minitrailer erstellt, __(4)__ auf Reisen viele Fotos gemacht werden. Beim Schreiben des Romans klebt die Autorin __(5)__ Inspiration auch Fotos oder Landkarten der Schauplätze an den Monitor. Wichtige Informationen möchte sie dabei immer vor Augen haben. __(6)__ notiert sie sie auf „Post-its" und klebt sie ebenfalls an den Monitor. Frau Mannel schreibt ihre Geschichten in einem Rutsch, __(7)__ alles wie aus einem Guss wirkt.

Ich kann jetzt …   ☺ ☺ ☹
- Vermutungen über das Verfassen von Romanen anstellen.   ☐ ☐ ☐
- die Ausführungen zu den Phasen einer Romanproduktion verstehen.   ☐ ☐ ☐
- finale Zusammenhänge in unterschiedlichen Strukturen verstehen und anwenden.   ☐ ☐ ☐

GRAMMATIK

1 Variationen der Satzstellung ← KB 127/3

a Infinitiv und Partizip II im Vorfeld

Zur Betonung können einzelne Satzteile ins Vorfeld gestellt werden. So kann man z. B. den zweiten Teil der Verbklammer (Infinitiv zum Modalverb, Partizip II im Perfekt oder Passiv) dorthin stellen.

„Normale" Stellung	Vorfeld	ausgeklammert
Es kann immer wieder **vorkommen**.	**Vorkommen** kann es immer wieder.	Infinitiv zum Modalverb
Ich habe den Roman sofort **verstanden**. Er wurde in mehrere Sprachen **übersetzt**.	**Verstanden** habe ich den Roman sofort. **Übersetzt** wurde er in mehrere Sprachen.	Partizip II im Perfekt oder Passiv

b Ausklammerung ins Nachfeld

Einzelne Satzteile können hinter den zweiten Teil der Verbklammer gestellt werden.
Der Satz wird dadurch meist übersichtlicher. Beim Sprechen kann man so Vergessenes nachtragen.

„Normale" Stellung	Nachfeld	ausgeklammert
Lesen mag anstrengender **als Fernsehen** sein.	Lesen mag anstrengender sein **als Fernsehen**.	Vergleiche mit *wie, als*
Sie hat sich den Roman nicht als gedrucktes Buch, **sondern als Hörbuch** gekauft.	Sie hat sich den Roman nicht als gedrucktes Buch gekauft, **sondern als Hörbuch**.	Sätze mit *sondern, oder,* Infinitive + *zu*
Man ist nicht immer **mit der Meinung des Autors** einverstanden.	Man ist nicht immer einverstanden **mit der Meinung des Autors**.	Nachträge/ Erklärungen

2 Wortbildung: Nachsilben bei Nomen ← KB 127/4

die				das	
-(a)tion	-ie	-ität	-ur	-tum	-ium
Manipul**ation**, Inten**tion**	Fantas**ie**, Harmon**ie**	Aktiv**ität**, Kreativ**ität**	Fig**ur**, Stat**ur**	Wachs**tum**, Eigen**tum***	Med**ium**, Stad**ium**

* aber: der Reichtum

3 Satzstrukturen: Temporale und finale Zusammenhänge

a Zeitverhältnisse ausdrücken: Temporalsätze ← KB 128/2; KB 133/2

Konnektor Nebensatz	woraufhin / während	Der Verlag stimmt zu, **woraufhin** der Autor einen Vertrag erhält. **Während** der Verkauf des Buches beginnt, vermarktet …
Konnektor Hauptsatz	daraufhin/ währenddessen	Der Verlag stimmt zu. **Daraufhin** erhält der Autor einen Vertrag. Der Verkauf startet. **Währenddessen** vermarktet der Verlag das Buch.
Präposition	im/beim* + nominalisierter Infinitiv	**Im** Stehen trank er eine Tasse Kaffee. **Beim** Telefonieren macht er sich Notizen.

* *Im* verwendet man eher bei Verben des Zustands, *beim/am* (ugs.) bei Verben der Aktion.

b Absichten ausdrücken: Finalsätze ← KB 135/3

Konnektor Nebensatz	um ... zu / wozu / wofür	**Um** Inspiration **zu** erhalten, surft die Autorin im Internet. Die Autorin sucht Inspiration, **wozu/wofür** sie im Internet surft.
Konnektor Hauptsatz	dazu/dafür	Die Autorin ist auf der Suche nach Inspiration. **Dazu/Dafür** surft sie im Internet.
Präposition	für + A / zu + D / zwecks + G zum Zweck(e) + G	**Für** die Teilnahme am Lyrikkurs muss man sich jetzt anmelden. **Zur/Zwecks** Koordination / **Zum Zweck(e)** der Koordination seiner Termine holt er sein Notizbuch heraus.

Julia Todorowa (48) stammt aus Bulgarien. Vor fünf Jahren hat sie sich mit ihrem Mann in Innsbruck in Österreich niedergelassen. Sie arbeitet bei der Firma *DATAsave International* als IT-Beraterin und berät Unternehmen bei der Einführung und Weiterentwicklung von Softwareprogrammen. Manchmal reist sie hierzu auch zu Kunden, um ihr Angebot vor Ort zu präsentieren.

CHECKLISTE GESCHÄFTSREISEN

☐ Einen Termin vereinbaren
☐ Eine Geschäftsreise planen
☐ Sich auf Geschäftsreisen richtig verhalten
☐ Reisekosten abrechnen

1 Einen Termin vereinbaren

a Lesen Sie Julias E-Mail. Wem schreibt sie und mit welchem Ziel? Überlegen Sie, wie die E-Mail weitergehen könnte.

> Guten Tag Herr Schorn,
>
> es hat mich gefreut, Sie auf der Jahrestagung der Europäischen Gesellschaft für Datenschutz am vergangenen Freitag kennenzulernen. Wie erwähnt verfügt unser Unternehmen DATAsave International über jahrelange Erfahrung in Verschlüsselungstechniken. …

EXTRA BERUF

2 ◀)) 21 **b** **Hören Sie ein Telefonat. Machen Sie sich während des Hörens Notizen.**

1 Wer ist der Anrufer und wer ist der Angerufene?
2 Wann soll die Veranstaltung stattfinden und wie lange soll sie dauern?
3 Was wird benötigt und wie ist der Ablauf der Veranstaltung?

2 ◀)) 21 **c** **Hören Sie das Telefonat noch einmal und markieren Sie die richtige Lösung.**

Julia   Herr Schorn

☐   ☐   … möchte sich gern in größerer Runde treffen.
☐   ☐   … schlägt vor, einen Termin zu vereinbaren.
☐   ☐   … ist zeitlich flexibel und offen für Terminvorschläge.
☐   ☐   … schlägt zwei konkrete Termine für ein Treffen vor.
☐   ☐   … erstellt in den nächsten Tagen einen Ablaufplan.
☐   ☐   … spricht über die beste Zugverbindung nach Schwarzenberg.
☐   ☐   … schlägt vor, nach der Ankunft gemeinsam Mittag zu essen.
☐   ☐   … fasst das Ergebnis des Gesprächs am Schluss zusammen.

d **Wann haben Sie zuletzt einen Termin vereinbart und mit wem? Nennen Sie Beispielsituationen in Alltag und Beruf, in denen man einen Termin vereinbaren kann, sollte oder muss.**

> *Ich habe schon mehrmals mit unserer Partnerfirma in … einen Termin vereinbart. Dazu muss ich …*

2 Eine Geschäftsreise planen

a Was ist bei der Planung einer Geschäftsreise wichtig?
Lesen Sie die einzelnen Punkte, die Julia sich notiert
hat, und nummerieren Sie sie von 1 „wichtig" bis
4 „unwichtig". Ergänzen Sie weitere Aspekte.

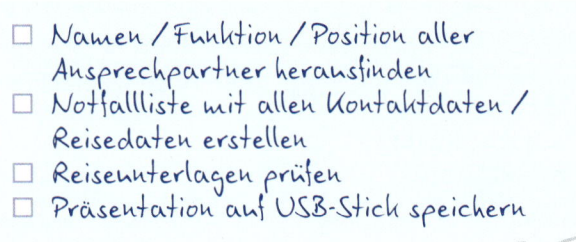

☐ Namen / Funktion / Position aller
Ansprechpartner herausfinden
☐ Notfallliste mit allen Kontaktdaten /
Reisedaten erstellen
☐ Reiseunterlagen prüfen
☐ Präsentation auf USB-Stick speichern

b Julia prüft ihre Reiseunterlagen und findet darauf zwei Fehler. Was stimmt nicht?
Lesen Sie die beiden Buchungen und markieren Sie die Fehler.

Innsbruck → Luzern

2 Erwachsene, 2. Klasse
Hinfahrt am 17.10.XX

DRUCKANSICHT

Haltestelle	Zeit	Gleis	Zug	Weitere Information
Innsbruck Hbf	ab 07:45	3	RJX 360	Railjet Express Richtung Zürich HB
Zürich HB	an 11:20	7		Fahrradmitnahme reservierungspflichtig, Bordrestaurant, WLAN verfügbar
Zürich HB	ab 11:15	10	IR 2643	Interregio Richtung Luzern
Luzern	an 12:25	5		Fahrradmitnahme begrenzt möglich, Handy-/Ruhezonen, Kleinkindabteil

Datum: 20.09.XX
Buchung: 1082544
Buchungsbestätigung

HOTEL THALBERGER

Vielen Dank für Ihre Buchung. Wir freuen uns, Sie im Hotel Thalberger begrüßen zu dürfen!
Anreisedatum: 17.10.XX   **Abreisedatum:** 18.10.XX
Personen: 1 Erwachsene   **Zimmer:** 2 Einzelzimmer (Bad/Dusche, WLAN)
Namen der Reisenden: Frau Julia Todorowa, Herr Martin Schmidt
Verpflegung: exkl. Frühstücksbuffet (+18 CHF pro Person/Nacht)
Zimmer werden bis 18:00 Uhr am Anreisetag freigehalten. Bei Nicht-Anreise nach 18:00 Uhr
entstehen für Sie keine Kosten.

c Arbeiten Sie zu zweit und planen Sie eine Dienstreise. Überlegen Sie sich zuerst, in welcher
Stadt und zu welcher Zeit der dienstliche Termin stattfinden soll. Entscheiden Sie sich dann für
ein Verkehrsmittel und suchen Sie im Internet passende Reiseverbindungen. Recherchieren Sie
auch nach einer Unterkunft.

d Wie würden Sie vorgehen,
wenn Sie eine Geschäftsreise
planen? Berichten Sie.

> *Geschäftsreisen ins Ausland*
> *Geschäftsreisen in andere Länder bedürfen unterschiedlich aufwen-*
> *diger Vorbereitung. Erkundigen Sie sich bereits vor der Reise über die*
> *Einreiseformalitäten. Manche Länder verlangen ein Visum, das oftmals*
> *Geld kostet und mehrere Wochen Bearbeitungszeit erfordern kann.*

3 Sich auf Geschäftsreisen richtig verhalten

a Welche Dinge sollte man auf Geschäftsreisen beachten? Was sollte man auf jeden Fall / auf keinen Fall tun? Diskutieren Sie.

b Auf einer Ratgeberseite liest Julia Tipps, was bei einer Geschäftsreise zu beachten ist. Ordnen Sie zu.

A Reisen in der Gruppe
B Professionelles Auftreten
C Sicheres Arbeiten

D Abwesenheitsnotiz einstellen
E Kostenerstattung
F Dienstreisen und Urlaub

1 ☐ An Ihrem letzten Tag im Büro vor der Abreise sollten Sie unbedingt sicherstellen, dass Anrufe und E-Mails umgeleitet oder automatisch beantwortet werden. Insbesondere bei längerer Abwesenheit warten Kollegen oder Kunden sonst möglicherweise sehr lange auf eine Antwort.

2 ☐ Falls Sie Ihre Dienstreise mit einem privaten Aufenthalt verbinden möchten, besprechen Sie Ihre Pläne auf jeden Fall vor der Abreise mit Ihrem Arbeitgeber. Für viele Arbeitgeber stellt es in der Regel kein Problem dar, den dienstlichen Termin mit Freizeit zu verbinden. Je nach Länge des privaten Aufenthalts ändert sich jedoch auch Ihre Reisekostenvergütung. `5`

3 ☐ Wenn Sie unterwegs arbeiten, achten Sie auf die Sicherheit Ihrer Daten. Vermeiden Sie es, sich mit einem offenen, das heißt ohne Kennwort geschützten WLAN zu verbinden. Anderenfalls werden Ihre Daten unverschlüsselt übertragen, was es Hackern einfach macht, Ihren Datenverkehr auszuspionieren. `10`

4 ☐ Auf einer Dienstreise repräsentieren Sie Ihre Firma und sollten sich entsprechend verhalten. Von Ihrem Auftreten und Verhandlungsgeschick hängt letztlich der Erfolg Ihrer Dienstreise ab. Achten Sie auf jeden Fall auf Pünktlichkeit und bleiben Sie stets höflich. Private Telefonate oder Ähnliches sollten Sie auf die Zeiten vor oder nach der dienstlichen Tätigkeit legen. `15`

5 ☐ Wenn Sie im Team unterwegs sind, lautet das Motto: „Einer hat den Hut auf." Das heißt, es ist oft hilfreich, wenn einer von Ihnen die Organisation der Reise übernimmt und die Termine und zeitlichen Puffer im Blick behält. So können Sie mögliche Unstimmigkeiten von vornherein vermeiden und Missverständnisse ausschließen. `20`

6 ☐ Die Dienstreise bedarf einer sorgfältigen Dokumentation, um die entstandenen Reisekosten später abrechnen zu können. Egal ob Hotelbuchung, Taxirechnung, Parkgebühr oder Bewirtung: Sammeln Sie für die Reisekostenabrechnung unbedingt Belege, die Sie später einreichen können. Anderenfalls kann es sein, dass Sie auf den Kosten sitzen bleiben. `25`

EXTRA BERUF

c Welche der genannten Aspekte sind für Sie neu / besonders hilfreich? Welche berücksichtigen Sie schon? Sprechen Sie.

> *Professionalität bewahren*
> *Ob in der Teeküche, auf einer Betriebsfeier oder auf Geschäftsreisen: Die meisten kommen im Berufsleben in Situationen, in denen sich Berufliches und Privates vermischt. Überlegen Sie sich gut, welche Aspekte Ihres Privatlebens Sie mit Kollegen oder Geschäftspartnern teilen möchten und achten Sie darauf, Ihre Professionalität zu bewahren und Grenzüberschreitungen zu vermeiden.*

4 Reisekosten abrechnen

a Welche der entstandenen Kosten einer Dienstreise kann man (nicht) abrechnen? Stellen Sie Vermutungen an.

> Bahnfahrt · Hotelübernachtung · Taxifahrten · Frühstück im Hotel · Abendessen mit dem Kunden · Trinkgelder · Stadtrundfahrt in Luzern · Drink an der Hotelbar

2 ◀)) 22 b Julia hat noch Fragen zur Erstattung ihrer Reisekosten. In welcher Reihenfolge werden diese Themen angesprochen? Hören Sie das Telefongespräch und nummerieren Sie.

☐ Bearbeitungsdauer ☐ Trinkgeld
☐ Hintergrundinformationen ☐ Frühstück
☐ touristische Ausflüge ☐ Essenseinladung

c Sehen Sie sich das Reisekostenformular an und ordnen Sie zu.

> Bahn · mehrtägige Reise · Parkplatz · Privatfahrzeug · ohne Verpflegung · Abendessen

EXTRA BERUF

Formular zur Reisekostenerstattung AUSLAND			
Name: *Todorowa*		Vorname: *Julia*	
Beginn der Reise:		Ende der Reise:	
Reiseziel:		Anlass:	
1 Fahrtkosten (lt. Beleg)			
☐ _____ (1)	_____	☐ Taxi	_____
☐ Flugzeug	_____	☐ Miet-/Leihwagen	_____
☐ ÖPNV	_____	☐ Firmenwagen	_____
☐ _____ (2)	km x ___ € / km		
2 Verpflegungspauschale			
☐ Eintägige Reise	☐ _____ (3)		
☐ Unentgeltliche Verpflegung	☐ Frühstück	☐ Mittagessen	☐ _____ (4)
3 Unterkunft			
☐ Übernachtungskosten (_____) (5)			
☐ Unentgeltliche Unterkunft			
4 Nebenkosten			
☐ Telefon, Porto, _____ (6)			
☐ Sonstige: _____			

2 ◀)) 22 d Hören Sie das Gespräch erneut und ergänzen Sie die Angaben zu Julia. Vergleichen Sie anschließend mit Ihrer Lernpartnerin / Ihrem Lernpartner.

e Waren Sie schon einmal auf einer Dienstreise? Wie hat die Abrechnung funktioniert? Berichten Sie.

> *Reisekostenpauschale*
> *In vielen Unternehmen gibt es für beruflich veran-lasste Reisen Pauschalbeträge für die Verpflegung, die Übernachtung oder die Fahrt mit dem eigenen Auto. Die Verpflegung wird je nach Reisedauer meist pauschal vergütet. Für die Unterkunft geben viele Arbeitgeber eine Obergrenze vor, wie viel eine Übernachtung kosten darf. Wer mit dem privaten Pkw reist, erhält zudem eine Kilometerpauschale.*

INTERKULTURELLE GESCHÄFTSKONTAKTE

1 Interkulturelle Gespräche

a Arbeiten Sie zu viert. Interpretieren Sie das Bild. Gehen Sie dabei auf folgende Fragen ein:

- Welche Situation ist hier wohl dargestellt?
- Welche Personen sind beteiligt?
- Worüber könnten sich die Personen unterhalten?

b Formulieren Sie nun ein Gespräch zwischen den Personen.

c Das Bild illustriert einen Zeitschriftenartikel. Formulieren Sie in Kleingruppen einen Titel und einen kurzen Einführungstext.

d Präsentieren Sie Ihre Titel und Texte im Kurs.

Immer einen guten Eindruck machen
Den richtigen Umgang mit Partnern aus anderen Kulturen …

1 Interkulturelle Geschäftskontakte → AB 155/Ü2

a **Überfliegen Sie den Ratgebertext. Welches Ziel verfolgt er? Markieren Sie.**

Der Artikel möchte …
☐ erklären, worauf man bei geschäftlichen Verhandlungen achten sollte.
☐ Tipps geben, wie man Menschen anderer Kulturen etwas verkaufen kann.
☐ Klischees über kulturspezifische Verhaltensweisen aufdecken und widerlegen.

Interkulturelle Verhandlungen erfolgreich meistern

Es ist eigentlich egal, in welchem Bereich man arbeitet: Die Globalisierung hat dazu geführt, dass nahezu jeder beruflich irgendwann Kontakt
5   zu Menschen aus anderen Kulturen hat. Wie aber bereitet man sich auf eine interkulturelle Begegnung im Arbeitsumfeld am besten vor? Nach wie vor ist eine gängige Strategie, in Büchern oder im Internet nach Tipps und Tricks zu suchen.
10   Dort finden sich viele Ratschläge, wie man mit *dem* Chinesen oder *der* Schweizerin geschäftlich verhandelt. Diese Art der kulturellen Verallgemeinerung ist jedoch gefährlich, weshalb Experten in Sachen interkulturelle Kommunikation eher davon abraten.

Denn wie auch im sonstigen Umgang muss die oberste Priorität im interkulturellen
15   Geschäftskontakt lauten: Die Individualität des jeweiligen Gesprächspartners ist nicht aus den Augen zu verlieren! Auch wenn zwei Menschen dasselbe Herkunftsland haben, heißt das nicht, dass sie sich ähneln. Kultur sollte daher nicht auf Nationalität reduziert werden: Zum einen gibt es Menschen, die in unterschiedlichen Kulturkreisen zu Hause sind oder zumindest in unterschiedliche Kulturkreise eingetaucht sind – diese Menschen
20   sind in dieser Hinsicht also schon plurikulturell. Zum anderen gibt es aber auch andere Dimensionen von Kultur, z. B. spezifische Firmenkulturen oder auch Berufskulturen. So wird sich ein deutscher Informatiker leichter tun, mit einem Fachkollegen aus Ägypten zu verhandeln als mit einem anderen Deutschen, der als Landschaftsgärtner arbeitet.

Nichtsdestotrotz gibt es bei interkulturellen Geschäftsbeziehungen auch einige all-
25   gemeingültige Dinge, derer man sich bewusst sein sollte. Hierzu zählt allen voran die Wertschätzung des Gesprächspartners. Es gibt wahrscheinlich keine Kultur, in der Respektlosigkeit, Sturheit oder Verlogenheit als positive Attribute geschätzt werden. Eine interkulturelle Verhandlung, die allen nützt und obendrein von allen Beteiligten als fair empfunden werden soll, muss dementsprechend auch freundlich und sachorientiert
30   geführt werden. Nur indem jede Partei sich vertrauenswürdig verhält und auch auf das Anliegen der anderen Rücksicht nimmt, kann eine gute Arbeitsbeziehung aufgebaut und gepflegt werden.

Aber auch zu viel Aufmerksamkeit und Vorsicht kann der Geschäftsbeziehung schaden. Manche denken, es sei am besten, die eigenen Prinzipien zugunsten der Kultur des
35   Gesprächspartners über Bord zu werfen. Es ist aber nicht ratsam, sich derart an eine andere Kultur anzupassen, dass man eigene Grundsätze, die einem wichtig sind, aufgibt. Vielmehr muss ein Gleichgewicht gefunden werden, das die Eigenheiten auf kultureller Ebene ebenso austariert wie die Verhandlungsinteressen auf der inhaltlichen Ebene.

Letztlich hilft vielleicht die Vorstellung, dass auch auf (inter-)kultureller Ebene die Ver-
40   handlungsseiten ein Verständnis davon haben müssen, dass in der jeweiligen Situation beide gemeinsam eine für alle Beteiligten akzeptable Art des Verhandelns finden – oder „konstruieren" – müssen. Besitzen beide Seiten dieses Bewusstsein sowie eine gewisse interkulturelle Grundkompetenz und bestenfalls auch eine Vertrautheit mit der jeweils anderen Kultur, steht einer erfolgreichen Verhandlung nichts mehr im Wege.

11

b Lesen Sie den Text. Entscheiden Sie, welche Aussagen stimmen, und tragen Sie die richtigen Aussagen an der passenden Stelle in der Tabelle ein. Es müssen vier Aussagen zugeordnet werden.

1 Die Kultur des Gesprächspartners wird oft auf die nationale Herkunft reduziert.	5 Die meisten Menschen fühlen sich nur in einer Kultur zu Hause.
2 Schweizer und Chinesen haben eine spezielle Verhandlungsweise.	6 Fairness und Respekt können interkulturelle Geschäftsbeziehungen begünstigen.
3 Manche Berufe oder Unternehmen können eine eigene Kultur haben.	7 Lügen ist in manchen Kulturkreisen eine Methode des geschäftlichen Verhandelns.
4 Manche sehen die eigenen Grundsätze gegenüber der Kultur des Gesprächspartners als zweitrangig an.	8 Die Art des Verhandelns wird durch die Kultur des dominanteren Verhandlungspartners vorgegeben.

Das sollte man beachten:	Das gilt es zu vermeiden:

2 Satzstrukturen: Konsekutive Zusammenhänge → AB 156–157/Ü3–7

GRAMMATIK
Übersicht → KB 152/1a

a Lesen Sie die Sätze. Welche Funktion haben die unterstrichenen Wörter? Markieren Sie.

☐ Vergleich   ☐ Folge

1 *Diese Art der kulturellen Verallgemeinerung ist jedoch gefährlich, weshalb Experten in Sachen interkulturelle Verhandlungen eher davon abraten.*
2 *Es ist nicht ratsam, sich derart an eine andere Kultur anzupassen, dass man eigene Grundsätze, die einem wichtig sind, aufgibt.*

b Markieren Sie den jeweils passenden Konnektor.

1 *Infolge / Folglich* der Globalisierung gibt es immer mehr interkulturelle Geschäftsbeziehungen.
2 Manche Menschen sind *derart / deshalb* vorsichtig, *dass* sie in Verhandlungen ihre eigene Kultur über Bord werfen.
3 Die Art des Verhandelns wird durch alle bestimmt. *Infolge / Infolgedessen* fühlt sich niemand benachteiligt.

c Ordnen Sie zu.

☐ solch eine / eine derartige · ☐ weswegen · ☐ infolge von + Dativ

__(1)__ respektlosen Kommentaren seitens der Gäste haben wir die Verhandlung frühzeitig abgebrochen. Wir haben __(2)__ Behandlung durch einen Geschäftspartner noch nicht erlebt. Die Unternehmenskultur in unseren Firmen ist einfach sehr unterschiedlich, __(3)__ es immer wieder zu Missverständnissen kommt.

Ich kann jetzt …
☺ ☺ ☹
- die Hauptaussagen eines Ratgebertexts verstehen und kategorisieren. ☐ ☐ ☐
- konsekutive Zusammenhänge in verschiedenen Satzstrukturen verstehen und anwenden. ☐ ☐ ☐

1 Interkulturelle Kommunikation

Sehen Sie sich die Bilder an. In welchen Situationen spricht man (nicht) von *Interkultureller Kommunikation*? Warum (nicht)? Diskutieren Sie.

2 Multinationale Zusammenarbeit → AB 158/Ü8–9

2 ◀)) 23 **a** Hören Sie das Interview mit drei Gesprächsteilnehmern zum Thema *Multinationale Zusammenarbeit*. Entscheiden Sie beim Hören, welche der Aussagen richtig oder falsch sind. Markieren Sie die passende Antwort. Hören Sie den Text einmal.

	Richtig	Falsch
1 Der Erfolg des Arbeitgebers hängt auch von den Kompetenzen der Mitarbeitenden ab.	☐	☐
2 Frau Hanschel schult Berufstätige darin, wie sie Geschäftspartnern selbstbewusst gegenübertreten.	☐	☐
3 In vielen Unternehmen gibt es keine Möglichkeit, Fremdsprachen zu lernen.	☐	☐
4 Eine Fremdsprache zu lernen und ein hohes Niveau zu erreichen, ist laut Herrn Dr. Taube leichter, wenn man bereits im Berufsleben steht.	☐	☐
5 Herrn Dr. Taube zufolge gibt es in Unternehmen oftmals eine Anlaufstelle für Mitarbeitende, die eine Fremdsprache lernen möchten.	☐	☐
6 Gegenseitiges Vertrauen in einer Geschäftsbeziehung entsteht in erster Linie durch die Verwendung der gleichen Sprache.	☐	☐
7 Interkulturelle Trainings unterscheiden sich je nach Ort und Geschäftskultur.	☐	☐
8 Frau Hanschel findet, eine Fremdsprache hat sowohl einen beruflichen als auch einen persönlichen Nutzen.	☐	☐

2 ◀)) 23 **b** Hören Sie das Interview noch einmal und notieren Sie Stichwörter, um die Kernaussagen von Frau Hanschel und Herrn Dr. Taube zusammenzufassen. Welche positiven und negativen Aspekte werden in Bezug auf die beiden Themen *Fremdsprachenerwerb* und *Interkulturelle Kompetenz* angesprochen?

> *Herr Dr. Taube ist der Ansicht, dass …*

> *Laut Lena Hanschel …*

c Was würden Sie persönlich von einer Schulung zum Thema *Interkulturelle Kompetenz* erwarten? Diskutieren Sie im Kurs.

3 Erfahrungsaustausch

Welche Bedeutung hat das Fremdsprachenlernen im Kontext *Arbeit und Beruf* Ihrer Meinung nach? Begründen Sie Ihre Meinung und diskutieren Sie.

Ich kann jetzt …

	😄	🙂	😐
■ Expertenbeiträge zur interkulturellen Kommunikation im Beruf verstehen.	☐	☐	☐
■ Schlussfolgerungen eines Vortrags zusammenfassen.	☐	☐	☐

11

1 Europatag → AB 159–161/Ü10–13

GRAMMATIK
Übersicht → KB 152/2

a Lesen Sie und ergänzen Sie in der richtigen Form.

| Freizügigkeit · empfinden · europäisch · Errungenschaft · ausländisch · Arbeitsleben |

Was bedeutet die _____ Union (1) für euch?

Rodriguez Sanchez: Ich komme aus Spanien, arbeite aber jetzt in Österreich, weil ich dort einen interessanteren Job gefunden habe. Diese berufliche _____ (2) weiß ich sehr zu schätzen.

Martina Bohnsack: Ich _____ (3) es als einen der größten Vorteile, mich in Europa frei bewegen zu können. Ich komme aus Stuttgart, habe aber längere Zeit meines _____ (4) in Süditalien verbracht.

Abdul Al-Wazir: Eine der wichtigsten _____ (5) der EU ist für mich, dass mir das Erasmus-Programm einen Aufenthalt an einer _____ (6) Universität ermöglicht.

b Unterstreichen Sie im Text in Aufgabe 1a alle Komparative und Superlative.

c Welche Bedeutung haben diese Sätze? Markieren Sie.

1 *Eine längere Zeit …*
 ☐ ist länger als normalerweise üblich.
 ☐ ist ein möglichst langer Zeitraum.

2 *Einer der größten Vorteile …*
 ☐ gehört zu den größten Vorteilen.
 ☐ ist noch größer als andere Vorteile.

2 Arbeiten in Europa

a Sehen Sie sich die Grafik an. Arbeiten Sie zu zweit und sammeln Sie Informationen zum Aufbau und Inhalt der Grafik. Machen Sie sich Notizen und präsentieren Sie Ihre Ergebnisse im Kurs. Erklären Sie zunächst den Aufbau der Grafik. Fassen Sie anschließend die Informationen der Grafik zusammen.

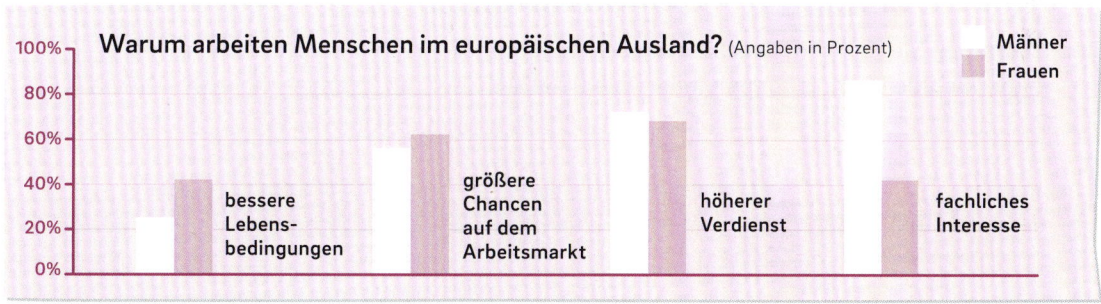

den Inhalt einer Grafik beschreiben	über Prozentangaben sprechen	Hauptaussagen zusammenfassen
„*Aus dem Schaubild geht hervor, dass …* *Die Daten geben Auskunft über …*"	„*Ungefähr … Prozent der Männer / Frauen geben an, …* *Lediglich / Nur … Prozent sind der Ansicht, …*"	„*Insgesamt kann man feststellen, dass …* *Zusammenfassend lässt sich sagen, dass …*"

b Recherchieren Sie im Internet nach weiteren Statistiken zum Thema *Arbeiten in Europa* und präsentieren Sie diese im Kurs.

Ich kann jetzt …
 ☺ ☺ ☹
 ■ den Aufbau und Inhalt einer Grafik beschreiben und präsentieren. ☐ ☐ ☐
 ■ Vergleiche mit unterschiedlichen Strukturen ausdrücken. ☐ ☐ ☐

11

1 Eine neue Arbeitskultur 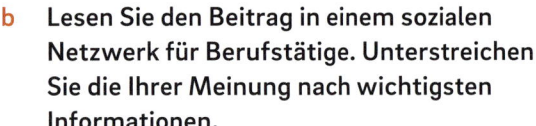 → AB 161–162/Ü14–15

a Sehen Sie sich die Abbildung an.
Welcher Aspekt der modernen Arbeitswelt
ist dargestellt? Sprechen Sie im Kurs.

b Lesen Sie den Beitrag in einem sozialen
Netzwerk für Berufstätige. Unterstreichen
Sie die Ihrer Meinung nach wichtigsten
Informationen.

Liebe Community,

seit nun über dreißig Jahren bin ich als Bauingenieurin für ein mittelstän-
disches Unternehmen tätig. Vor gut einem halben Jahr wurde unsere Firma von
einem ausländischen Investor aufgekauft. Wir sind jetzt viel internationa-
5 ler aufgestellt: Meine neue Chefin ist eine US-Amerikanerin und wir haben
weitere Firmensitze in der Türkei und in Indien.

Für mich bedeutet diese Umstrukturierung nach so langer Zeit eine große
Umstellung. Die Zusammenarbeit im Team und insbesondere mit der neuen Vorgesetzten funktioniert aus meiner Sicht überhaupt nicht. Es kommt immer wieder zu Missver-
10 ständnissen, weil sie einen ganz anderen Führungsstil pflegt, als ich es gewohnt bin. Hinzu
kommt, dass es die neuen Kolleginnen und Kollegen als respektlos der Vorgesetzten gegenüber
empfinden, selbst wichtige Entscheidungen zu treffen. Meiner neuen Chefin ist das ganz recht.
Aber jemanden wie mich, die das selbstständige Arbeiten gewohnt ist, behindert das oft.

Wie würdet ihr in meiner Situation handeln? Wie soll ich mit der neuen Vorgesetzten umgehen?
15 Was kann ich tun, um mich im neuen Team zurechtzufinden? Und wie motiviere ich die anderen,
selbstständig zu arbeiten?

Danke euch für die Unterstützung!
Petra Lindauer

---

c Fassen Sie den Inhalt des Beitrags mündlich zusammen.

d Überlegen Sie zu zweit, was Sie Petra Lindauer antworten wollen.
Folgende Stichpunkte können Ihnen dabei helfen.

> die Chefin um ein Gespräch bitten

> Empathie zeigen

> eigene Beispiele anbringen

> das Gespräch mit einem Coach vorbereiten

> Offenheit gegenüber Veränderungen zeigen

> sich über die eigene Rolle im Unternehmen Gedanken machen

e Schreiben Sie eine Antwort auf den Beitrag von Petra Lindauer.

Ich kann jetzt …
- einem Beitrag in einem sozialen Netzwerk für Berufstätige Informationen entnehmen. ☐ ☐ ☐
- eine schriftliche Reaktion auf einen Onlinebeitrag verfassen. ☐ ☐ ☐

WORTSCHATZ

1 Berufliche Erfahrungen im deutschsprachigen Raum

a Welche beruflichen Erfahrungen haben Sie im deutschsprachigen Raum gemacht? Welche davon waren positiv / negativ? Berichten Sie.

b Lesen Sie die Texte und ergänzen Sie.

> reintegrieren • eröffnen • erarbeiten

 1

„Mit Planung eines Fußball-
stadions in Oberösterreich
habe ich mir viel Ansehen
_____."

 2

„Nach 5 Jahren in Polen war
es schwierig, mich in der
Arbeitswelt der Schweiz zu
_____."

 3

„Der neue Job in Dortmund
hat mir neue Perspektiven
_____,
die ich in Italien nicht hatte."

2 Die Vorsilbe *er-* → AB 162/Ü16

GRAMMATIK
Übersicht → KB 152/3

a Welche Wörter stecken in diesen Verben? Ergänzen Sie.

1 erarbeiten → *arbeiten, Arbeit*
2 ernähren → _____
3 eröffnen → _____

4 erkennen → _____
5 erklären → _____
6 erleben → _____

b Ergänzen Sie in der richtigen Form. Überlegen Sie: In welchen Sätzen drückt *er-* die Veränderung eines Zustands, in welchen das Erreichen eines (selbst) definierten Ziels aus?

> erstellen • erkälten • erröten • erschrecken • erledigen

1 Herr Bhat hat sich wegen der durchgehend laufenden Klimaanlage _____.
2 Tut mir leid, ich kann leider nicht kommen. Ich muss noch etwas _____.
3 Unsere Sekretärin hat für die Tagung eine Teilnehmerliste _____.
4 Oh, jetzt hast du mich aber _____. Ich habe dich gar nicht kommen hören.
5 Frau Abusar erzählte, sie _____ oft, wenn man sie direkt anspricht.

3 Die lateinische Vorsilbe *re-* → AB 163/Ü17

GRAMMATIK
Übersicht → S. 152/3

a Bilden Sie das passende Nomen mit Artikel.

reformieren: *die Reform* _____
reagieren: _____

reflektieren: _____
regenerieren: _____

b Welche zwei Bedeutungen hat die Vorsilbe *re-* in a? Markieren Sie.

☐ zurück   ☐ wieder   ☐ gegen   ☐ zusammen

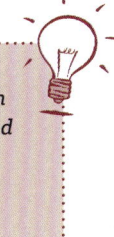

> *Wortschatz erschließen*
> *Setzen Sie Ihr Vokabelwissen aus anderen Sprachen ein. Viele abstrakte deutsche Wörter, wie zum Beispiel* Reintegration *und* Hypothese, *stammen aus dem Lateinischen oder Griechischen. Sie sind daher auch im Englischen gleich oder sehr ähnlich:* reintegration, hypothesis. *Sucht man in der mündlichen Kommunikation vergeblich nach einem Wort, lohnt es sich oft, ein englisches Wort einfach deutsch auszusprechen:* vision, commune, pioneer, collection, urbanisation, energy *usw.*

Ich kann jetzt ...

■ über berufliche Erfahrungen im deutschsprachigen Raum sprechen.
■ Wörter mit den Vorsilben *er-* und *re-* verstehen und anwenden.

☐ ☐ ☐
☐ ☐ ☐

1 Fachkräfte aus dem Ausland → AB 163–164/Ü18–19

Lesen Sie den Artikel über Mirtha Oliveira. Welche Chancen und Möglichkeiten kann eine Arbeit im Ausland mit sich bringen? Diskutieren Sie in Kleingruppen.

Ab ins Ausland

Mirtha Oliveira hatte bereits ein erfolgreiches Masterstudium in BWL absolviert und rund 6 Jahre Berufserfahrung, als sie Brasilien den Rücken kehrte. Entsprechend hoch waren ihre Erwartungen,
5 in ihrer neuen Heimat Hamburg beruflich sofort durchzustarten. Sie war enttäuscht, als sie im Jobcenter erfuhr, dass sie zunächst einen Antrag auf Anerkennung ihres Studiums stellen müsse. Während ihre Unterlagen geprüft wurden, besuchte sie einen Deutschkurs. Nach drei Monaten erhielt sie die Bestätigung, dass
10 ihr Studienabschluss mit dem hiesigen gleichwertig ist. Danach fand sie sofort eine Anstellung.

2 Berufliche Anerkennung

Lesen Sie ein Interview mit einem Experten für berufliche Anerkennung. Welche Sätze passen in die Lücken? Zwei Sätze passen nicht.

- ☐ A bevor man einen Antrag auf Anerkennung stellt
- ☐ B die mir anerkannt werden könnte
- ☐ C einer Vielzahl an gesetzlichen Bestimmungen
- ☐ D werden diese innerhalb eines Zeitraums von drei Monaten
- ☐ E direkt auf dem Arbeitsmarkt bewerben
- ☐ F trotz beruflicher Anerkennung der Ausbildung und guter Zeugnisse
- ☐ G einigen akademischen Berufen gibt es insbesondere
- ☐ H eine Unvollständigkeit der einzureichenden Unterlagen
- ☐ I worauf Berufstätige mit ausländischen Abschlüssen achten sollten
- ☐ J wesentliche Unterschiede zur hiesigen Ausbildung

Wie man einen Berufsabschluss anerkennen lässt

Egal ob in Deutschland, Österreich oder der Schweiz: Es herrscht Fachkräftemangel. Insbesondere in kleineren und mittleren Unternehmen fehlt es an Arbeitskräften. In der Konsequenz werden immer mehr Menschen aus dem Ausland angeworben, die sehr unterschiedliche berufliche Quali-
5 fikationen mitbringen. Ein Experte für berufliche Anerkennung erklärt, (1) .

Angenommen, ich habe in meinem Heimatland eine Berufsausbildung absolviert, (2) . Wo finde ich weitere Informationen?

Im Internet findet man Informationen, in welchen Tätigkeitsfeldern eine Anerkennung Voraus-setzung ist, um den Beruf ausüben zu dürfen. Sogenannte reglementierte Berufe wie beispielsweise
10 Ärzte oder Lehrer benötigen immer eine Anerkennung ihrer beruflichen Qualifikation. In nicht reglementierten Berufen kann man sich hingegen (3) und arbeiten.

Welche Abschlüsse kann man sich anerkennen lassen?

Neben (4) im Handwerk und in der Pflege eine Vielzahl an reglementierten Berufen. Ganz egal, ob man ein Studium, eine Ausbildung oder eine andere Art von Lehrgang absolviert hat: In einem
15 gesetzlich geregelten Verfahren wird geprüft, ob die im Ausland erworbene Ausbildung mit einer Ausbildung im Inland gleichwertig ist.

Wie lange dauert die Prüfung meines Anerkennungsantrags?

Sobald alle Unterlagen vollständig vorliegen, ___(5)___ geprüft. Anschließend erhält man einen sogenannten Anerkennungsbescheid. Daraus geht hervor, ob die berufliche Qualifikation voll aner-
20 kannt, teilweise anerkannt oder nicht anerkannt wird.

Was kann ich tun, wenn meine berufliche Ausbildung nicht gleichwertig ist?

In einigen Berufen gibt es Ausgleichsmaßnahmen, die man besuchen kann, um die volle Anerkennung zu erhalten. Das heißt, wenn eine Ausbildung nur teilweise anerkannt wird, also wenn bei Teilen der Ausbildung ___(6)___ festgestellt werden und die Berufsqualifikation somit nicht gleich-
25 wertig mit dem Referenzberuf ist, muss man Anpassungsqualifizierungen absolvieren, um die volle Anerkennung zu erhalten.

Wie kann ich herausfinden, welche Chancen auf Anerkennung ich habe?

Mittels spezieller Webseiten kann man den richtigen Referenzberuf herausfinden. Zudem gibt es kostenlose Beratungsstellen, an die man sich wenden kann, ___(7)___ . Die Beratenden unterstützen bei
30 der Zusammenstellung der Antragsunterlagen und bei weiteren wichtigen Fragen zur Anerkennung.

Kann ich nach der Anerkennung sofort arbeiten?

Ebenso wichtig wie die berufliche Anerkennung ist der Erwerb von Sprachkenntnissen. In manchen Unternehmen haben Sie ___(8)___ nur dann eine Chance, wenn Sie auch die Landessprache beherrschen. Viele nutzen deshalb die Zeit, in der sie auf die Prüfung ihres Anerkennungsantrags
35 warten, um einen Deutschkurs zu besuchen.

3 Satzstrukturen: Modale Zusammenhänge → AB 164–166/Ü20–23 GRAMMATIK
Übersicht → KB 152/1b

a Lesen Sie folgende Sätze aus dem Text und markieren Sie die Bedeutung
der unterstrichenen Satzteile.

1 <u>Mittels</u> bestimmter Webseiten kann man   ☐ Art und Weise   ☐ Vergleich
den richtigen Referenzberuf herausfinden.

2 <u>Ebenso</u> wichtig <u>wie</u> die berufliche Anerkennung   ☐ Art und Weise   ☐ Vergleich
ist der Erwerb von Sprachkenntnissen.

3 Man besucht Ausgleichsmaßnahmen.   ☐ Art und Weise   ☐ Vergleich
<u>Dadurch</u> kann man die volle Anerkennung erhalten.

b Ergänzen Sie die Sätze so, dass die Bedeutung gleich bleibt.

1 Mittels spezieller Webseiten können Sie Ihren Referenzberuf herausfinden.
   Sie können Ihren Referenzberuf herausfinden, indem

2 Man besucht Ausgleichsmaßnahmen. Dadurch kann man die volle Anerkennung erhalten.
   Die volle Anerkennung erhält man, indem

3 Man besucht auch einen Sprachkurs, wodurch man seine Chancen auf dem Arbeitsmarkt verbessert.
   Indem man

c Ergänzen Sie *mittels*, *indem* und *dadurch*.

1 Man kann den Prozess der Anerkennung beschleunigen, _____ man die Unterlagen
   vollständig einreicht.

2 Heutzutage kommen viele Arbeitskräfte aus dem Ausland. _____ kann dem
   Fachkräftemangel entgegengesteuert werden.

3 _____ bestimmter Apps kann man sich über aktuelle Stellenausschreibungen in
   bestimmten Branchen informieren.

Ich kann jetzt …   😊   😐   🙁
■ ein Experteninterview zum Thema *Berufliche Anerkennung* lesen und verstehen.   ☐   ☐   ☐
■ modale Zusammenhänge in unterschiedlichen Satzstrukturen verstehen und anwenden. ☐   ☐   ☐

1 Komplimente

Lesen Sie die Definition und ergänzen Sie in der richtigen Form.

Leistungen · wohlwollend · positiv · bringen

Unter einem *Kompliment* versteht man die _____ (1)
und freundliche Äußerung einer Person über eine andere Person.
Sie _____ (2) zum Ausdruck, was die eine Person an
der anderen Person besonders _____ (3) findet oder
was ihr besonders gut gefällt. Neben guten Eigenschaften und Persönlichkeitsmerkmalen können
dies beispielsweise herausragende _____ (4) oder aber auch Äußerlichkeiten sein.

2 Wie mache ich ein gutes Kompliment? → AB 167/Ü24

a Haben Sie selbst schon einmal ein Kompliment erhalten? Wenn ja, wofür? Berichten Sie.

b Wann macht man jemandem ein Kompliment?
Welches Ziel verfolgt man damit?
Wann sind Komplimente eher unangebracht?
Sammeln Sie unterschiedliche Situationen
und sprechen Sie im Kurs.

> *Ein Büroangestellter macht einem
> Teamkollegen ein Kompliment, indem
> er seine schicke Krawatte lobt.
> Eine neue Mitarbeiterin …*

c Arbeiten Sie zu zweit. Wählen Sie drei Situationen wie in 2b und entwerfen Sie drei kleine Dialoge
aus Komplimenten und Erwiderung. Präsentieren Sie Ihre Dialoge anschließend im Kurs.

ein Kompliment machen

„ *Du hast / Sie haben eine/n hervorragende …
Ich finde es gut, dass du / dass Sie …
Du hast / Sie haben die besondere Fähigkeit, …* "

auf ein Kompliment reagieren

„ *Es freut mich sehr, dass du / dass Sie …
Es hilft mir, dass du das sagst.
Danke! Das bedeutet mir wirklich viel.* "

3 Komplimente und Kulturen

Unterhalten Sie sich in Gruppen. Welche Komplimente funktionieren über Sprach- und
Kulturgrenzen hinweg? Gibt es kulturelle Unterschiede, wann man wem welches
Kompliment machen darf?
Diskutieren Sie.

> *Am wichtigsten ist
> meiner Ansicht nach …*

> *Für mich wäre es ein absolutes
> No-Go, wenn ein Verhandlungspartner bei
> einem geschäftlichen Treffen …*

Kleidung

Chefin / Chef

Verhalten

Körperliche Merkmale

Freundin / Freund

Charaktereigenschaft

Mehrdeutigkeit

Kollegin / Kollege

Klischees

…

Ich kann jetzt …   ☺ ☺ ☹

■ unterschiedliche Situationen benennen, in denen Komplimente angebracht oder
eher unangebracht sind.   ☐ ☐ ☐

■ einer anderen Person ein Kompliment aussprechen und auf Komplimente reagieren.   ☐ ☐ ☐

SEHEN UND HÖREN

1 Kontakte knüpfen und pflegen

a Unterhalten Sie sich in Kleingruppen.

- Wie kommt man mit anderen Menschen am besten ins Gespräch? Geben Sie ein Beispiel für eine private und für eine geschäftliche Situation.
- Welche Themen eignen sich dafür? Welche nicht? Geben Sie Beispiele.

b Sehen Sie das Foto an. Was könnte die Frau von Beruf sein? Warum?

2 Buchpräsentation → AB 168/Ü25

Sehen Sie den Film in Abschnitten an. Arbeiten Sie in Kleingruppen. Lesen Sie zuerst die Fragen zu jedem Abschnitt und beantworten Sie diese nach dem Sehen.

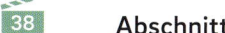
Abschnitt 1

1 Welche Definition von Small Talk gibt die Sprecherin?
2 Wer ist Herr Müller? Welche Situation soll man sich vorstellen?

Abschnitt 2

1 Wobei hilft Small Talk?
2 Welche Vorteile haben Netzwerke?

Abschnitt 3

Was erklärt Caroline Krüll in diesem Teil des Films?

3 Buchbewertungen

a Lesen Sie die Leser-Rezensionen aus dem Internet. Was bewerten die Verfasser positiv? Wie nützlich finden Sie diese Rezensionen?

Small Talk: *Reden Sie sich zum Erfolg!* von Caroline Krüll, C. H. Beck Verlag

> Ratgeber zum Thema *Small Talk* und *Selbstpräsentation* gibt es sicher viele, aber bei diesem Buch von Caroline Krüll merkt man deutlich, dass hier jemand darüber schreibt, der genau dieses Thema zu einem Kernpunkt seiner beruflichen Tätigkeit gemacht hat. Der Lerneffekt kommt bei diesem Buch – wie bei allen guten Trainern – quasi durch die Hintertür: Caroline Krüll
> 5 schildert, wie man durch das konsequente Anwenden von Small Talk, der Interesse zeigt und den Gesprächspartner einbezieht, die Fähigkeit erwirbt, sich dem Gegenüber auf angenehme Weise vorzustellen und eine Verbindung zu ihm aufzubauen.
>
> Der kompakte Ratgeber kann allen schnell helfen, die Angst haben, auf andere Leute zuzugehen oder sie anzusprechen. Nach den ersten Kapiteln ist das wirklich einfach, ich habe es als
> 10 eher schüchterner Typ selbst ausprobiert und schon erste Erfolge erzielt. Die Praxistipps sind leicht verständlich und einfach umzusetzen. Ab jetzt mindestens einmal Small Talk mit einer fremden Person pro Tag, oder sogar mehr ;-) Für mich ist das Buch bisher mehr als sein Geld wert und ich bin froh, dass ich es bestellt habe. Meine Empfehlung für Ängstliche beim Ansprechen anderer Menschen!

b Würden Sie das Buch gern lesen? Warum (nicht)?

Ich kann jetzt …   ☺ ☺ ☹
- ein Werbevideo für ein Sachbuch verstehen und interpretieren.   ☐ ☐ ☐
- die Mechanismen von Small Talk in eigenen Worten wiedergeben.   ☐ ☐ ☐
- Buchbewertungen verstehen und einschätzen.   ☐ ☐ ☐

GRAMMATIK

1 Satzstrukturen: Konsekutive und modale Zusammenhänge

Folgen sowie *Art und Weise* können mithilfe unterschiedlicher Strukturen ausgedrückt werden.

a *Folgen* ausdrücken: Konsekutivsätze ← KB 143/2

Konnektor Nebensatz	solch ein / ein solch / ein derartig …, dass	Manche haben **solch ein** / **ein solches** / **ein derartiges** Gefühl für Höflichkeit, **dass** sie sensibel auf Zwischentöne reagieren.
	weshalb / weswegen	Kulturelle Verallgemeinerungen sind gefährlich, **weshalb** / **weswegen** Experten davon abraten.
Konnektor Hauptsatz	demnach / demzufolge / folglich / infolgedessen	Die Globalisierung schreitet voran. **Demnach** / **Demzufolge** / **Folglich** / **Infolgedessen** gibt es immer mehr interkulturelle Geschäftsbeziehungen.
Präposition	infolge von + D / infolge + G	**Infolge von** starken Regenfällen kamen die Geschäftspartner zu spät zum vereinbarten Termin. **Infolge** eines Missverständnisses habe ich den Geschäftspartner falsch angesprochen.

b *Art und Weise* ausdrücken: Modalsätze ← KB 149/3

Konnektor Nebensatz	indem / dadurch, dass	Ich bereite mich auf die berufliche Anerkennung vor, **indem** ich im Internet nach Informationen suche. **Dadurch, dass** ich einen reglementierten Beruf habe, muss ich zur Anerkennung Ausgleichsmaßnahmen besuchen.
	womit / wodurch	Marco hat in der Schule Deutsch gelernt, **womit** er auf dem deutschsprachigen Arbeitsmarkt punkten kann. Er wohnt in einer deutschsprachigen WG, **wodurch** er seine Sprachfertigkeiten stetig verbessert.
Konnektor Hauptsatz	dadurch / damit / so / auf diese Weise	Vor dem Ausfüllen der Formulare erkundige ich mich im Internet. **Dadurch** / **Damit** / **So** / **Auf diese Weise** bereite ich mich optimal auf die Anerkennung vor.
Präposition	durch + A / mittels + G / mithilfe + G	**Durch** häufigen Kontakt mit anderen Kulturen erwirbt man interkulturelle Kompetenzen. **Mittels** / **Mithilfe** neuer Techniken kann man Kontakt halten.

2 Vergleiche ← KB 145/1

Impliziter Vergleich

maskulin	ein		länger**er**	Aufenthalt
neutral	ein	(im Vergleich zum Üblichen)	länger**es**	Gespräch
feminin	eine		länger**e**	Sitzung

Relativer Superlativ

maskulin	ein**er**			Aufenthalte,	
neutral	ein**es**	(aus der Gruppe)	*der* längst**en**	Gespräche,	die ich je hatte
feminin	ein**e**			Sitzungen,	

3 Wortbildung: Vorsilben *er-* und *re-* ← KB 147/2, 3

Vorsilbe	Bedeutungen	Beispiele
er-	1 Veränderung eines Zustands	*erröten, erkälten, erschrecken*
	2 etwas durch eine Handlung erreichen	*eröffnen, erarbeiten, erbauen, ersetzen*
re-	1 zurück	*reflektieren, reimportieren, reagieren*
	2 wieder	*reanimieren*

11

12

FORSCHUNG UND TECHNIK

1 Neue Technik im Alltag → AB 171/Ü2

a Sehen Sie das Foto an. Was ist hier mithilfe von Technologie möglich?

b Welche Technologie wird hierfür verwendet? Markieren Sie.

☐ Virtuelle Realität (Virtual Reality): Eine Technik, bei der man in eine dreidimensionale, nicht reale Welt eintaucht und mit dieser eventuell auch interagiert.

☐ Erweiterte Realität (Augmented Reality): Eine Technik, bei der die reale Welt, d. h. die Dinge, die man gerade sieht, mit zusätzlichen Informationen in Form von Texten, Grafiken, Animationen, Videos, statischen oder bewegten 3-D-Objekten ergänzt wird.

c In welchen Bereichen des alltäglichen und beruflichen Lebens könnten diese Technologien Anwendung finden?

Vielleicht ist das bei der Fertigung oder Reparatur von Geräten hilfreich, weil …

Ich könnte mir auch vorstellen, dass das bei …

1 Büro der Zukunft

Wie wird der Büroarbeitsplatz von morgen wohl aussehen? Welche Neuerungen wird es vermutlich geben?

Ich könnte mir vorstellen, dass unsere Büros bald folgendermaßen aussehen werden: Jeder wird …

2 Virtuelle Arbeitsplätze → AB 172–173/Ü3–5

a **Lesen Sie den Text. Welche Sätze (A–G) passen in die Lücken (1–5)? Es gibt jeweils nur eine richtige Lösung. Zwei Sätze passen nicht. Machen Sie dort ein X.**

A _____ Auch die Körpersprache und der Gesichtsausdruck der Personen sind dank der *Virtual Reality* sichtbar.

B _____ Ein zu langes Sitzen vor dem Bildschirm, eine falsche Sitzhaltung und der intensive Gebrauch der Computermaus sind nämlich nicht selten Auslöser für körperliche Beschwerden.

C _____ Allerdings verspricht diese neue Technologie nicht nur Vorteile am Arbeitsplatz.

D _____ Im Gegensatz zu klassischen Videokonferenzen haben die Teilnehmenden das Gefühl, im gleichen Raum zu sein.

E _____ Durch die Erweiterung der Realität überlappen sich die physische und die virtuelle Umgebung.

F _____ Eine ganze Reihe von Firmenchefs lässt sich bereits eingehend dazu beraten.

G _____ So können nicht nur Reisekosten zu Konferenzen, Fortbildungen oder Geschäftsterminen gespart werden, auch eine flexiblere und effizientere Nutzung der Büroarbeitsplätze wäre durch die intensive Nutzung der virtuellen Zusammenarbeit möglich.

12

Auf Computermessen und in der „Gamer-Szene" ist man bereits daran gewöhnt, Virtual-Reality-Brillen zu tragen und in andere, nicht reale Welten einzutau-
5 chen. Doch wie sieht es mit dem möglichen Einsatz und Nutzen dieser Technologie an ganz gewöhnlichen Arbeitsplätzen aus?
10 Was wird sich wie und wo durchsetzen?

Eine Anwendung, die sich vermutlich im Eiltempo verbreiten wird, ist die Virtual-Reality-Konferenz. Sie ermöglicht es Mitarbeitern, ungeachtet ihrer realen Standorte zusammenzutreffen. __(1)__ Das führt zu mehr persönlicher Nähe und einer effizienteren Zusammenarbeit,
15 beispielsweise bei der gemeinsamen Betrachtung und Bearbeitung von Projekten in Echtzeit.

Wie funktioniert das Ganze? Mittels sogenannter Avatare, die ihnen äußerlich ähneln, kommen die Gesprächspartner in einem virtuellen Konferenzraum zusammen. __(2)__ Selbstverständlich lässt sich das Konzept auch bei Online-Schulungen mit mehreren Teilnehmenden anwenden. Die Vorteile, die sich für Firmen und ihre Angestellten angesichts dieser technologischen
20 Möglichkeiten ergeben, sind sogar noch weitreichender: __(3)__ Und diejenigen Angestellten, die ihren Arbeitsplatz tageweise nach Hause verlegen, haben die Möglichkeit, gleichzeitig im Büro präsent zu sein, sobald sie mithilfe der VR-Brille den digitalen Büroraum betreten.

Virtual Reality macht es also möglich, dabei zu sein, ohne physisch präsent zu sein. Daneben eignet sich die erweiterte Realität, die sogenannte *Augmented Reality*, beispielsweise dazu, Büro-

25 räume vollständig einzurichten, ohne die Möbel real zu platzieren. __(4)__ So ist es möglich, Angestellte und Arbeitsplätze live in einen Büroraum zu projizieren, während sich die Angestellten physisch nicht an der gleichen Stelle befinden.

Ausgehend von den Möglichkeiten der virtuellen Welten gehen manche nun sogar noch einen Schritt weiter, indem sie den Schreibtisch als einzig denkbaren Arbeitsplatz hinterfragen.

30 __(5)__ Hinsichtlich gesundheitlicher Aspekte wäre es also in jedem Fall wünschenswert, die Dauer der Schreibtischarbeit zu reduzieren. So könnte man etwa einen Strategieplan, den man anlässlich einer vorgesehenen Neustrukturierung in der Firma benötigt, auch entwerfen, während man mit dem Hund Gassi geht. Oder man visualisiert Statistiken in seinem Lieblingscafé unweit der eigenen Wohnung. Durch das virtuelle Arbeiten wäre all dies möglich, weil sich Objekte in den

35 Raum projizieren lassen. Hinzu kommt, dass man mithilfe praktischer Spracherkennungsprogramme nicht nur den Mausgebrauch reduzieren, sondern auch umfassende schriftliche Dokumente erstellen könnte.

Auf lange Sicht lassen sich also durch diese Technologien zweifelsohne Kosten einsparen und praktische Verbesserungen für das Arbeitsleben erzielen. Ob der klassische Arbeitsplatz in der

40 Firma, Tür an Tür bzw. Schreibtisch an Schreibtisch mit Kolleginnen und Kollegen dadurch völlig verschwindet, wird sich zeigen.

12

b Diskutieren Sie mit Ihrer Lernpartnerin/Ihrem Lernpartner nun folgende Frage: Moderne Technologien wie *Augmented Reality* oder andere Formen der künstlichen Intelligenz werden immer mehr Aufgaben in unserer Berufs- und Alltagswelt übernehmen. Welche positiven und negativen Folgen könnte das haben?

- ■ Geben Sie Beispiele und begründen Sie Ihre Position.
- ■ Vergleichen Sie mit Ihrem Herkunftsland.
- ■ Gehen Sie auch auf die Argumente Ihrer Lernpartnerin/Ihres Lernpartners ein.

3 Präpositionen mit Genitiv → AB 173–174/Ü6–8

GRAMMATIK
Übersicht → S. 164/1

Ordnen Sie den Präpositionen die passende Bedeutung zu.

Präposition	Bedeutung
1 *ungeachtet* ihrer realen Standorte	A mit Unterstützung von
2 *mittels* sogenannter Avatare	B in der Nähe von
3 *angesichts* der technologischen Möglichkeiten	C wenn man an etwas denkt
4 *hinsichtlich* gesundheitlicher Aspekte	D weil etwas stattfindet
5 *anlässlich* einer vorgesehenen Neustrukturierung	E in Bezug auf etwas
6 *unweit* der eigenen Wohnung	F unter Verwendung von
7 *mithilfe* praktischer Spracherkennungsprogramme	G etwas nicht berücksichtigend

Ich kann jetzt …
- ■ Vorstellungen zu Arbeitsplätzen der Zukunft formulieren.
- ■ einen Text zum Thema *Virtuelle Arbeitsplätze* rekonstruieren.
- ■ Präpositionen mit Genitiv in ihrer Bedeutung unterscheiden.

1 Was die Welt noch brauchen könnte

a Lesen Sie den Artikel. Was wurde hier erfunden und wozu dient es?

Lernfähige Nager am Flughafen

Mäuse haben einen ausgezeichneten Geruchssinn und sind in kurzer Zeit sehr lernfähig. Das macht sie zu potenziellen Detektiven am Flughafen, wo Sicherheit und Kontrolle
5 großgeschrieben werden. Für den effektiven Einsatz der Mäuse wurde eine spezielle Vorrichtung entwickelt. Während die Passagiere durch einen bestimmten Raum gehen, wird die Luft aus diesem Raum in einen Behälter mit speziell trainierten Mäusen geblasen. Sobald die Tiere gefährliches Gut wie Rauschgift oder Sprengstoff wittern, rennen sie in
10 den Behälter nebenan, wodurch ein Alarm ausgelöst wird. Die Trefferquote ist ziemlich hoch, das Ganze ist einfach durchführbar und für die Reisenden weniger einschüchternd als Körperscanner oder schnüffelnde Spürhunde.

b Ordnen Sie die markierten Wörter aus dem Text den grammatischen Formen zu.
Manche passen mehrfach.

Grammatische Form	Textstelle
1 Adjektivnachsilbe, die beschreibt, was etwas oder jemand kann	Zeile 1
2 Adjektivnachsilbe, die beschreibt, dass etwas gemacht werden kann	
3 Passivkonstruktionen	
4 Partizip I-Formen, die Vorgänge beschreiben	
5 Nebensätze, die beschreiben, wie etwas funktioniert	

2 Tiere als Arbeitskräfte → AB 175/Ü9

a Ordnen Sie die Redemittel den Teilen des Textaufbaus zu.

1 Allgemeine Einführung in ein Thema   3 Vor- und Nachteile benennen
2 Informationen eines Artikels zusammenfassen   4 Eigene Meinung und Schlussfolgerung

> ☐ Meiner Ansicht nach können Tiere dem Menschen dienen, wenn sie … • ☐ In dem Artikel erfährt man, dass … • ☐ Viele Menschen sehen es als problematisch an, dass … • ☐ Ein großes Plus für Mensch und Tier ist auf jeden Fall … • ☐ Der Bericht schildert, wie/dass … • ☐ Zusammenfassend lässt sich festhalten … • ☐ … ist positiv zu bewerten. • ☐ Einer aktuellen Debatte zufolge … • ☐ Kritisch ist es jedoch auf jeden Fall, wenn …

b Schreiben Sie eine Stellungnahme auf den Artikel in 1a von ungefähr 250 Wörtern. Gehen Sie dabei auf folgende Punkte ein.

- Fassen Sie die relevanten Informationen des Artikels zusammen.
- Argumentieren Sie, welche Vor- und Nachteile der Einsatz von Tieren haben kann.
- Inwieweit dürfen Menschen Ihrer Meinung nach das Wohl der Tiere ihren Zwecken unterordnen?
- Wofür werden Tiere in Ihrem Heimatland eingesetzt?

Ich kann jetzt …
- Beschreibungen von Erfindungen verstehen.
- auf Basis eines Artikels eine Stellungnahme zum gleichen Thema verfassen.

☺ ☺ ☺
☐ ☐ ☐
☐ ☐ ☐

1 Wohin strebt die Wissenschaft?

a Sehen Sie die Fotos an. Was wird dargestellt? Was könnten die beiden Fotos thematisch miteinander zu tun haben? Sprechen Sie im Kurs.

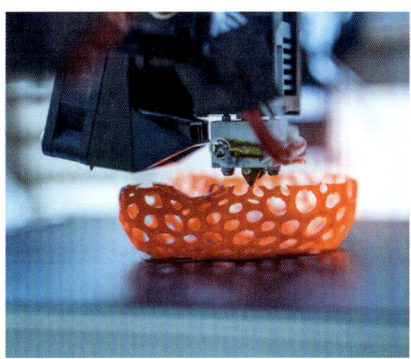 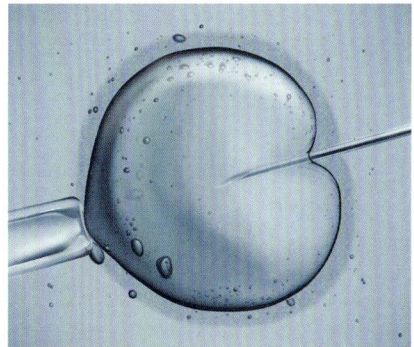

b Welche Aspekte und Fragestellungen könnte bzw. sollte eine Reportage zum Thema *Ethische Grenzen der Wissenschaft* beinhalten? Notieren Sie einige Stichpunkte.

2 Was ist gute Wissenschaft? → AB 176/010

a Hören Sie ein Interview mit dem Wissenschaftler Wolf-Michael Catenhusen zum Thema *Was ist gute Wissenschaft?* Hören Sie das Interview beim ersten Mal in Abschnitten und beim zweiten Mal komplett. Beantworten Sie die Fragen in Stichworten.

12

2 ◀)) 24 **Abschnitt 1**

1 Welche gesellschaftliche Gruppe vertritt Herr Catenhusen in dem Hearing?
Menschen, die in der Politik tätig sind

2 Was hält er von einer zweiten, vom Menschen geschaffenen Evolution? _____

3 Welche Fragen möchte Herr Catenhusen nicht begrenzen? _____

4 Wen oder was sollte man vor möglichen Gefahren durch Forschungsvorhaben schützen? _____

2 ◀)) 25 **Abschnitt 2**

5 Was dürfen laut Herrn Catenhusen gentechnische Eingriffe, etwa an Tieren, nicht verändern? _____

6 Welche langfristigen Folgen kann die Entwicklung neuer chemischer Stoffe haben? _____

2 ◀)) 26 **Abschnitt 3**

1 Welchen weiteren Bereich moderner Forschung spricht die Reporterin an? _____
2 Welche konkreten Schöpfungen gibt es hier bereits? _____
3 Welche Faktoren muss die Entwicklung intelligenter Systeme, wie etwa von Robotern, erfüllen? _____

b Welche Ihrer Fragestellungen aus 1b wurden im Interview angesprochen?

c Wissenschaftler könnten zu Herrn Catenhusens Ansicht, dass Forschung deutliche Grenzen braucht, Gegenposition beziehen. Welche Argumente könnten sie anführen? Sammeln Sie im Kurs.

> *Die Freiheit der Forschung muss ein Grundrecht bleiben, sonst …*

Ich kann jetzt …
- Überlegungen zu ethischen Grenzen der Wissenschaft anstellen.
- Argumente für eine Regulierung von Wissenschaft und Forschung verstehen.

1 Forschung und Gesellschaft → AB 176–178/Ü11–14

a Ordnen Sie zunächst folgenden Begriffen die passende Definition zu.

1 die Erbsubstanz   A Teil, der bei der Entstehung eines Menschen von der Frau kommt
2 die Eizelle   B man ist sich nicht einig darüber
3 die Erbkrankheit   C das genetische Material
4 befruchtet werden/sein   D eine Erkrankung, die von den Eltern auf die Kinder übergeht
5 umstritten sein   E dadurch entsteht Nachwuchs

b Lesen Sie folgende Meldungen aus der deutschsprachigen Presse sowie einige Reaktionen darauf in einem Diskussionsforum. Unterstreichen Sie die Schlüsselwörter.

12

A Das „Drei-Eltern-Baby" könnte bald Wirklichkeit werden

In Großbritannien dürfen Kinder zur Welt gebracht werden, die genetisch drei Elternteile haben.

5 Das britische Parlament hat mit großer Mehrheit als einziges Land bisher eine in vielen Ländern umstrittene gentechnische Methode genehmigt: Dabei wird die Erbsubstanz der Frau bei einer 10 befruchteten Eizelle durch die einer anderen weiblichen Zelle ersetzt. Man möchte damit Paaren, die bei ihren Kindern Erbkrankheiten befürchten müssen, zu einem gesunden Kind verhelfen.

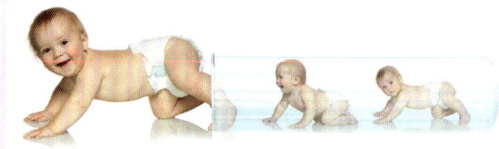

B „Social Freezing" macht Kinderkriegen noch planbarer

Tiefgefrorene Eizellen kommen erst dann zum Einsatz, wenn es in die Lebensplanung der Eltern passt.

5 Es klingt auf den ersten Blick nach der großen Freiheit für Frauen, die Karriere machen und trotzdem Kinder bekommen wollen. Eizellen, die sie in jungen Jahren „auf Eis legen" lassen, kön10 nen zu einem späteren, passenderen Zeitpunkt befruchtet werden. Einige große internationale Unternehmen gehen sogar so weit, dass sie ihren weiblichen Angestellten anbieten, die hohen Kosten für diese Proze15 dur zu übernehmen, damit der geplanten Karriere nichts im Wege steht.

1

Wir leben in einer spannenden Welt der unbegrenzten Möglichkeiten, warum nicht neben der Patchworkfamilie auch noch eine mit zwei echten Müttern – solange man sich vorher über alle möglicherweise strittigen Fragen einigt …

der.mit.hut

2

Huch! Obwohl das nach viel Fortschritt und Eigenentscheidung klingt, schaudert mich bei dem Gedanken, dass ich mich in so privaten Dingen von meinem Betrieb abhängig mache. Erinnert mich an Science-Fiction-Thriller.

bealind

3

Aller Fortschritt, der das Heilen von Krankheiten unterstützt, in Ehren – aber müssen und dürfen wir wirklich der Natur so sehr ins Handwerk pfuschen? Ich bin froh, dass so etwas bei uns noch nicht möglich ist!

Wotan

4

Ursprünglich war diese Technik ja mal dazu gedacht, etwa Frauen, die an einer Krankheit leiden, einen späteren Kinderwunsch zu ermöglichen. Heute gehört es fast schon zum Lifestyle, sich dieser Möglichkeiten zu bedienen. Ich finde es in beiden Fällen angebracht und die Unterstützung durch den Arbeitgeber durchaus willkommen.

Denkerin

c   Ergänzen Sie im Raster, zu welcher Meldung (A oder B) der Kommentar jeweils passt und ob er die beschriebene Errungenschaft als positiv (+) oder negativ (-) einstuft.

Kommentar 1		Kommentar 2		Kommentar 3		Kommentar 4	
A	+						

2   Eine Kurzpräsentation

a   Wählen Sie eine der beiden Meldungen aus und bereiten Sie dazu eine Kurzpräsentation vor. Denken Sie auch an die formalen Merkmale (Begrüßung und Einleitung, Schluss, sich nach Fragen der Zuhörenden erkundigen). Gehen Sie in Ihrer Präsentation auf folgende Punkte ein.

- Fassen Sie kurz die Informationen der Meldung und der Reaktionen darauf zusammen.
- Nennen Sie mögliche Alternativen für diese Technologie.
- Vergleichen Sie die Informationen mit der Situation in Ihrem Heimatland.
- Erläutern Sie Ihren persönlichen Standpunkt dazu und begründen Sie ihn.

eine Präsentation einleiten

„*In meinem heutigen Vortrag befasse ich mich mit folgender Fragestellung: …*
Das Thema meiner heutigen Präsentation lautet …"

eine Meldung und Kommentare darauf wiedergeben

„*In dem Artikel … ist die Rede davon, dass …*
Man erfährt auch, warum …
Eine Leserin / ein Leser reagierte darauf mit / indem …"

mögliche Alternativen nennen

„*Ich könnte mir aber auch vorstellen, dass …*
Eine Alternative stellt meiner Meinung nach … dar."

Vergleich mit dem Heimatland

„*Die Situation in meinem Heimatland ist folgende: …*
In meinem Heimatland … sind / werden solche Verfahren …"

den persönlichen Standpunkt wiedergeben

„*Meines Erachtens spricht der Wunsch nach … für …*
… könnte ein Schritt in die richtige Richtung sein.
… halte ich für äußerst bedenklich / gefährlich / problematisch, weil …
… käme für mich persönlich (nicht) infrage, weil …"

die Kurzpräsentation abschließen

„*Zum Schluss möchte ich noch einmal betonen, dass …*
Das Fazit meiner Präsentation lautet also: …"

b   Suchen Sie sich eine Lernpartnerin / einen Lernpartner, die / der nicht denselben Artikel gewählt hat wie Sie. Präsentieren Sie sich gegenseitig den von Ihnen gewählten Artikel und gehen Sie auch auf Fragen Ihres Gegenübers ein. Geben Sie einander am Schluss eine Rückmeldung.

Ich kann jetzt …   ☺ ☺ ☹
- den Tenor von Forumsbeiträgen zu Meldungen über neuere Errungenschaften verstehen.   ☐ ☐ ☐
- meine Ansicht zu umstrittenen Methoden darlegen und Alternativvorschläge nennen.   ☐ ☐ ☐
- eine Kurzpräsentation zu den Informationen einer Meldung halten.   ☐ ☐ ☐

1 Neue Helfer und Gefährten

a Wodurch unterscheiden sich
die beiden abgebildeten Figuren?
Worin sind sie sich ähnlich?

b Inwieweit könnten sie den
Menschen dienen?

2 Das Verhältnis Roboter – Mensch → AB 179/Ü15–16

a Lesen Sie den Text und die Aussagen. Welche der Aussagen sind *richtig* (+), *falsch* (-)
oder *gar nicht im Text enthalten* (x)? Es gibt nur eine richtige Lösung.

1 Es gibt neben den scheibenähnlichen Staubsaugrobotern noch andere Modelle. ☐
2 Bislang gibt es kaum menschenähnliche Roboter im alltäglichen Leben. ☐
3 Roboter in Krankenhäusern und in der Pflege können viele unterschiedliche Aufgaben
   übernehmen. ☐
4 Patienten reagieren sehr positiv auf die Interaktion mit menschenähnlichen Robotern. ☐
5 Eine internationale Studie untersuchte die Wirkung humanoider Roboter auf Menschen. ☐
6 Einige der Versuchsteilnehmer hatten mehr Mitgefühl mit den Maschinen als mit
   realen Menschen. ☐
7 Die Entwicklung menschenähnlicher Roboter wird fast ausschließlich als
   positive Entwicklung gesehen. ☐
8 Manche Menschen haben große Angst davor, von Robotern berührt zu werden. ☐

Menschliche Roboter

Ein Team europäischer Wissenschaftler hat untersucht, wie Menschen auf mehr oder
weniger menschlich aussehende, sogenannte humanoide Roboter reagieren – und haben
dabei etwas Interessantes herausgefunden.

5 Viele Europäer greifen inzwischen zum Staubsaugerroboter, wenn es um den privaten
Hausputz geht. Die kleinen Reinigungsmaschinen, die saugend durch die Wohnung fahren, schöpfen jedoch bei Weitem nicht die technologischen Möglichkeiten der heutigen
Robotik aus. Inzwischen gibt es immer mehr Roboter mit menschenähnlichen Merkmalen,
Fähigkeiten und Handlungsweisen, die in unserem Alltag Einzug halten. Neben intelligen-
10 ten Maschinen im Haushalt, am Arbeitsplatz oder im Service finden sich diese Roboter
insbesondere im Bereich Medizin.
In einigen Krankenhäusern und Pflegeheimen werden Pflegeroboter getestet, die die dort
tätigen menschlichen Fachkräfte entlasten sollen. Diese humanoiden Roboter, als menschenähnliche Maschinen entwickelt, unterstützen das Personal. Jedoch können sie weit
15 mehr als nur automatisierte Tätigkeiten wie etwa die Essensausgabe. Moderne Pflegeroboter sind darauf ausgelegt, kommunikativ mit Patienten zu interagieren und sich dabei
hilfsbereit und neugierig zu zeigen. Sie helfen an der Rezeption von Kliniken, um Ankom-
mende als Wegweiser in Empfang zu nehmen. In Wartebereichen eingesetzt kann der
Roboter die Nervosität oder Angst der Patienten minimieren. Und in einer norddeutschen
20 Kinderklinik gibt es sogar einen Roboter, der mit den kleinen Patienten tanzt und Fitness-
übungen macht.
Je präsenter Maschinen mit künstlicher Intelligenz werden, desto drängender stellt sich
allerdings auch die Frage, wie Roboter von den Menschen wahrgenommen werden. Intensiv im Bereich Robotik forschend untersuchte ein internationales Team von Wissenschaft-
25 lern, ob und inwieweit Menschen Mitgefühl für Roboter entwickeln können. Vor ein moralisches Dilemma gestellt sollten die Teilnehmenden einer Studie die Entscheidung treffen,
ob sie das Leben einer einzelnen Person gefährden würden, um dafür mehrere andere

12

verletzte Menschen zu retten. Dabei legten die Forschenden der Studie verschiedene Szenarien zugrunde. Mal handelte es sich bei der gefährdeten Person um einen Menschen,
30 mal um einen humanoiden Roboter mit menschlichen Zügen und mal um einen Roboter, der wie eine Maschine aussah. Das verblüffende Ergebnis: Je mehr ein Roboter einem Menschen ähnelte, desto schwerer fiel es den Probanden, den Roboter zur Rettung der verletzten Menschen zu opfern.

Dieses Ergebnis der Studie lässt nun Zweifel daran aufkommen, ob es wirklich sinnvoll
35 und vertretbar ist, Maschinen immer menschenähnlicher zu machen. Ausgehend von den Ergebnissen der Studie befürchten Kritiker beispielsweise, dass die zunehmende *Vermenschlichung* der Roboter im schlimmsten Fall dazu führen könnte, dass Menschen in Notsituationen falsche Entscheidungen treffen und Mitmenschen gefährden. Entkräftet werden diese Befürchtungen wiederum durch Studien, in denen die Teilnehmenden ein
40 Unbehagen gegenüber Robotern entwickelten, die selbstständig handelten. Sie empfanden die künstliche Intelligenz als unheimlich, da die Gesichtszüge und Handlungen der humanoiden Gefährten dem Menschen zwar sehr ähnelten, aber in mancher Hinsicht nicht perfekt waren. So bewegten sich die Roboter beispielsweise zu eckig oder lächelten im entscheidenden Moment eine Idee zu spät.

45 Fest steht, dass die Entwicklung humanoider Maschinen inzwischen kaum mehr zu stoppen ist. Umso wichtiger ist es, Aspekte wie menschliche Empathie, Ängste und Unwohlsein in Zusammenhang mit der Robotik weiter zu erforschen. Letztlich liefern die daraus gewonnenen Erkenntnisse eine Basis, die zukünftige Entwicklung zwar nicht aufzuhalten, aber in eine dem Menschen dienende Richtung zu lenken.

b Welche der genannten Aspekte zum Einsatz von Robotern sind aus Ihrer Sicht positiv zu bewerten? Welche sehen Sie eher kritisch? Begründen Sie Ihre Meinung.

12

3 Partizipialsätze → AB 179–181/Ü17–20

GRAMMATIK
Übersicht → S. 164/2

a Lesen Sie den Partizipialsatz und die Varianten.
Worin unterscheiden sich diese?

In Wartebereichen eingesetzt kann der Roboter die Nervosität oder Angst minimieren. (Z. 18)

1 Der Roboter, **der in Wartebereichen eingesetzt wird,** kann Nervosität oder Angst minimieren.
2 **Wenn / Sofern er in Wartebereichen eingesetzt wird,** kann der Roboter Nervosität oder Angst minimieren.

b Bilden Sie aus den unterstrichenen Satzteilen jeweils einen Nebensatz.

1 Diese humanoiden Roboter, als menschenähnliche Maschinen entwickelt, unterstützen das Personal.
    Diese humanoiden Roboter, die

2 Intensiv im Bereich Robotik forschend untersuchte ein internationales Team von Wissenschaftlern, ob und inwieweit Menschen Mitgefühl für Roboter entwickeln können.
    Während / Indem es

3 Vor ein moralisches Dilemma gestellt sollten die Teilnehmenden einer Studie die Entscheidung treffen …
    Nachdem sie

Ich kann jetzt …
■ eine Reportage über Beziehungen zwischen Roboter und Mensch im Detail verstehen. ☐ ☐ ☐
■ Fähigkeiten und Fertigkeiten von Robotern kritisch beurteilen. ☐ ☐ ☐
■ Partizipialsätze verstehen und Varianten dazu bilden. ☐ ☐ ☐

1 Experimente

a Welche der beschriebenen Tätigkeiten sind auf den Bildern dargestellt? Ordnen Sie zu.

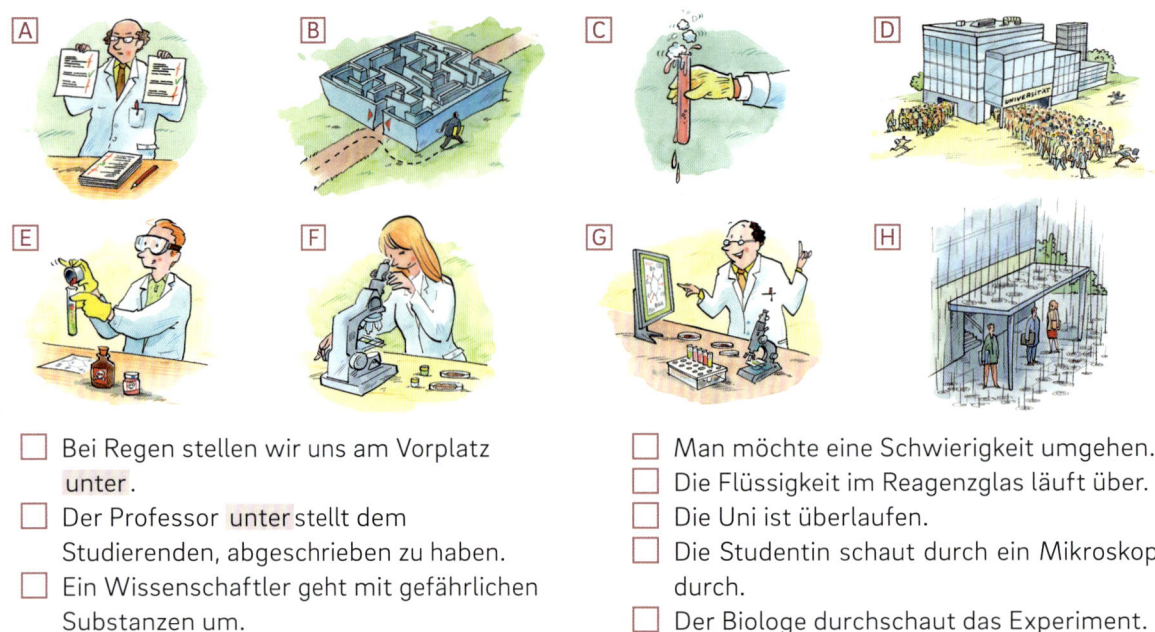

☐ Bei Regen stellen wir uns am Vorplatz unter.

☐ Der Professor unter stellt dem Studierenden, abgeschrieben zu haben.

☐ Ein Wissenschaftler geht mit gefährlichen Substanzen um.

☐ Man möchte eine Schwierigkeit umgehen.

☐ Die Flüssigkeit im Reagenzglas läuft über.

☐ Die Uni ist überlaufen.

☐ Die Studentin schaut durch ein Mikroskop durch.

☐ Der Biologe durchschaut das Experiment.

b Markieren Sie die Vorsilben der Verben in a und ergänzen Sie sie zusammen mit den Beispielsätzen in der Tabelle. Ergänzen Sie auch in der Überschrift, ob die Vorsilbe trennbar oder untrennbar ist.

Vorsilbe	bar	bar
unter	Der Professor unter stellt den Studierenden, abgeschrieben zu haben.	Bei Regen stellen wir uns am Vorplatz unter.

2 Wortbildung: Vorsilben *durch-*, *über-*, *um-* und *unter-* → AB 181–182/Ü21–22

GRAMMATIK
Übersicht → S. 164/3

a Mit welchen dieser Vorsilben können die Verben *schreiben*, *fahren*, *gehen* und *streichen* sinnvoll verbunden werden? Sammeln Sie im Kurs und ergänzen Sie diese Verben in der Tabelle in 1b. Von vielen Verben gibt es nur eine Variante, also entweder trennbar oder untrennbar.

b Unterstreichen Sie in der Tabelle, wie sich die Betonung der Verben mit trennbaren oder untrennbaren Vorsilben unterscheidet. Wann hat die Vorsilbe tendenziell eher eine konkrete, wann eher eine abstrakte Bedeutung?

c Bilden Sie Sätze im Perfekt.

1 einen Pullover überziehen – sein Konto überziehen
2 ein Straßenschild aus Versehen umfahren – eine Baustelle umfahren
3 bei Reparaturarbeiten eine Decke unterlegen – ein Bild mit einer Grundfarbe unterlegen

1 Er hat einen Pullover übergezogen.
Er hat sein Konto

Ich kann jetzt …
- die Beschreibung von Experimenten und Tätigkeiten verstehen.
- die Vorsilben *durch-*, *über-*, *um-* und *unter-* in trennbarer und untrennbarer Form unterscheiden und anwenden.

☺ ☺ ☹
☐ ☐ ☐

☐ ☐ ☐

SEHEN UND HÖREN

1 Bedienungsanleitungen verstehen →AB 183/Ü23

a Unterhalten Sie sich zu dritt. Wann haben Sie zuletzt
eine Bedienungsanleitung gelesen und wofür?

b Sind Sie damit gut zurechtgekommen? Warum (nicht)?

2 Die Produktion eines technischen Redakteurs

Sehen Sie den Film in Abschnitten an und bearbeiten
Sie die Aufgaben.

 **Abschnitt 1**

Sehen Sie den Anfang des Films <u>ohne</u> Ton.
Was ist hier passiert? Wovon könnte der folgende Film handeln?

 **Abschnitt 2**

1 Was kann man an der Technischen Hochschule Mittelhessen in Gießen studieren?
2 Was macht man möglicherweise nach dem Studium?
3 Die Studierenden werden als „Rohstoffe" beschrieben,
die zu „Werkzeugen geformt" und aus denen technische
Redakteure „hergestellt" werden. An welchen Bereich
erinnert diese Wortwahl?

43 Abschnitt 3

1 Wie wird der Student hier dargestellt?
Was geschieht mit ihm?
2 Was meint der Dozent zu folgenden Stichpunkten:
Muttersprache, Sätze, Übersetzungen

44 Abschnitt 4

Welche Aspekte werden angesprochen? Markieren Sie.

1 das Beherrschen von Programmen zur visuellen Bearbeitung einer Anleitung
2 die Vorteile einer guten grafischen Darstellung
3 die Vorteile von rein textbasierten Anweisungen
4 die künftige Gestaltung von Bedienungsanleitungen
5 das baldige Verschwinden von gedruckten Anleitungen
6 der Ausbau anderer Medien
7 die Notwendigkeit, als technischer Redakteur relevante gesetzliche Normen zu kennen
8 die Möglichkeiten, diese Normen zu umgehen

45 Abschnitt 5

1 Welche Möglichkeiten preist der Film in diesem Abschnitt an?
2 Von wem und für wen wurde der Film wohl gemacht? Woran kann man das erkennen?

3 Berufswahl

Sie haben Interesse am Beruf des technischen Redakteurs und rufen die Studienberatung
der Technischen Hochschule Mittelhessen an. Arbeiten Sie zu zweit und spielen Sie ein Telefonat.
Sagen Sie, wer Sie sind und warum Sie anrufen. Erkundigen Sie sich nach Einzelheiten zum
Studium. Tauschen Sie anschließend die Rollen.

Ich kann jetzt …
- über Erfahrungen mit Bedienungsanleitungen sprechen. ☐ ☐ ☐
- einen Film über das Studium von technischen Redakteuren im Detail verstehen. ☐ ☐ ☐
- über die Machart des Films und die Intention der Filmemacher sprechen. ☐ ☐ ☐

12

GRAMMATIK

1 Präpositionen mit Genitiv ← S. 155/3

Sie kommen besonders in technischer oder juristischer Fachsprache vor.

Präposition	Bedeutung
angesichts der Möglichkeiten	wenn man die Möglichkeiten betrachtet
anlässlich einer Neustrukturierung	weil eine Neustrukturierung stattfindet
unweit der eigenen Wohnung	in der Nähe der eigenen Wohnung
mithilfe der Software	indem man die Software verwendet
mittels sogenannter Avatare	unter Verwendung sogenannter Avatare
ungeachtet ihrer realen Standorte	wobei man die realen Standorte nicht berücksichtigt
oberhalb der Einkommensgrenze	über der Einkommensgrenze
hinsichtlich der Gesundheit	in Bezug auf die Gesundheit

2 Partizipialsätze ← S. 161/3

Diese Sätze bewirken in der Schriftsprache Knappheit und Prägnanz, denn es sind verkürzte Relativ-bzw. Adverbialsätze ohne eigenes Subjekt. Sie können mit Partizip I oder Partizip II gebildet werden. Das endungslose Partizip steht für gewöhnlich am Ende.

	Partizipialsatz	Mögliche Varianten
Partizip II	**In Wartebereichen eingesetzt** kann der Roboter die Nervosität oder Angst minimieren.	Der Roboter, **der in Wartebereichen eingesetzt wird,** kann Nervosität und Angst minimieren. **Wenn / Sofern er im Wartebereich eingesetzt wird,** kann der Roboter Nervosität oder Angst minimieren.
Partizip I	**Durch die Wohnung fahrende Staubsaugerroboter** erledigen den Hausputz.	**Während / (Immer) wenn Staubsaugerroboter durch die Wohnung fahren,** erledigen sie den Hausputz.

3 Wortbildung: Vorsilben *durch-*, *über-*, *um-* und *unter-* ← S. 162/2

Diese Vorsilben können trennbare und untrennbare Verben bilden. Je nachdem, ob trennbar oder nicht, haben die Verben unterschiedliche Bedeutungen und unterscheiden sich in der Betonung. Verben mit untrennbaren Vorsilben haben meist eine abstrakte Bedeutung.

Vorsilbe	trennbar	untrennbar
durch-	Man **schaut** durch ein Mikroskop **durch**.	Man **durchschaut** einen Kartentrick.
über-	Ich rate dir, einen Pulli **überzuziehen.**	Es kostet etwas, sein Konto **zu überziehen.**
um-	Wir haben ein Straßenschild **umgefahren.**	Wir haben das Stadtzentrum **umfahren.**
unter-	Wir **stellen** uns bei Regen **unter**.	Ich **unterstelle** dir keine bösen Absichten.

12

ZEIT- UND ARBEITSPLAN

Manuel León (46) kommt aus Spanien, hat dort Pharmazie und Wirtschaft studiert und war einige Jahre in der spanischen Niederlassung eines deutschen Pharmakonzerns tätig. Nun ist er in die Zentrale nach Leverkusen gewechselt und kümmert sich um die Zulassung neuer Arzneimittel für klinische Studien.

**CHECKLISTE
ZEIT- UND ARBEITSPLAN**

☐ Sich über Abläufe informieren

☐ Einen Arbeitsplan erstellen und besprechen

☐ Einer E-Mail Informationen entnehmen

☐ Sich im Team besprechen

1 Sich über Abläufe informieren

a Manuel León ruft im Intranet seiner Firma ein Dokument zum Thema *Genehmigung von Arzneimitteln* auf. Ergänzen Sie die Verben in der passenden Form.

> erhalten · beantragen · erteilen · verlängern · ~~stellen~~ ·
> verständigen · nachreichen · einräumen · erfolgen · beachten

EXTRA
BERUF

Das Wichtigste zum Ablauf von Arzneimittelgenehmigungen in Kürze:

Phase 1: _Stellen_ (1) Sie den Antrag formgerecht – ausschließlich auf den Formularen A–C. Sie bekommen umgehend eine Eingangsbestätigung.

Phase 2: Innerhalb von 10 Tagen _____ (2) Sie eine Rückmeldung der
5   Bundesbehörde, ob der Antrag vollständig und formal korrekt ist.

Phase 3: Falls dies nicht der Fall ist, nehmen Sie bitte zeitnah Korrekturen vor bzw. _____ Sie fehlende Unterlagen _____ (3). Dafür wird Ihnen eine Frist von 14 Tagen _____ (4). Sollte dieser Zeitraum nicht ausreichen, können Sie unter Nennung von Gründen eine formlose Fristverlängerung _____ (5).

10 **Phase 4:** Nach Vorliegen eines ordnungsgemäßen Antrags _____ (6) eine inhaltliche Prüfung der Unterlagen. Daraufhin _____ (7) das Bundesinstitut entweder eine Genehmigung für die Durchführung einer klinischen Prüfung oder der Antragsteller erhält eine Zusammenstellung von Einwänden gegen die Durchführung und deren Begründung.

Phase 5: Bitte _____ (8) Sie in letzterem Fall: Sie haben noch einmal 90 Tage
15 Zeit, um die Einwände der Bundesbehörde auszuräumen. Bitte _____ (9) Sie in diesem Fall umgehend alle beteiligten Abteilungen und arbeiten Sie gemeinsam mit Hochdruck daran, zu den von der Behörde bemängelten Punkten Stellung zu beziehen. Wichtig: Diese Frist kann nicht _____ (10) werden.

Phase 6: Als abschließende Bewertung spricht die Behörde nach Prüfung aller eingereichten
20 Unterlagen innerhalb weiterer 15 Tage eine Genehmigung oder eine Ablehnung des Antrags aus.

---

b Lesen Sie den Text und fassen Sie ihn mündlich zusammen.

c Ordnen Sie zu.

Eingangsbestätigung	Die Zustimmung oder Erlaubnis, etwas zu tun
Fristverlängerung	Die Erweiterung eines vorgegebenen Zeitraums
Genehmigung	Die schriftliche Zusage, dass etwas angekommen ist

d Haben Sie schon einmal einen Antrag gestellt, bei dem etwas genehmigt werden sollte? Berichten Sie.

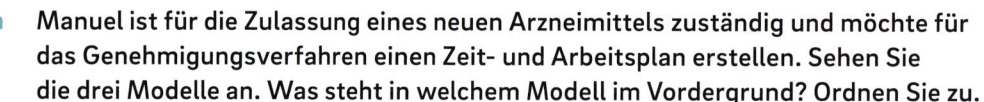

2 Einen Arbeitsplan erstellen und besprechen

a Manuel ist für die Zulassung eines neuen Arzneimittels zuständig und möchte für
das Genehmigungsverfahren einen Zeit- und Arbeitsplan erstellen. Sehen Sie
die drei Modelle an. Was steht in welchem Modell im Vordergrund? Ordnen Sie zu.

☐ Zeitliche Planung der Arbeitspakete   ☐ Aufgabenverteilung an die Personen
☐ Abfolge der Arbeitsschritte

1

León	
▪ Planung / Koordination der Arbeitsschritte	Sofort
▪ Zusammenstellung der Unterlagen (+ Bohr)	Bis 18. März
Bohr	
▪ Zusammenstellung der Unterlagen (+ León)	Bis 18. März
▪ Korrekturen nach formaler Prüfung	Bis 14. April
▪ Nachbesserung bei inhaltlichen Einwänden (+ Randar)	Bis 12. Juli
Randar	
▪ Nachbesserung bei inhaltlichen Einwänden (+ Bohr)	Bis 12. Juli
▪ Vorbereitung / Planung der Laborversuche	Bis Anfang August

2

Aufgabe	Person	Zeitraum
Planung und Koordination der Arbeitsschritte	León	2 Wochen
Zusammenstellung der nötigen Unterlagen	León, Bohr	Bis in 2 Wochen
Mögliche Korrekturen nach formaler Prüfung	Bohr	14 Tage
Nachbesserung bei inhaltlichen Einwänden	Bohr, Randar	90 Tage
Vorbereitung und Planung der Laborversuche	Randar	Bis Anfang August

3

Sofort	Bis 18. März	Bis 14. April	Bis 12. Juli	Bis Anfang August
Planung und Koordination der Arbeitsschritte (León)	Zusammenstellung der nötigen Unterlagen (León und Bohr)	Korrekturen nach formaler Prüfung (Bohr)	Nachbesserung bei inhaltlichen Einwänden (Bohr und Randar)	Vorbereitung und Planung der Laborversuche (Randar)

2 ◀) 27   b   Hören Sie das Gespräch zwischen Manuel und seinem Projektteam. An welchem der in 2a
dargestellten Planungsansätze orientiert er sich?

2 ◀) 27   c   Hören Sie die Teambesprechung erneut. Was wird zu den einzelnen Stichpunkten gesagt?
Machen Sie sich Notizen.

Projektbeginn   Erfahrung des Teams   Rückmeldung der Behörde   Rolle von Manuel

d   Welcher Ansatz aus Aufgabe 2a sagt Ihnen (nicht) zu? Warum (nicht)? Haben Sie selbst
schon einmal einen Zeit- und Arbeitsplan für ein Projekt erstellt? Berichten Sie.

**EXTRA
BERUF**

3 Einer E-Mail Informationen entnehmen

a Nachdem Manuels Projektteam alle Unterlagen eingereicht hat, erhält er eine E-Mail. Lesen Sie und ergänzen Sie die Sätze.

1 Die Behörde bemängelt, dass _____.
2 Die fehlenden Unterlagen _____.
3 Die Abgabefrist _____.

Sehr geehrter Herr León,

nach Überprüfung der formalen Vollständigkeit der von Ihnen eingereichten Unterlagen zur Freigabe einer ersten klinischen Studie für das Antidiabetikum *Natoformin* teilen wir Ihnen heute Folgendes mit:

5 Für die Auswertungen der Erprobungen an Zellkulturen sind laut Angaben vier Zwischen- und ein Abschlussbericht vorgesehen. Ihrem Antrag waren jedoch nur zwei Zwischenberichte beigefügt.

Des Weiteren sind nicht alle eingefügten Tabellen mit den Laborergebnissen ordnungsgemäß ausgefüllt, an einigen Stellen - siehe Kopien im Anhang - fehlen Zahlenwerte bzw. stimmen
10 die Überträge der Zahlen auf die folgenden Seiten nicht.

Aus diesen Gründen kann der Antrag derzeit nicht für die inhaltliche Prüfung freigegeben werden.

Bitte reichen Sie uns die fehlenden Unterlagen bis zum 10. April 20.. nach. Bei Angaben konkreter Gründe kann diese Frist auf Antrag auch verlängert werden.

15 Mit freundlichen Grüßen
Tatjana Borsten

EXTRA BERUF

b Manuel möchte sein Projektteam informieren. Schreiben Sie eine E-Mail und gehen Sie dabei auf folgende Punkte ein.

- Fassen Sie die Rückmeldung kurz zusammen.
- Drücken Sie Ihre Enttäuschung darüber aus, dass Unterlagen fehlten.
- Bitten Sie Frau Bohr und Herrn Randar, die fehlenden Unterlagen schnellstmöglich zu beschaffen.
- Schlagen Sie ein Koordinationstreffen für die weitere Planung vor.
- Bitten Sie um Rückmeldung.

Sehr geehrte Frau Bohr, sehr geehrter Herr Randar,

heute habe ich …
Wie aus dem Antwortschreiben unten … hervorgeht, …
… hätte ich nicht erwartet./… hat mich sehr überrascht.
… bitte ich Sie, sich umgehend darum zu kümmern, …
Geplant ist außerdem …

---

c Vergleichen Sie Ihre E-Mails im Kurs. Suchen Sie Formulierungen, die Sie auch in anderen E-Mails verwenden können. Erstellen Sie eine gemeinsame Liste für Ihren Kurs.

Kommunikation zwischen Vorgesetzten und Mitarbeitern
In den deutschsprachigen Ländern herrscht unter Kollegen auch im Schriftverkehr eine eher offene Kommunikationskultur, man kann Fehler konkret benennen oder Sachverhalte kritisieren. Auch wenn die Kritik von einer/m Vorgesetzten kommt, können die Mitarbeiter ihre möglichen Gegenargumente der/m Vorgesetzten gegenüber zur Sprache bringen. Wichtig ist jedoch ein höflicher und sachlicher Sprachstil, persönliche Anschuldigungen haben hier keinen Platz.

4 Sich im Team besprechen

a **Manuel trifft sich mit seinem Projektteam, um sich über den Stand der Dinge auszutauschen und die weitere Vorgehensweise zu besprechen. Arbeiten Sie zu dritt.**

Schritt 1: Lesen Sie den Text in 1a erneut und fassen Sie die Phasen 3 bis 6 des Zulassungsverfahrens mithilfe der Nomen-Verb-Verbindungen zusammen.

> Fristverlängerung beantragen ·
> fehlende Unterlagen beschaffen ·
> Unterlagen nachreichen ·
> zu Einwänden Stellung beziehen ·
> andere Abteilungen
> verständigen

> *Zuerst müssen wir die fehlenden Unterlagen beschaffen. Danach …*

Schritt 2: Wählen Sie einen der drei Zeit- und Arbeitspläne in 2a und übertragen Sie ihn auf ein separates Blatt. Lassen Sie dabei ausreichend Platz, um noch weitere Punkte zu ergänzen.

Schritt 3: Lesen Sie die Rollenbeschreibungen von Manuel León, Imke Bohr und Nilay Randar. Verteilen Sie anschließend die Rollen.

Manuel León: *Er trägt das erste Mal die Verantwortung für ein großes Projekt dieser Art. Weil er ein Perfektionist ist, ist er sehr nervös, wenn etwas nicht auf Anhieb klappt. Ihm ist es wichtig, die einzelnen Arbeitsschritte genau zu planen und in einem Zeit- und Arbeitsplan festzuhalten.*

Imke Bohr: *Sie ist die erfahrenste Mitarbeiterin im Projektteam. Was die Genehmigung angeht, sieht sie die Lage entspannt. Im Moment ist sie jedoch unruhig, weil sie plant, in einem Monat mehrere Wochen Urlaub zu nehmen und nicht weiß, ob sich das mit dem Projekt vereinbaren lässt.*

Nilay Randar: *Er arbeitet in vielen unterschiedlichen Projekten und verliert oft den Überblick. Zeitpläne findet er nicht so gut, da er Schwierigkeiten hat, Dinge auf lange Sicht zu planen. Was seine Arbeitspakete angeht, hat er sich letzte Woche mit dem Labor in Verbindung gesetzt und hofft, zeitnah eine genauere Auskunft zu erhalten.*

Schritt 4: Lesen Sie das Schreiben in 3a erneut. Anschließend macht sich jede/r individuelle Notizen, was er oder sie in die Besprechung einbringen möchte.

Schritt 5: Spielen Sie ein Gespräch, in dem Sie planen, wer welche Aufgabe bis wann erledigt. Halten Sie die Ergebnisse in einem Zeit- und Arbeitsplan fest.

> *Wann ist denn geplant, …?*
> *Bis wann können wir denn mit … rechnen?*
> *Wie sieht es mit … aus?*
> *Hat das Labor bis … zusammen / parat?*
> *Leider habe ich noch nicht alle …*
> *Das dürfte kein Problem sein, aber …*

> *Rollenspiele als Gesprächstraining*
> *Rollenspiele eignen sich besonders gut, um das freie Sprechen zu üben. Man schlüpft in die Rolle einer anderen Person, deren Ziele und Absichten man kennt. Gleichzeitig hat man genug Freiraum, um diese Person mit viel Kreativität zu verkörpern. Das Spielen einer anderen Rolle macht viel Spaß und man ist dabei oft freier und mutiger, als wenn man seine eigenen Ansichten zum Ausdruck bringen soll.*

b **Machen Sie einen Kursspaziergang: Sehen Sie sich die Zeit- und Arbeitspläne der anderen Teams an und lassen Sie sich erläutern, zu welchen Ergebnissen diese gekommen sind.**

c **Haben Sie während Ihrer Ausbildung / Berufstätigkeit einmal etwas im Team geplant und ausgeführt? Wie war diese Erfahrung für Sie? Tauschen Sie sich in Gruppen aus.**

> *Bei meiner Ausbildung zum … mussten wir einmal …*

EXTRA BERUF

ARBEITSBUCH

LEKTION 7 FINANZEN

1 Rätsel: Finanzen

Ergänzen Sie.

1 Frau Wong bekommt auf ihrem Sparbuch zurzeit kaum
   noch _Zinsen_ (NSIZEN).
2 Von ihrem Gehalt bleibt ihr kaum etwas übrig.
   Sie kann nichts _____ (PNERSA).
3 Die Firma konnte nicht überleben. Sie hatte zu wenige
   _____ (INEHNMAEN).
4 Dragos Auto kostet mehr, als er hat. Er nimmt
   dafür einen _____ (DTEKRI) auf.
5 Ich möchte auf keinen Fall _____ (DNESCHLU) machen. Lieber verzichte ich auf Luxus.
6 Die _____ (IEMTNE) für das Wohnen in Großstädten sind erschreckend hoch.

---

zur Einstiegsseite, KB 85, Aufgabe 2

2 Tipps zum Sparen

Ergänzen Sie die Überschriften auf einer Verbraucherseite und ordnen Sie die Tipps zu.

Auktionshaus • Tarif • Discounter • ~~Fabrik~~ • Sonderangebote • Sparplan

1 _Fabrik_ verkauf
2 Preiswert einkaufen beim
   _____
3 _____:
   Mit kleinen Raten zum großen Vermögen
4 Günstiger _____
   für Telefon und Internet
5 Verkauf überflüssiger Sachen bei einem
   Online-_____
6 Schlussverkauf und _____

A Verkauf doch deine alte Uhr im Internet!
B Informier dich doch über preiswerte
   Verträge bei Preisvergleichsportalen!
C Kauf doch Markenkleidung beim Outlet!
D Kauf Waschmittel doch in einem billigen
   Supermarkt!
E Überweise jeden Monat einen festen
   Betrag auf ein Konto!
F Kauf Kleidung am besten am Ende
   der Saison!

---

zu Lesen 1, KB 86, Aufgabe 1

3 *SirPlus*

Was passt? Ergänzen Sie in der richtigen Form.

schonen • landen • ablaufen • aussortieren • begeistern • ~~konfrontieren~~

1 Als Raphael Fellmer versuchte, ohne Geld zu leben, sah er sich oft mit dem Vorwurf
   konfrontiert , er würde als Schmarotzer leben.
2 Die Idee hinter der von Fellmer ins Leben gerufenen Supermarktkette *SirPlus* ist es,
   die Umwelt zu _____.
3 *SirPlus* holt Lebensmittel, deren Mindesthaltbarkeitsdatum bereits _____ ist,
   zurück in den Verkauf.
4 Auch andere Produkte, die von Supermärkten _____ wurden, kann man
   bei *SirPlus* kaufen.
5 Lebensmittel, die bei *SirPlus* verkauft werden, wären anderenfalls auf dem
   Müll _____.
6 Fellmer hofft, dass er mit seinen Ideen auch andere Menschen für einen ressourcenschonenden
   Umgang mit Lebensmitteln _____ kann.

|||| zu Lesen 1, KB 86, Aufgabe 1

4 Lebensmittel retten durch *Containern*

HÖREN

Hören Sie die Radiosendung. Lesen Sie
die folgenden Aussagen und markieren
Sie die richtige Lösung (a, b oder c).
Sie hören den Text zweimal.

4 🔊 1   Abschnitt 1

1 Das *Containern* …
- a gibt es nur in deutschsprachigen Ländern.
- b ist vor allem in urbanen Räumen verbreitet.
- c wird vor allen Dingen von jungen Frauen betrieben.

2 Es gibt ein Gesetz, das …
- a die Haltbarkeit von Lebensmitteln verlängert.
- b den Verkauf von gesundheitlich bedenklichen Lebensmitteln verbietet.
- c zum Wegwerfen abgelaufener Lebensmittel verpflichtet.

3 In anderen europäischen Ländern …
- a gibt es landesweite Spendensysteme, die aber kaum genutzt werden.
- b ist die Lebensmittelverschwendung unverhältnismäßig groß.
- c sind große Supermärkte verpflichtet, aussortierte Lebensmittel zu spenden.

4 🔊 2   Abschnitt 2

4 Rechtlich gesehen …
- a darf sich jeder an den Lebensmittelabfällen der Supermärkte bedienen.
- b handelt es sich beim *Containern* um Einbruchdiebstahl.
- c ist das *Containern* von Lebensmitteln unter Umständen eine Straftat.

5 Carola Hofer ist es beim *Containern* wichtig, …
- a keine anderen Menschen um sich herum zu haben.
- b nur Lebensmittel aus Bio-Supermärkten mitzunehmen.
- c Orte aufzusuchen, die öffentlich zugänglich sind.

6 Beim Öffnen der Müllcontainer …
- a hat sie das Schloss des Containers beschädigt.
- b musste sie sich Werkzeug zu Hilfe nehmen.
- c wurde sie von einem Polizisten entdeckt.

4 🔊 3   Abschnitt 3

7 Die gerichtliche Auseinandersetzung mit dem Thema …
- a beunruhigt die wenigsten Menschen, die *containern*.
- b ist für viele ein Grund, keine Protestaktionen mehr zu planen.
- c nimmt in den letzten Jahren stetig zu.

zu Lesen 1, KB 87, Aufgabe 2

5 Welt (fast) ohne Geld

a Bilden Sie Nomen aus den Verben und ergänzen Sie.

1 Sie bauen Kartoffeln an. *Der Anbau* von Kartoffeln …

2 Sie stellen Joghurt und Käse her.

_____ von Joghurt und Käse …

3 Sie ernten Obst und Gemüse.

_____ von Obst und Gemüse …

4 Man schmeckt die natürlichen Aromen.

_____ der natürlichen Aromen …

5 Sie putzen die Gemeinschaftsräume.

_____ der Gemeinschaftsräume …

6 Sie fahren mit Fahrrädern. _____ mit Fahrrädern …

7 Sie tauschen Musikunterricht gegen Haarschnitte.

_____ von Musikunterricht gegen Haarschnitte …

8 Sie kaufen bei *SirPlus* ein. _____ bei *SirPlus* …

b Ergänzen Sie aus a die Nomen mit Artikel in der Tabelle.

ohne Endung	Ge-	Endung -ung	Endung -e	Endung -t	Infinitiv als Nomen
der Anbau					

zu Lesen 1, KB 87, Aufgabe 2

6 Verbalstil – Nominalstil: Teil 1

GRAMMATIK ENTDECKEN

a Was ändert sich bei der Umformulierung? Ergänzen Sie und unterstreichen Sie dann.

	Verbalstil	Nominalstil
1	<u>Viele Menschen setzen sich</u> für ein Ende der Lebensmittelverschwendung <u>ein</u>. Das ist erfreulich.	<u>Der Einsatz</u> *vieler Menschen* für ein Ende der Lebensmittelverschwendung ist erfreulich.
2	Man sollte mit Lebensmitteln respektvoll umgehen. Das ist besonders wichtig.	Der _____ Umgang mit Lebensmitteln ist besonders wichtig.
3	Der Ansatz von *SirPlus*: Wir retten _____, bevor sie vernichtet werden.	Der Ansatz von *SirPlus*: Die Rettung von Lebensmitteln, bevor sie vernichtet werden.
4a	Man organisiert ein Treffen zum Thema „Foodsaving" in Berlin, das finden wir toll.	Die Organisation _____ zum Thema „Foodsaving" in Berlin finden wir toll.
4b	Ein Treffen zum Thema „Foodsaving" wird in Berlin organisiert. Das finden wir toll.	

b Ordnen Sie die Sätze aus a zu. Zwei Sätze können doppelt zugeordnet werden.

1 Vokalwechsel Verb → Nomen: Satz _1,_____

2 Adverb → dekliniertes Adjektiv: Satz _____

3 Subjekt → Genitivattribut: Satz _____

4 Akkusativergänzung → Genitivattribut: Satz _____

5 Nomen ohne Artikel → *von* + Dativ: Satz _____

zu Lesen 1, KB 87, Aufgabe 2

7 Lebensmittel-Outlet *SirPlus*

GRAMMATIK

Schreiben Sie die Sätze im Verbalstil im Aktiv und im Passiv. Achten Sie dabei auch auf die Zeit.

1 Die Gründung des ersten *SirPlus*-Marktes war ein gewisses Risiko für alle Beteiligten.
Man *gründete den ersten SirPlus-Markt. / Der erste SirPlus-Markt wurde gegründet.*
Das war ein gewisses Risiko für alle Beteiligten.

2 Das Treffen einer wichtigen Entscheidung ist oft mit einer Neuorientierung im Leben verbunden.
Man _____,
was oft mit einer Neuorientierung im Leben verbunden ist.

3 Die Finanzierung von neuen Projekten ist keine Selbstverständlichkeit.
_____.
Das ist keine Selbstverständlichkeit.

4 Das Angebot von finanzieller Unterstützung wird gern angenommen.
Man _____,
was gern angenommen wird.

5 Die professionelle Bewältigung der Probleme hat alle Mitarbeiter motiviert.
_____,
was alle Mitarbeiter motiviert hat.

zu Lesen 1, KB 87, Aufgabe 2

8 Teilen statt kaufen

GRAMMATIK

Schreiben Sie die Sätze im Nominalstil.

1 Die neue *SirPlus*-Filiale eröffnete vor zwei Monaten. Das wurde sehr begrüßt.
Die Eröffnung der neuen SirPlus-Filiale vor zwei Monaten wurde sehr begrüßt.

2 Viele Leute denken um, was erfreulich ist.
_____ *ist erfreulich.*

3 Man lädt fremde Menschen zum Abendessen ein. Das kann zu interessanten neuen Bekanntschaften führen.
_____ *zum Abendessen kann zu interessanten neuen Bekanntschaften führen.*

4 Man gibt die Lebensmittel bei einer zentralen Sammelstelle ab, was praktisch ist.
_____ *bei einer zentralen Sammelstelle ist praktisch.*

5 Man tauscht gebrauchte Kleidung. Das ist ein Beispiel für nachhaltigen Konsum.
_____ *ist ein Beispiel für nachhaltigen Konsum.*

6 Poster und Plakate werden für die Demonstration gemalt. Das macht Spaß.
_____ *für die Demonstration macht Spaß.*

7 Die Preise für Nahrungsmittel steigen stark an. Das ist problematisch.
_____ *für Nahrungsmittel ist problematisch.*

8 Die Ressourcen sind ungerecht verteilt. Das wird von vielen kritisiert.
_____ *wird von vielen kritisiert.*

zu Sehen und Hören, KB 88, Aufgabe 2

9 Der Lebenslauf eines Rappers

LESEN

Lesen Sie die Reportage über den Rapper Challa. Markieren Sie bei den Aufgaben 1–11 das Wort (a, b, c oder d), das in den Satz passt. Es gibt jeweils nur eine richtige Antwort.

Der Kreuzberger Rapper Challa ist ein Beispiel für gelungene Integration, **(1)** es sie nicht nur in Berlin, sondern auch andernorts gibt. Er unterrichtet Rap und Breakdance – und holt dabei Kinder von der
5 Straße. Doch das war nicht immer so.
Caglar Budakli, genannt „Challa", wurde 1982 in Kreuzberg geboren. Seine Eltern kamen in den 50er-Jahren als Gastarbeiter nach Berlin. 2004 kam Challa **(2)** schwerer Körperverletzung ins
10 Gefängnis. Heute lebt er mit seiner Freundin in Kreuzberg.
Im Gefängnis begann Challa, über sein Leben und die Probleme von Kindern **(3)** Einwandererfamilien zu rappen. Seine Songs veröffentlicht Challa
15 inzwischen auch auf YouTube. Im November tritt er in New York auf. In einem Interview mit der Berliner Zeitung „taz" erzählt Challa von sich: „Ich wäre gern Anwalt geworden. Aber ich hatte nie **(4)**, die fest im Leben standen und etwas aus sich
20 gemacht haben. Mein Vater übte eine Tätigkeit als Gabelstaplerfahrer aus. Ich wollte mehr erreichen. Er hat mit dieser Arbeit zwar gutes Geld **(5)**, aber er sprach kaum Deutsch und konnte mir in der Schule nicht helfen. Wir hatten ständig Probleme.
25 Im Knast habe ich angefangen, Lieder zu **(6)**. Die Texte hatte ich eigentlich schon lange im Kopf. Aber aufgeschrieben habe ich sie erst in der Zelle. Da gab es keine Beats, also habe ich das Radio laufen lassen und aufgedreht, wenn mal kein Sprecher geredet
30 hat, bei Werbejingles beispielsweise. Dann habe ich versucht, Reime hinzukriegen, **(7)** auf diese Beats passen. Dabei habe ich mein Leben erzählt.
Mein Rap ist sozialkritisch, ich greife die Politik an, weil die keine **(8)**arbeit leistet. Ich erzähle mein
35 Leben und arbeite die Vergangenheit auf. Das ist eigentlich das Ziel von Rap.
Seit vier Jahren zeige ich den Kids, wie man authentisch rappt: Ich unterrichte Rap und Breakdance in einem Jugendzentrum, sogar meine
40 Eltern sind stolz auf mich. Zu meinen alten Freunden habe ich den Kontakt abgebrochen. **(9)** habe ich fast ein Jahr für die Polizei gearbeitet – die hatten mich gefragt, ob ich der Polizei helfen will, Jugendliche auf den richtigen Weg zu **(10)**. Ich habe
45 dann in deren Auftrag in Schulen über meine Vergangenheit erzählt.
Ich will eine Familie gründen und unabhängig leben. Ich will kein Heiliger werden, aber mit meiner **(11)** im Reinen sein."

1
a als
☒ wie
c warum
d wieso

2
a da
b deshalb
c weil
d wegen

3
a mit
b trotz
c aus
d zu

4
a Ausbilder
b Bilder
c Vorbilder
d Ideen

5
a gegeben
b eingebracht
c investiert
d verdient

6
a entsorgen
b zitieren
c rappen
d ermitteln

7
a mit denen
b für die
c die
d welchen

8
a Aggressions
b Interpretations
c Präventions
d Prognose

9
a Aufgrund
b Mangels
c Stattdessen
d Zumal

10
a bringen
b einbringen
c gehen
d geraten

11
a Gegenwart
b Vergangenheit
c Zeit
d Zukunft

zu Sehen und Hören, KB 88, Aufgabe 2

10 Rap gegen Geldsorgen

WORTSCHATZ

Lesen Sie den Rap-Text. Erklären Sie die Bedeutung der Abschnitte.
Verwenden Sie andere Wörter als im Original.

WACH AUF!

1 Kann es sein, dass du dich das letzte Mal gefragt hast, warum
du in deinem Leben noch nie richtig was gespart hast?

2 Du weißt, die Werbung verspricht dir ein schöneres Leben.
Doch beachtet man die Kosten nicht, gibt es größere Schäden.

3 Erst nur klein gedruckt doch vor Gericht dann ganz groß.

4 Hast einen Haufen Schulden am Hals, dann geht der Spaß los.
Jede Woche ist der Briefkasten randvoll: Rechnungen und
Mahnungen und Ratenzahlungen, na toll!

5 Nur weil du schnell nur diese eine Unterschrift gemacht hast und
weil du nicht vorher über die Kosten nachgedacht hast.

1 Der Rapper weist darauf hin, wie wichtig es ist, etwas Geld zurückzulegen.

2 ...

zu Sehen und Hören, KB 89, Aufgabe 4

11 Verbalstil – Nominalstil: Teil 2

GRAMMATIK ENTDECKEN

a   Markieren Sie die Unterschiede.

	Verbalstil	Nominalstil
Verb + Präposition → Nomen + Präposition	1 Junge Leute suchen nach Ferienjobs.	Die Suche junger Leute nach Ferienjobs ...
Personalpronomen → Possessivartikel	2 Er arbeitet am Wochenende im Schwimmbad.	Seine Arbeit am Wochenende im Schwimmbad ...
Verursachende Person/Sache → *durch* + Akkusativ	3 Manche Eltern bessern das Taschengeld auf.	Die Aufbesserung des Taschengeldes durch manche Eltern ...
Verb + Dativ → Nomen + Präposition	4 Die Schuldenberatung hilft dem Jugendlichen.	Die Hilfe der Schuldenberatung für den Jugendlichen ...

b   Besondere Formen. Ergänzen Sie *geringe*, ~~*große*~~, *ständigen* und *häufige*.

1 Viele Jugendliche freuen sich <u>sehr</u> über die Erhöhung ihres Taschengeldes, das ist verständlich.
Die *große* Freude vieler Jugendlicher über die Erhöhung ihres Taschengeldes ist verständlich.

2 Meine Großeltern haben sich immer über die zu hohen Ausgaben meiner Eltern beklagt, das hat
meine Mutter genervt.
Die _____ Klagen meiner Großeltern über die zu hohen Ausgaben meiner Eltern
haben meine Mutter genervt.

3 Mara nutzt oft Bargeld, dadurch fühlt sie sich unabhängig.
Durch den _____ Gebrauch von Bargeld fühlt sich Mara unabhängig.

4 Sie leben sparsam und geben nur wenig aus.
Sie leben sparsam und haben nur _____ Ausgaben.

c   Welche Adverbien in b entsprechen den Adjektiven? Unterstreichen Sie.

d   Ergänzen Sie.

gesprochenen · Dokumenten · ~~Wissenschaftssprache~~ · lebendiger · abstrakt

Der Nominalstil wird häufig in der Fachsprache, in der _Wissenschaftssprache_ (1) und in
amtlichen _____ (2) gebraucht, er wirkt _____ (3).
Der Verbalstil wird in Texten gebraucht, die näher an der _____ (4) Sprache
sind, und beim Sprechen selbst. Er wirkt _____ (5).

zu Sehen und Hören, KB 89, Aufgabe 4

12 Junge Leute und ihre Finanzen   GRAMMATIK

a   **Schreiben Sie die Sätze im Verbalstil.**

1 Die immer häufigere Verschuldung von jungen Menschen
wird langsam zum Problem.
Es wird langsam zum Problem, dass sich junge
Menschen immer öfter verschulden.

2 Die zahlreiche Teilnahme junger Leute an Infoveranstal-
tungen ist eigentlich erfreulich.
Es ist eigentlich erfreulich, dass

3 Die große Freude über ihr erstes Gehalt ist verständlich.
Es ist verständlich, dass

4 Ihr Verhalten beim Einkaufen im Internet wird von Online-Firmen genau analysiert.
Von Online-Firmen wird genau analysiert, wie

5 Die Aufnahme von Online-Krediten durch junge Erwachsene ist oft problematisch.
Es ist oft problematisch, wenn

b   **Schreiben Sie die Sätze im Nominalstil.**

1 Es war ein Thema in den Medien, dass sich fast 4 Millionen
junge Leute im letzten Jahr hoch verschuldeten.
Die hohe Verschuldung von fast 4 Millionen jungen
Leuten im letzten Jahr war ein Thema in den Medien.

2 Sie schließen den ersten Vertrag selbstständig ab,
das ist eigentlich positiv.
ist eigentlich positiv.

3 Sie schätzen die eigene finanzielle Situation unrealistisch ein. Das ist immer wieder ein Problem.
ist immer wieder ein Problem.

4 Sie schaffen sich oft teure Handys an, was zu Schulden führen kann.
kann zu Schulden führen.

5 Es ist nicht ungewöhnlich, dass viele Jugendliche älteren Freunden sehr vertrauen.
ist nicht ungewöhnlich.

zu Lesen 2, KB 90, Aufgabe 1

13 Die Zukunft des Bargelds

HÖREN

4 ◀)) 4   **Hören Sie das Gespräch zwischen zwei Studierenden. Schreiben Sie beim Hören die Antworten auf die Fragen 1 bis 6. Hören Sie das Gespräch einmal.**

1 Wonach fragt Abuzar seine Bekannte? _____

2 Welche Nachteile hat Bargeld laut Kerstin? _____
   Sie müssen einen Punkt nennen.

3 Wozu benutzt Kerstin Bargeld? _____
   Sie müssen einen Punkt nennen.

4 Wofür zahlt man Gebühren? _____

5 Was macht Kerstin, wenn sie keine Bankkarte dabei hat? _____

6 Unter welcher Voraussetzung würde Kerstin auf Bargeld verzichten? _____
   Sie müssen eine Voraussetzung nennen.

zu Lesen 2, KB 90, Aufgabe 1

14 Das Budget im Griff haben

KOMMUNIKATION

Ergänzen Sie.

> ☑ wie viel Geld einem monatlich zur Verfügung steht • ☐ einen Dauerauftrag einzurichten • ☐ welche Einnahmen und Ausgaben man hat • ☐ wenn man für das Begleichen der entstehenden Kosten auf finanzielle Rücklagen zurückgreifen kann • ☐ Ist der Zahlungszeitraum jedoch überschritten • ☐ für Notfälle immer etwas Geld auf der Seite zu haben • ☐ die ihre Geschäfte bar abwickeln

1 Um zu vermeiden, dass man mehr Geld ausgibt, als man einnimmt, ist es entscheidend, ein Bewusstsein dafür zu entwickeln, _(1)_ . Eine Möglichkeit, seine Finanzen im Blick zu behalten, ist das Führen eines detaillierten Haushaltsbuchs. Darin werden alle Zahlungsaktivitäten festgehalten, also _(2)_ .

2 Manche Menschen neigen dazu, Rechnungen – sei es aus Bequemlichkeit oder aus Angst – gar nicht erst zu öffnen. _(3)_ , werden schnell Mahngebühren fällig. Für monatliche Zahlungen wie Miete oder Versicherungen ist es deshalb nicht unüblich, _(4)_ .

3 Befürworter des Bargeldes behaupten, dass diejenigen einen besseren Bezug zum ausgegebenen Geld haben, _(5)_ . Barzahlungen werden bewusster wahrgenommen als bargeldlose Zahlungen, die mit der Geldkarte oder via Überweisung erfolgen.

4 Geht im Haushalt ein teures Gerät kaputt, wie beispielsweise ein Computer oder ein Küchengerät, oder ist eine Reparatur am Auto nötig, hilft es, _(6)_ . Insbesondere bei Single-Haushalten bietet es sich deshalb an, _(7)_ .

zu Lesen 2, KB 91, Aufgabe 2

15 Ein Brief an die Oma

Ergänzen Sie *weil, denn, deswegen, ~~wegen~~, dank, vor* oder *aus*.

Liebe Oma,

wie geht es Dir? Hoffentlich gut! Bei unserem letzten Treffen
habe ich Dir ja __wegen__ (1) der Schließung Deiner Bankfiliale
gezeigt, wie man von seinem Bankkonto aus Online-Überweisungen
5 machen kann. Das kannst Du jetzt sicher auch alleine, da bin
ich mir sicher! Und Du hast mir finanziell geholfen,
_____ (2) ich nach der Scheidung von Jano große
Geldprobleme hatte. _____ (3) Deiner Großzügigkeit
konnte ich meine Schulden zurückzahlen und den Kindern neue
10 Schuhe kaufen. Das war wichtig, _____ (4) die alten
Schuhe hatten schon Löcher und es ist ja Winter.
Inzwischen habe ich einen neuen Job, bei dem ich ganz gut verdiene, allerdings ist er auch
sehr anstrengend. Manchmal schlafe ich _____ (5) Erschöpfung an meinem
Schreibtisch fast ein. Kinder und Job – das ist dann doch ziemlich viel. Aber ich bin
15 zufrieden und würde Dich (nicht nur) _____ (6) Dankbarkeit für Deine
damalige Unterstützung sehr gern zu uns einladen. Während der Woche arbeite ich und
die Kinder sind in der Schule, _____ (7) wäre es an einem Wochenende am
besten. Würde es Dir nächsten Sonntag passen?

Viele liebe Grüße und hoffentlich bis bald
20 Deine Lejla

zu Lesen 2, KB 91, Aufgabe 2

16 Satzstrukturen: Kausale Zusammenhänge

GRAMMATIK ENTDECKEN

a Markieren Sie die kausalen Nebensatzkonnektoren blau, die Hauptsatzkonnektoren rot
und die Präpositionen mit Genitiv grün.

1 Mangels Nachfrage nach seiner Erfindung konnte der Erfinder Daniel D. sein neues Projekt
nicht finanzieren.
2 Aufgrund seiner schwierigen Finanzlage war Daniel erst einmal ratlos.
3 Er wollte zur Bezahlung der offenen Rechnungen keinen Kredit aufnehmen, die Rückzahlung
wäre nämlich sehr unsicher gewesen.
4 Wegen dieser Probleme hat sich Daniel an einen alten Geschäftspartner gewandt.
5 Der Geschäftspartner hat ihm geholfen. Aus diesem Grund blickt Daniel zuversichtlich in
die Zukunft.
6 Daniel kommt finanziell langsam wieder auf die Beine, zumal ein guter Freund Geld in sein
neues Projekt investiert hat.
7 Das alles hat Daniels Erfindergeist wieder geweckt. Aus diesem Grund arbeitet er mit viel Energie
an der neuen Idee.

b Ergänzen Sie *aus diesem Grund, zumal* und *nämlich.*

1 Dieser Nebensatzkonnektor benennt einen weiteren, meist besonders wichtigen Grund: _____
2 Dieser Hauptsatzkonnektor steht hinter dem Verb an Position 3 oder 4: _____
3 Es handelt sich um einen mehrteiligen Hauptsatzkonnektor: _____

zu Lesen 2, KB 91, Aufgabe 2

17 Ein besonderes Startup

GRAMMATIK

a Was ist richtig? Markieren Sie.

Lieber Donald,

wie geht es Dir? Ich hoffe gut. Bei mir läuft es inzwischen wieder ganz
ok, ☒ *zumal* ☐ *daher* (1) ich wieder an einer neuen Erfindung
arbeite. Ich hatte doch ☐ *dank* ☐ *mangels* (2) Geld einige Probleme
5 und wusste nicht, wie es weitergehen sollte. ☐ *Aus diesem Grund*
☐ *Denn* (3) habe ich mich an Dagobert gewendet, ich wollte ihn
☐ *nämlich* ☐ *zumal* (4) um Hilfe bitten. Das hat er ☐ *aufgrund*
☐ *mangels* (5) seines Geizes natürlich sofort abgelehnt, er hat sogar
behauptet, er müsse seine Neffen unterstützen und bräuchte deshalb
10 eigentlich selbst Unterstützung. Das stimmt natürlich nicht, ich weiß
☐ *denn* ☐ *nämlich* (6), dass er euch keinen Cent gibt.
☐ *Mangels* ☐ *Aufgrund* (7) dieser Lage musste ich mir also etwas
Neues einfallen lassen … und ☐ *dank* ☐ *mangels* (8) meiner Ideen
und meines Optimismus' ist mir auch etwas eingefallen: Ich habe
15 Gustav gefragt, ob er nicht eine sichere Geldanlage sucht und etwas
von seinem Geld in meine neueste Erfindung (streng geheim!)
investieren will, er hat ☐ *aufgrund* ☐ *nämlich* (9) vor Kurzem
im Lotto gewonnen. Und er will! Nächsten Samstag besucht er mich.
☐ *Zumal* ☐ *Aus diesem Grund* (10) wollte ich Dich fragen, ob Du
20 mit Daisy auch kommen möchtest? Ich würde mich sehr freuen!

Viele Grüße
Dein Daniel

b Schreiben Sie je einen Satz mit den Wörtern in Klammern.

1 Manche Leute gründen ein Start-up, weil sie eine innovative Idee haben. (aufgrund, nämlich)

Aufgrund einer innovativen Idee gründen manche Leute ein Start-up.
Manche Leute gründen ein Start-up, sie haben nämlich eine innovative Idee.

2 Einige Start-ups haben Erfolg, weil ein Investor sie unterstützt. (aus diesem Grund, wegen)

3 Weil sie gute Erfahrungen gemacht haben, finanzieren manche Kapitalgeber junge Firmen.
(angesichts, deshalb)

4 Manche Start-ups scheitern, weil es keine Nachfrage nach ihren Produkten gibt.
(mangels, deswegen)

zu Wortschatz, KB 92, Aufgabe 2

18 Wortbildung: Adjektive

GRAMMATIK ENTDECKEN

a Schreiben Sie die Ausdrücke im Verbalstil.

1 der **häufige** Streit von Sara und Tarek

Sara und Tarek streiten sich häufig/oft.

2 seine heutige Entscheidung

3 ihre sofortige Kündigung

4 Ahmeds jetzige Schwierigkeiten

5 das morgige Treffen der Manager

6 Chéns baldige Heirat

7 Lings ständige Beschwerden

8 Termin nur nach vorheriger Anmeldung

b Markieren Sie die Adverbien und die Adjektive in a.

c Bilden Sie Adjektive auf *-ig*. Das *-s* des Adverbs fällt dabei weg.

1 damals – *damalig*
2 abseits – _____
3 rückwärts – _____

4 ehemals – _____
5 mehrmals – _____

zu Wortschatz, KB 92, Aufgabe 2

19 Kurznachrichten aus der Wirtschaft

GRAMMATIK

Was ist richtig? Markieren Sie.

1 Gestern legten die fünf von der *jetzigen/jetzt/jetzig* (1) Bundesregierung beauftragten sogenannten Wirtschaftsweisen in einer Pressekonferenz ihre Prognose für das kommende Jahr vor. Die Aussichten sind gut. Experten rechnen mit einer *bald/baldig/baldigen* (2) Erholung auf dem Arbeitsmarkt.

2 Für die *morgen/morgige/morgiges* (3) Eröffnung der Hannover Messe rechnen die Veranstalter wieder mit einem Besucherrekord. Zum Auftakt der weltgrößten Industrieschau verkündeten die *hier/hiesigen/hiesige* (4) Verbände für das laufende Jahr Wachstumsziele von rund zwei Prozent.

3 Der Bundesverband der Deutschen Industrie (BDI) hat seine Konjunkturprognose deutlich angehoben und rechnet im laufenden Jahr nun mit einem *stets/stetigen/stetig* (5) Wirtschaftswachstum. Dies teilte der Pressesprecher auf der *heutig/heutige/heutigen* (6) Sitzung mit.

zu Sprechen, KB 93, Aufgabe 2

20 Geld und Moral

KOMMUNIKATION

Lesen Sie die schriftliche Wiedergabe einer Gesprächsrunde. Markieren Sie die passenden Redemittel.

Journalist: In unserer Reihe „Moral im Alltag" geht es um den Fall einer Leserin aus Recklinghausen. Die junge Mutter ist regelmäßig mit ihren Zwillingen unterwegs. Sie schreibt: „Wenn ich in den Park will, muss ich durch eine Fußgängerunterführung. Dort steht meistens ein bedürftiger Mann, der anstelle zu betteln eine Obdachlosenzeitung verkauft. Er hilft mir mit dem Kinderwagen. Muss ich dem Mann dafür eine Ausgabe seiner Zeitung abkaufen?"

Frau Aldemir: Darf ich [a] *das bitte zu Ende führen?* [b] *dazu etwas sagen?* (1)

Journalist: Ich bitte darum.

Frau Aldemir: Ich würde sagen: „Ja." Und zwar sollte sie ihm deshalb eine Zeitung abkaufen, weil er Geld braucht. Ich verstehe diese Situation als Tauschgeschäft. Die Frau bekommt eine Dienstleistung, die sie in dem Moment in Anspruch nimmt. Dafür bezahlt sie mit Geld.

Herr Kasem: [a] *Dazu würde ich auch gern etwas sagen.* [b] *Würden Sie mich bitte ausreden lassen?* (2) Selbst wenn das Tauschgeschäft, von dem Sie sprechen, auf den ersten Blick wie eine gute Sache erscheint, ist mir nicht ganz wohl dabei.

Frau Aldemir: [a] *Einen Moment bitte, ich bin gleich fertig.* [b] *Würden Sie mich bitte ausreden lassen?* (3)

Herr Kasem: Natürlich.

Frau Aldemir: Der Zeitungsverkäufer hilft, indem er der Frau den Kinderwagen die Treppen hoch trägt. Deshalb sollte die junge Mutter diesem Menschen, der finanzielle Unterstützung benötigt, unbedingt helfen. Sie muss ihm nicht unbedingt eine Zeitung abkaufen, sie kann ihm auch einfach so etwas Geld geben.

Herr Kasem: Darf ich [a] *da kurz einhaken?* [b] *das bitte zu Ende führen!* (4)

Frau Aldemir: Ja.

Herr Kasem: Sie sehen es offenbar als normal an, dass eine Hilfe eine Gegenleistung notwendig macht. „Wie du mir, so ich dir", heißt ja auch das Sprichwort. Ich denke allerdings: In unserer westlichen Kultur ist diese Vorstellung bei Erwachsenen nicht mehr so verbreitet. Es ist nicht positiv, wenn man Hilfe mit der Forderung nach Gegenleistung verknüpft. Denken Sie das einmal zu Ende. Der Obdachlose würde sich selber schaden. Denn normalerweise erhält er Geld ohne Gegenleistung.

Frau Aldemir: Da haben Sie natürlich recht.

Journalist: Danke für das erhellende Gespräch. Und bis zur nächsten Ausgabe unserer Reihe „Moral im Alltag".

zu Sprechen, KB 93, Aufgabe 2

21 Armut und Reichtum

WORTSCHATZ

Bilden Sie aus den Verben Nomen und ergänzen Sie in der richtigen Form.

protestieren • finanzieren • insolvent sein • ~~analysieren~~ • digitalisieren • konzentrieren • sich engagieren • definieren • investieren • prognostizieren

1 Es gibt verschiedene _____ von Armut, z. B. die absolute, die relative und die gefühlte Armut.

2 Durch die umfassende _____ der industriellen Produktion (Industrie 4.0) werden viele Arbeitnehmer ihre bisherigen Arbeitsplätze verlieren.

3 Für die _____ eines eigenen Autos nehmen viele Leute einen Kredit auf.

4 Es werden immer neue _Analysen_ über die wirklichen Gründe
für Armut veröffentlicht.

5 Von den _____ gegen die neuesten Sparmaßnahmen
der Regierung wurde in den Medien berichtet.

6 Das soziale _____ einiger Milliardäre ändert
nichts an dem grundsätzlichen Problem der Armut.

7 Die Wirtschaftsforscher lagen alle falsch: Ihre _____
für Wachstum sind nicht eingetreten, stattdessen gab es eine Krise.

8 Immer mehr Firmen mussten _____ anmelden, denn
sie konnten ihren Zahlungsverpflichtungen nicht mehr nachkommen.

9 Die _____ in dieses Start-up war für den
Kapitalgeber ein großer Erfolg.

10 Die _____ von großem Reichtum in den
Händen weniger ist oft Anlass für Kritik an dieser Wirtschaftsweise.

zu Hören, KB 94, Aufgabe 2

22 Zahlungsverkehr

WORTSCHATZ

Ordnen Sie die Begriffe den Bedeutungen zu.

die IBAN • das Bargeld • der Code • die Lastschrift • der Transfer • ~~die Währung~~ • die Ziffern

1 _____ 1, 2, 3, 4, 5, 6, 7, 8, 9, 0

2 _____ Geld in Form von Banknoten und Münzen

3 _____ Übertragung von Geldwerten in fremder Währung von einem Land
in ein anderes

4 _____ internationale und standardisierte Bankkontonummer,
z. B. DE 50 1234 1234 1234 0000 00

5 _____ z. B. DE für Deutschland, kurze Kennzeichnung

6 _die Währung_ z. B. Euro, Franken, Dollar

7 _____ z. B. für regelmäßige Zahlungen wie Handygebühren; eine Person oder
Firma erhält schriftlich das Recht, Geld vom Konto abzubuchen.

zu Hören, KB 94, Aufgabe 2

23 Wie ich bezahle

SCHREIBEN

**Schreiben Sie in einer E-Mail (circa 100 Wörter) an Ihre Freundin Anna, in welcher Form
Sie Ihre Wohnung und sonstige Ausgaben bezahlen.**

Fahrrad • im Supermarkt • Miete •
Mitgliedschaft im Fitnesscenter •
Telefon/Mobilfunk • Strom/Gas/Heizung • …

per Ratenzahlung • per Dauerauftrag •
durch Überweisung vom Konto • bar •
per Handy • per Lastschrift • …

Liebe Anna,

danke für Deine Nachricht gestern, über die ich mich sehr gefreut habe.
Mein Volontariat hier in Stuttgart hat gut angefangen und ich habe auch meine Finanzen
neu geordnet. Vorige Woche habe ich hier ein Konto eröffnet.
Dazu bekam ich eine EC-Karte. Seitdem hat sich auch in meinem Alltag einiges geändert.
Im Supermarkt bezahle ich nicht mehr bar, sondern …
Meine Miete wird am Monatsanfang per …

…

zu Schreiben, KB 95, Aufgabe 2

24 Liechtenstein im Vergleich

KOMMUNIKATION

Vergleichen Sie die Wirtschaft des Fürstentums Liechtenstein mit der Wirtschaft in der Schweiz oder der in Ihrem Heimatland. Verwenden Sie die Redemittel aus dem Kursbuch (KB 95).

Das Fürstentum Liechtenstein ist mit circa 37 000 Einwohnern relativ klein. Die Wirtschaft ist vorwiegend auf Industrie und Dienstleistung konzentriert. Landwirtschaft spielt in dem gebirgigen Land kaum eine Rolle. Über die Hälfte aller Beschäftigten verdient ihren Lebensunterhalt
5 im Dienstleistungssektor, das heißt in der öffentlichen Verwaltung, im Unterrichts- und Gesundheitswesen. Dazu zählt auch der Finanzsektor, für den Liechtenstein bekannt ist. Über 40 Prozent der beschäftigten Personen sind in der Industrie und im Gewerbe tätig. Damit ist dieser Anteil im Vergleich zu den deutschsprachigen Nachbarländern Schweiz,
10 Deutschland und Österreich mit jeweils nur circa 25 Prozent deutlich höher. Die Industrie in Liechtenstein ist aufgrund der begrenzten Absatzmöglichkeiten im Inland exportorientiert. Die meisten Betriebe müssen ihre Produkte im Ausland verkaufen. Über 50 Prozent der Beschäftigten sind nicht in Liechtenstein wohnhaft, d. h. sie stammen aus dem Ausland. Die meisten pendelnden Arbeitskräfte kommen aus der Schweiz und Österreich.

Bevölkerung: _Im Vergleich zu_ (1) den drei deutschsprachigen Nachbarländern hat Liechtenstein viel weniger Einwohner.

Arbeitskräfte: _____ (2) es in Liechtenstein nur wenige Einwohner und nicht ausreichend viele Arbeitskräfte gibt, sind in den europäischen Nachbarländern teilweise relativ viele arbeitslos. Die Anzahl der Menschen, die nach Liechtenstein zur Arbeit pendeln, _____ _____ (3) den höchsten in ganz Europa.

Landwirtschaft: Die Bedeutung der Landwirtschaft Liechtensteins ist wegen der geografischen Lage nicht _____ (4) mit der in den anderen europäischen Ländern.

Dienstleistungen: Dafür ist der Dienstleistungssektor im _____ (5) den Nachbarländern sehr groß.

Industrie: Überraschenderweise sind in Liechtenstein _____ Menschen in der Industrie beschäftigt _____ (6) in den anderen deutschsprachigen Nachbarländern.

25 Geld sparen

MEIN DOSSIER

Welche Tricks kennen Sie, im Alltag Geld zu sparen? Welche davon wenden Sie selbst an? Wovon haben Sie lediglich gehört, ohne es selbst auszuprobieren? Notieren Sie und berichten Sie.

Sparen im Alltag
- Fortbewegung: zu Fuß, Fahrrad, Fahrgemeinschaften, ...
- Lebensmittel: Sonderangebote, Großpackungen, regionale / saisonale Produkte, ...
- Wohnen: Wohngemeinschaft, ...

EINSTIEGSSEITE, KB 85

das Konsumverhalten (Sg.)

unvorhergesehen

LESEN 1, KB 86–87

das Franchising (Sg.)
die Infrastruktur, -en
der Lebenswandel (Sg.)
das Medieninteresse (Sg.)
der Mitmensch, -en
der Schmarotzer, –
die Utopie, -n

ablaufen, lief ab, ist abgelaufen
aussortieren
begeistern
konsumieren
landen
retten

etwas im Alleingang machen
sich etwas bewusst machen
jemanden mit etwas
    konfrontieren
von etwas schwärmen

radikal
ressourcenschonend
schimmelig
tatkräftig
ungenießbar

auf Kosten anderer
in Eigeninitiative

SEHEN UND HÖREN, KB 88–89

der Bezirk, -e
die Mahnung, -en
die Prävention, -en
die Ratenzahlung, -en
die Schuldenfalle, -n
der Schuldner, –
    die Schuldnerberatung, -en
die Wohlfahrt (meist Sg.)

es geht um

LESEN 2, KB 90–91

die Akzeptanz, -en
das Bargeld (Sg.)
die Korruption, -en
die Schwarzarbeit, -en
die Tageszeit, -en
die Transparenz, -en
das Zahlungsmittel, –
das Zeitalter, –

abschaffen
akzeptieren
lahmlegen
übermitteln

auf etwas angewiesen sein
eine Zahlung abwickeln
eine Zahlung tätigen

lukrativ
unattraktiv
unbeobachtet
virtuell

aufgrund (+ Gen.)
mangels (+ Gen.)

zumal

WORTSCHATZ, KB 92

der Boom (Sg.)
die Konjunktur, -en
der Landwirt, -e
der Mindestlohn, ̈e
die Prognose, -n
die Quote, -n
das Wachstum (Sg.)

prognostizieren

baldig
gestrig
jetzig

SPRECHEN, KB 93

die Macht, ̈e
    das Machtverhältnis, -se
der Reichtum, ̈er

einhaken
jemanden unterbrechen,
    unterbrach, hat unterbrochen
jemanden ausreden lassen, ließ
    ausreden, hat ausreden lassen

Macht ausüben
eine Diskussion befeuern

geizig
wohltätig

HÖREN, KB 94

die Bankleitzahl, -en
das Bargeld (Sg.)
die Behörde, -n
der Code, -s
der Dauerauftrag, ̈e
der Geldtransfer, -s
die Lastschrift, -en
der Transfer, -s
die Währung, -en
der Zahlungsverkehr (Sg.)
die Ziffer, -n

etwas auswendig lernen
etwas vereinfachen

kostengünstig

SCHREIBEN, KB 95

das Budget, -s
    das Haushaltsbudget, -s
der Kanton, -e
das Niveau, -s
    das Preisniveau, -s

liegen bei, lag, hat/ist gelegen

schätzungsweise

1 Wortschatz

Was passt? Ordnen Sie zu.

☐ das Budget • ☐ die Konjunktur • ☐ das Wachstum • ☐ die Prognose •
☐ der Schuldner • ☐ das Bargeld • ☐ die Lastschrift • ☐ die Währung

1 Das Geld eines Landes
2 Jemand, der einen Kredit aufnimmt
3 Geld, das man anfassen kann
4 Bezahlung, die automatisch eingezogen wird
5 Die aktuelle wirtschaftliche Entwicklung in einem Land
6 Produktion und Dienstleistungen in einer Volkswirtschaft nehmen zu
7 Vorhersage über die Entwicklung einer Volkswirtschaft
8 Das Geld, das einem für einen bestimmten Zweck zur Verfügung steht

Je 1 Punkt   Ich habe _____ von 8 möglichen Punkten erreicht.

2 Grammatik

a In der Schule. Schreiben Sie die Sätze im Nominalstil.

1 Man interpretiert oft Gedichte, was nicht auf das praktische Leben vorbereitet.
_____ *bereitet nicht auf das praktische Leben vor.*

2 Junge Erwachsene eröffnen ein Konto, was nicht ganz einfach ist.
_____ *ist nicht ganz einfach.*

3 Dieses Thema wird zukünftig in der Schule behandelt, das wäre wünschenswert.
_____ *wäre wünschenswert.*

Je 3 Punkte   Ich habe _____ von 9 möglichen Punkten erreicht.

b Schreiben Sie die Sätze im Verbalstil.

1 Wegen ihrer früheren Überschuldung bekommt Andrea keinen Kredit mehr.
_____ *, bekommt Andrea keinen Kredit mehr.*

2 Aufgrund seines positiven Gesprächs mit seiner Bank kann Ugur jetzt ein Auto kaufen.
_____ *, kann Ugur jetzt ein Auto kaufen.*

3 Mangels einer positiven wirtschaftlichen Entwicklung muss die Firma Kurzarbeit einführen.
_____ *, muss die Firma Kurzarbeit einführen.*

Je 3 Punkte   Ich habe _____ von 9 möglichen Punkten erreicht.

3 Kommunikation

Ordnen Sie zu.

A um das Wort bitten   B Vergleiche ausdrücken   C etwas mit Beispielen erklären

1 ☐ Unter Armut verstehe ich, wenn …
2 ☐ Anders als in … sind bei uns …
3 ☐ In … werden weniger … bezahlt als in …
4 ☐ Dazu würde ich gern etwas sagen: …
5 ☐ Derjenige gilt laut UN-Definition als arm, der …
6 ☐ Lassen Sie mich darauf antworten: …
7 ☐ Das Preisniveau in … ist nicht vergleichbar mit …
8 ☐ Dazu hätte ich einen Vorschlag.

Je 0,5 Punkte   Ich habe _____ von 4 möglichen Punkten erreicht.

Auswertung:

Ich habe _____ von 30 möglichen Punkten erreicht.

☺	☺	☹
30–24	23–18	17–0

1 Gefühlslagen

a Was passt nicht? Streichen Sie durch.

1 die Zuneigung – das Vertrauen – die Geborgenheit – ~~die Enttäuschung~~
2 der Leistungsdruck – die Verunsicherung – die Empathie – der Misserfolg
3 die Gegenseitigkeit – die Sucht – die Harmonie – das Einverständnis
4 verlockend – verführerisch – unzureichend – vielversprechend
5 ungezwungen – peinlich – verstörend – verwirrend

b Was passt? Ordnen Sie zu.

1 Das Motiv für ein bestimmtes Handeln   A der widersetzt sich einer Sache.
2 Wer sich gegen etwas sträubt,   B dann ist man überfordert.
3 Wenn man jemandem sein Herz ausschüttet,   C ist emotional verletzt oder gekränkt.
4 Wenn einem etwas über den Kopf wächst,   D dann vertraut man sich dieser Person an.
5 Wenn man jemandem etwas gönnt,   E beschäftigt man sich mit der Person.
6 Wenn man jemanden demotiviert,   F freut man sich für die Person über etwas.
7 Wenn man auf jemanden eingeht,   G nennt man auch den Beweggrund.
8 Wer sich vor den Kopf gestoßen fühlt,   H identifiziert sich meist auch damit.
9 Wer sich einer Sache verschreibt,   I nimmt man ihm die Freude /
                                                  das Interesse an etwas.

zu Lesen 1, KB 98, Aufgabe 1

2 Eine gesunde seelische Entwicklung

WORTSCHATZ

**Ergänzen Sie jeweils das passende Wort in der richtigen Form.
Sie können dazu auch die Lernwortschatzseite heranziehen.**

1 Lange Zeit wurde v e r k a n n t, also unterschätzt,
welch große Bedeutung das soziale Umfeld für die
gesunde seelische Entwicklung hat.

2 Die Familie, der Freundeskreis, die Schule oder der
Arbeitsplatz sind im besten Fall K_____
im Leben, die einen Menschen stabilisieren.

3 Muss man schwierige Lebenslagen m_____
oder bewältigen, hilft es, wenn einem wichtige Bezugs-
personen zur Seite stehen.

4 Natürlich müssen junge Menschen auch lernen, sich allein im Leben
z_____ bzw. allein klarzukommen.

5 Sinnvoll scheint es dabei, sich in gewissem Maße von den Eltern
a_____ und auf eigenen Beinen zu stehen.

6 Auch wenn es Eltern emotional oft nicht leichtfällt, die zunehmende
Selbstständigkeit ihrer Kinder zu akzeptieren, sagt ihnen ihre
V_____, dass das richtig ist.

7 Natürlich gibt es keinen objektiven G_____, der
einem genau sagt, was die richtige Distanz zwischen erwachsenen
Kindern und ihren Eltern ist.

8 Hat man dann einmal eine gewisse Eigenständigkeit erreicht,
lernt man diejenigen zu achten und zu s_____, die einen
auf diesem Weg unterstützt haben.

9 E_____, also Einfühlungsvermögen und Verständnis,
sind dabei die Säulen, die das gegenseitige Miteinander fördern.

zu Lesen 1, KB 99, Aufgabe 2

3 Anders gesagt

Schreiben Sie Sätze mit dem Partizip I.

1 Menschen, die sich in andere hineinversetzen,
sind fast immer emotional intelligent.
Sich in andere hineinversetzende Menschen sind
fast immer emotional intelligent.

2 Oft sind es auch Menschen, die intensiv mitfühlen.
Oft sind es auch
Menschen.

3 Menschenkenntnis und Empathie sind dabei Faktoren, die entscheiden.
Menschenkenntnis und Empathie sind dabei .

4 Leute mit einem hohen EQ sind häufig Menschen, die vorausdenken.
Leute mit einem hohen EQ sind häufig .

5 Menschen, die effektiv planen, haben oft ein gutes Gefühl für ihre Mitmenschen.
haben oft ein gutes Gefühl für ihre Mitmenschen.

6 Viele Tests, die den EQ prüfen, kann man online machen.
kann man online machen.

7 Manche Leute erreichen Werte, die kaum zu übertreffen sind.
Manche Leute .

8 Das ist ein Ergebnis, das wirklich überrascht.
Das ist .

zu Lesen 1, KB 99, Aufgabe 2

4 Gerundiv als Passiversatz

GRAMMATIK ENTDECKEN

a **Markieren Sie *zu* in den Sätzen rot.**

1 Die auf der Sitzung durch**zu**sprechende Tagesordnung ist
sehr umfangreich.
2 Unsere Firma konzentriert sich auf die zu entwickelnden Produkte.
3 Die einzuhaltenden Vorschriften wurden nicht beachtet.
4 Die zu messenden Verbesserungen waren ein großer Erfolg für Yang.
5 Sein Lächeln war eine kaum wahrzunehmende Reaktion.

b **Bilden Sie aus den Gerundiv-Konstruktionen in a Relativsätze.**
Achten Sie dabei auf das richtige Modalverb (*können/müssen*).

1 Die Tagesordnung, die auf der Sitzung durchgesprochen
werden muss, ist sehr umfangreich.

c **Was ist richtig? Markieren Sie.**

1 Wenn das Verb trennbar ist, steht *zu* zwischen dem Präfix und dem Partizip I.
2 Wenn das Verb trennbar ist, steht *zu* vor dem Präfix und dem Partizip I.
3 Ob das Modalverb *können* oder *müssen* verwendet wird, richtet sich nach dem
Verb im Hauptsatz.
4 Ob das Modalverb *können* oder *müssen* verwendet wird, richtet sich nach dem Kontext.

zu Lesen 1, KB 99, Aufgabe 2

5 Mit anderen Worten

GRAMMATIK

Bilden Sie Gerundiv-Konstruktionen.

1 Eine Situation, die leicht verändert werden kann, ist _eine leicht zu verändernde Situation_ .

2 Eine Regel, die beachtet werden muss, ist _____ .

3 Ein Beispiel, das hervorgehoben werden muss, ist _____ .

4 Ein Verhalten, das kritisiert werden muss, ist _____ .

5 Ein Charakter, den man nicht umformen kann, ist _____ .

6 Ein Fehler, der zu korrigieren ist, ist _____ .

7 Eine Übung, die sich leicht bearbeiten lässt, ist eine _____ .

zu Wortschatz, KB 100, Aufgabe 1

6 Zwei Meinungen

HÖREN / WORTSCHATZ

4 ◀))) 5 **a** Hören Sie zwei Kommentare zu den Tipps im Kursbuch (KB 100).
Welcher Tipp ist jeweils gemeint? Ergänzen Sie.

1 Jamils Kommentar: Tipp _____ 2 Aminas Kommentar: Tipp _____

b Lesen Sie nun die Kommentare. Was passt nicht? Streichen Sie durch.

Jamil: Ja, das ist wohl eine vernünftige ~~Wahl~~ / Strategie (1), wobei man oft auch abwägen muss, ob es sich wirklich lohnt, immer an den kurzfristigen / langfristigen (2) Erfolg zu denken. Man muss doch zwischendurch mal einem Impuls / Vorschlag (3) nachgeben und sich etwas Schönes gönnen / bezahlen (4), wie beispielsweise besondere Klamotten oder das neueste Handy, auch wenn man es nicht wirklich braucht. Für wirklich wichtige Ziele im Leben, wie das Erlangen / Haben (5) eines Universitätsdiploms, braucht man jedoch Ausdauer und Fleiß. Da ist diese Strategie sicherlich anständig / angebracht (6).

Amina: Für mich ist das der grundlegendste Punkt überhaupt, wenn wir über emotionale Intelligenz sprechen. Es ist sehr gefühlsbetont / mitfühlend (7) und positiv, einem anderen Menschen zu zeigen, dass man sich für ihn interessiert und sich auch in ihn vorstellen / hineinversetzen (8) kann. Und ich bin sicher, dass einem dann umgekehrt die Mitmenschen auch mit mehr Einfühlungsvermögen begegnen und sensibler / rationaler (9) reagieren. Man könnte dadurch auch viele Feindseligkeiten / Freundschaften (10) aus der Welt schaffen, und es hält / stellt (11) sich automatisch ein größeres Vertrauen untereinander ein.

zu Wortschatz, KB 100, Aufgabe 1

7 Das könnte helfen

SCHREIBEN

Kombinieren Sie die Tipps zum richtigen Umgang in der linken Spalte mit jeweils einem der Redemittel in der rechten Spalte. Schreiben Sie die Sätze dann zu Ende.

Tipps	Redemittel
1 „auf die innere Stimme hören"	A „ sollte man auf jeden/keinen Fall, sofern …
2 „Belohnungen aufzusparen"	B ist vor allem dann sinnvoll, wenn man …
3 „durch Achtsamkeit entspannen lernen"	C ist vielleicht nicht immer effizient, aber …
4 „Empathie und Sensibilität zu zeigen,"	D ist für mich richtig innovativ, vor allem, weil …
5 „an Beziehungen zu arbeiten,"	E bringt in Situationen etwas, in denen man …
6 „sich trotz Wut im Bauch im Griff haben"	F ist ein Rat, den mir … gegeben hat, als ich … "

1 „Auf die innere Stimme hören" ist vielleicht nicht immer effizient, aber man hat danach meist ein gutes Gefühl, wenn man nicht nur rational mit dem Verstand entschieden hat.

zu Wortschatz, KB 100, Aufgabe 3

8 Wie hoch ist Ihr EQ?

GRAMMATIK

a Bilden Sie aus den Nomen Adjektive auf -(i)ell.

1 die Existenz: _existenziell_
2 die Substanz: _____
3 die Tradition: _____
4 das Individuum: _____
5 die Sensation: _____
6 die Kultur: _____

b Bilden Sie aus den Nomen in Klammern Adjektive auf -(i)al und ergänzen Sie sie
  in der richtigen Form.

Fragen Sie sich selbst!

Sie wollen sicher wissen, inwieweit Sie selbst über die einzelnen Fähigkeiten, die zur
emotionalen (Emotion) (1) Intelligenz gehören, verfügen oder nicht.
Hier einige _____ (Fundament) (2) Fragen, die Sie sich selbst stellen können:

5 ■ Wie gut weiß ich über mich selbst Bescheid? Was ist für mich _____ (Norm) (3)?
   Weiß ich, wie ich in bestimmten Momenten reagiere und warum?
 ■ Kann ich meine Gefühle kontrollieren oder stehe ich ihnen hilflos gegenüber?
 ■ Kann ich _____ (Optimum) (4) einerseits mit Ärger und Wut, andererseits
   mit Freude und Zuneigung umgehen – bei mir selbst und bei anderen?
10 ■ Ist Kommunikationsfähigkeit eine meiner _____ (Zentrum) (5) Eigenschaften?
 ■ Kann ich anderen gut zuhören?
 ■ Kann ich auf andere Menschen eingehen?
 ■ Arbeite ich gern im Team? Habe ich ein _____ (Kollege) (6) Verhältnis zu
   meinen Mitarbeitern?

15 Wenn Sie mehr über Ihren persönlichen EQ wissen wollen, machen Sie unseren Test!

c Was ist richtig? Markieren Sie.

1 Kinder sollten sich nicht zu lange in virtuellen Welten aufhalten, sonst verlieren sie
  den Bezug zur ☐ _realen_ ☐ _reellen_ Welt.
2 Der Patient hat eine ☐ _reelle_ ☐ _reale_ Chance auf Heilung.
3 Das war kein herzlicher Abschied, sondern eine sehr ☐ _formelle_ ☐ _formale_ Verabschiedung.
4 Wenn man eine Doktorarbeit schreibt, muss man ☐ _formelle_ ☐ _formale_ Regeln beachten.

zu Sprechen, KB 101, Aufgabe 1

9 Wie Psychotests funktionieren

LESEN

Lesen Sie den Text auf Seite AB 111. Welcher der Sätze A–H gehört in welche Lücke (1–6)?
Es gibt jeweils nur eine richtige Lösung. Zwei Sätze können Sie nicht zuordnen (x).

☒ A Daher rühre das starke Interesse an den Tests.
☐ B „Und aussagekräftiger als Horoskope sind sie allemal."
☐ C Psychotests in Zeitschriften wenden sich hauptsächlich an das weibliche Geschlecht.
☐ D Das sei ein erheblicher Aufwand, den viele Magazine gar nicht leisten könnten.
☐ E Sie versuchen, die Fragen mit Blick auf das gewünschte Ergebnis zu beantworten.
☐ F Den meisten Persönlichkeitstests liegen folgende Faktoren zugrunde:
☐ G Menschen suchen immer nach einem Strohhalm, an dem sie sich festklammern können.
☐ H Seriöse wissenschaftliche Aussagen liefern sie zwar nicht.

Unterhaltung und Lebenshilfe

Ob es um die eigene Menschenkenntnis geht, um das Talent zum Flirten oder die Treue in der Paarbeziehung: Psychotests in Frauenzeitschriften, Lifestyle-Magazinen und Klatschblättern wollen den Lesern helfen, ihre Be-
5 findlichkeiten zu ergründen und sich in verschiedenen Lebenslagen zurechtzufinden. (1) Aber dennoch bieten sie ein wenig Orientierung im Alltag, wenn man sie nicht allzu ernst nimmt.

10 Da wundert es nicht, dass die Kästchen zum Ankreuzen beim Friseur oder Zahnarzt nur selten noch unangetastet sind. „Viele Menschen haben das Bedürfnis, etwas über sich zu lernen", sagt der Psychologe Michael Ziegelmayer aus Freiburg. (2) Dass sie in der Regel nur wenig mit strenger Wissenschaft zu tun haben, tue dem keinen Abbruch. Für ernst-hafte Intelligenz-, Persönlichkeits- oder Personalauswahltests bedürfe es nämlich einer
15 Entwicklung von zwei bis drei Jahren und eines Budgets von bis zu 200 000 Euro. (3) Einen Zeitschriftentest könne dagegen jeder Psychologe mit mehr oder weniger Krea-tivität in einigen Stunden entwerfen. Trotzdem steckt natürlich auch hinter populär-wissenschaftlichen Tests ein Schema: „Wenn ich einen neuen Test entwerfe, überprüfe ich die Fragen an einer Gruppe von Versuchspersonen", erzählt Arnd Stein, der seit meh-
20 reren Jahren Psychotests für verschiedene Medien erarbeitet. „ (4) Normgebundenheit, Belastbarkeit, Unabhängigkeit, Entschluss- und Kontaktbereitschaft", erläutert Werner Stangl, Psychologe an der Johannes Kepler Universität in Linz. Diese Bestandteile seien weitgehend austauschbar und würden je nach Test unterschiedlich gewichtet. Mit dem Ergebnis lasse sich dann etwas über Eigenschaften und Verhalten eines Menschen aus-
25 sagen.
Dazu werde wiederum die Reaktion des Lesers in konkreten Situationen abgefragt. „Wenn ich eine bestimmte Eigenschaft des Lesers testen will, muss ich diesen seelischen Bereich in verschiedene, lebensnahe Fragen aufgliedern. Das ist auch der Grund, warum manche Fragen bisweilen sehr platt daherkommen. Je konkreter gefragt wird, desto eindeutiger
30 kann auch die Antwort interpretiert werden", sagt Stein. Manche Leser allerdings meinen daher, den Test durchschauen und austricksen zu können. (5) Das sei allerdings wenig sinnvoll. In der Regel wird man auch aufgefordert, vor allem zu sich selbst ehrlich zu sein. Die Funktion der Tests geben die Experten daher als „Unterhaltung gepaart mit Persön-lichkeitsdiagnostik" an. Bei wirklich ernsthaften Lebensproblemen sollte man sich jedoch
35 an professionelle Beratungsstellen oder Psychologen wenden. Aber auch wenn die Tests keine wissenschaftlich oder klinisch verwertbaren Ergebnisse liefern: Ein Garant für Kurzweil und Diskussionsstoff können sie nach Worten von Arnd Stein sehr wohl sein: (6)

▌▌▌ **zu Sprechen, KB 101, Aufgabe 2**

10 Was diskutabel ist, kann man diskutieren GRAMMATIK

a Welche Verben stecken in den Adjektiven auf *-abel*? Ergänzen Sie.

1 diskutabel – *diskutieren*   4 transportabel – _____
2 akzeptabel – _____   5 variabel – _____
3 respektabel – _____   6 praktikabel – _____

b Welche Nomen stecken in den Adjektiven auf *-(i)ös*? Ergänzen Sie.

1 voluminös – *das Volumen*   4 religiös – _____
2 muskulös – _____   5 infektiös – _____
3 monströs – _____   6 luxuriös – _____

zu Sprechen, KB 101, Aufgabe 2

11 Das kann (nicht) gemacht werden
GRAMMATIK

a Erklären Sie das Adjektiv mithilfe des Passivs und eines Modalverbs.

1 Eine indiskutable Lösung ist eine Lösung, *die nicht diskutiert werden kann* .
2 Ein transportabler Drucker ist ein Drucker, _____ .
3 Eine respektable Entscheidung ist eine Entscheidung, _____ .

b Erklären Sie das Adjektiv mithilfe des darin steckenden Verbs im Aktiv.

1 Variable Kosten sind Kosten, die *variieren* können.
2 Eine blamable Niederlage im Fußballspiel ist eine Niederlage, die das Team _____ .
3 Eine rentable Investition ist eine Investition, die sich _____ .

zu Sprechen, KB 101, Aufgabe 2

12 Kaya, Ayumi, Yong und der Baron
GRAMMATIK

Bilden Sie aus den Nomen in Klammern Adjektive auf *-(i)ös* und
ergänzen Sie sie in der richtigen Form.

1 Kaya trainiert seit sechs Monaten im Fitnessstudio. Inzwischen ist er ziemlich *muskulös* .
(Muskel)
2 Ayumi hat Gesangsunterricht. Ihre Stimme klingt inzwischen weich und _____ .
(Melodie)
3 Yong hat starke Rückenschmerzen. Er versucht, sie _____ zu behandeln.
(Medikament)
4 Niemand wusste genau, woher Baron von Drachenstein
plötzlich kam und woher er auf einmal so viel Geld
hatte. Seine Aussagen diesbezüglich waren sehr
_____ . (Nebel)
Der Baron hat eine etwas _____
Vergangenheit. (Mysterium)
Er hat sein altes Schloss restauriert, aber dadurch
ist es nicht viel schöner geworden. Es war schon
immer ein ziemlich _____
Gebäude. (Monstrum)

zu Schreiben, KB 102, Aufgabe 2

13 So fühlen sich Mitarbeitende im Büro wohl
LESEN

Lesen Sie den Text und sehen Sie sich die Informationen in der Grafik an. Lesen Sie
anschließend eine Zusammenfassung, die nicht dem Textverlauf folgt. Markieren Sie darin
die inhaltlich falschen Sätze. Es gibt genau drei inhaltlich falsche Sätze.

Designersessel, die im Coworking-Space wie Schaukeln von der Decke baumeln, Playstation und Kicker im Pausenraum oder gar ein eigener Fitnessraum – Unternehmen lassen heutzutage nichts unversucht, damit sich Mitarbeitende an ihrem Arbeitsplatz wohlfühlen. Die Idee dahinter ist simpel: Je zufriedener Angestellte mit ihrer Arbeitsumgebung

5 sind, desto motivierter und leistungsfähiger sind sie. Bislang läuft ein großer Teil dieser Bemühungen allerdings ins Leere, denn laut einer aktuellen Umfrage ist immer noch fast ein Drittel der Arbeitnehmer mit dem eigenen Arbeitsplatz unzufrieden. Die Ergebnisse zeigen auch, warum das so ist.

10 Anstatt einen Vergnügungspark zur Verfügung haben zu wollen, legen viele großen Wert darauf, ihren Aufgaben ungestört nachgehen zu können. Dazu gehören beispielsweise Rückzugsräume, in denen ungestört telefoniert oder konzentriert gearbeitet werden kann. Vom umgebauten Druckerraum mit Relax-Couch bis hin zu leicht auf- und abbaubaren Denkerzellen inmitten eines Großraumbüros ist vieles ohne großen Aufwand machbar. Überhaupt ist das Thema Lärmverminderung in vielen Büros prioritär, sei es

15 durch schallschluckende Teppiche und Wände oder mittels einer „Stillen Stunde" unter den Mitarbeitenden.

Insbesondere Arbeitnehmerinnen verspüren außerdem das Bedürfnis, trotz der alltäglichen Büroarbeit möglichst viel frische Luft zu bekommen. Neben häufigem Lüften, der wohl einfachsten Variante der Frischluftzufuhr, würde es sich hier etwa anbieten, auch

20 Terrassen oder kleine Gärten für die Mittagspause oder kurze Besprechungen zur Verfügung zu stellen. Auch das Begrünen der Aufenthaltsräume und Büros kann hinsichtlich der Luftqualität große Vorteile bieten.

Auch für den kollegialen Austausch sollten geeignete Orte zur Verfügung gestellt werden. Das kann einerseits eine geräumige Büroküche sein, andererseits aber auch eine gemüt-

25 liche Sofaecke. Vielen geht es interessanterweise nicht darum, wie hochpreisig oder modern diese Treffpunkte eingerichtet sind – ganz anders als bei der Gestaltung des eigenen Arbeitsplatzes. Vielen Mitarbeitenden ist es nämlich ein Anliegen, ihren Arbeitsplatz mit persönlichen Accessoires wie Pflanzen oder Bildern schmücken zu dürfen. Ein Ansinnen, dem Arbeitgeber mit dem geringsten Aufwand entgegenkommen können.

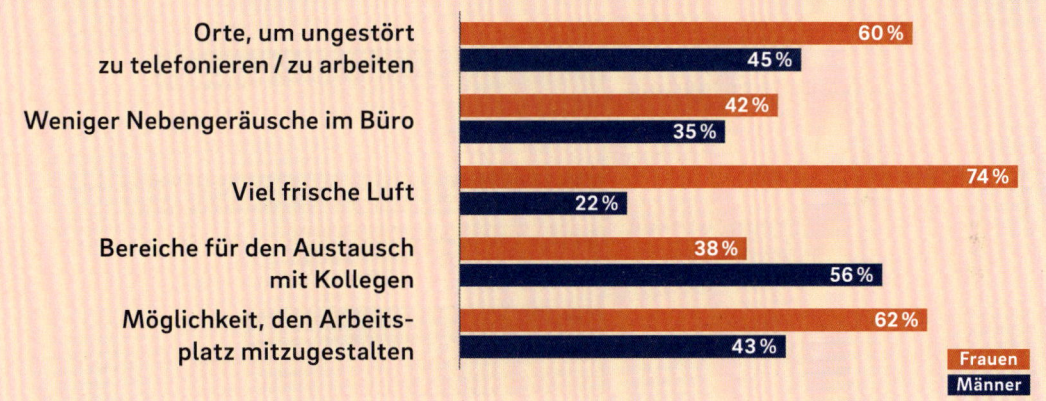

Was wünschen sich Mitarbeiterinnen und Mitarbeiter am Arbeitsplatz?

	Frauen	Männer
Orte, um ungestört zu telefonieren / zu arbeiten	60 %	45 %
Weniger Nebengeräusche im Büro	42 %	35 %
Viel frische Luft	74 %	22 %
Bereiche für den Austausch mit Kollegen	38 %	56 %
Möglichkeit, den Arbeitsplatz mitzugestalten	62 %	43 %

30 **Textzusammenfassung:**
Trotz mancher Interessenskonflikte haben Unternehmen und ihre Angestellten einen Wunsch gemeinsam: Die Mitarbeitenden sollen sich an ihrem Arbeitsplatz wohlfühlen. So sind sie insgesamt zufriedener und bringen sich stärker in die Firma ein. Viele Unternehmen versuchen dies mit allerlei zusätzlichen Wohlfühl-Angeboten für ihre Mitarbei-

35 tenden zu erreichen. Dabei gibt ihnen der Erfolg meist recht. Konkret wünschen sich viele Arbeitnehmer, an ihrem Arbeitsplatz weniger Lärm ausgesetzt zu sein. Zur Umsetzung dieses Anliegens finden sich im Text unterschiedliche, mehr oder weniger aufwendige Vorschläge. Die Luftqualität im Büro ist insbesondere für Mitarbeiterinnen ein untergeordnetes Thema. Zufriedenheit erreicht man als Arbeitgeber bei Beschäftigten deshalb

40 auch, wenn man ihnen ermöglicht, sich zwischendurch draußen aufzuhalten. Für Treffpunkte und Gemeinschaftsräume wünschen sich viele Angestellten eine hochwertige Möblierung. Und auch was den eigenen Arbeitsplatz angeht, möchten die meisten ein Mitgestaltungsrecht.

zu Schreiben, KB 102, Aufgabe 2

14 Was sich Arbeitnehmer wünschen und was sie bekommen   KOMMUNIKATION

a   Ordnen Sie den einzelnen Punkten zur Beschreibung und Kommentierung
von Grafiken links die passenden Redemittel rechts zu.

1 den Aufbau einer
Grafik beschreiben
und die Informationen
zusammenfassen

2 Auffälliges und
Unterschiede
formulieren

3 das Gelesene
kommentieren und
eigene Erfahrungen
nennen

☑ „ *Die Grafik veranschaulicht das Ergebnis einer Umfrage.
Darin wurde …*

☐ *Ein entscheidender Gesichtspunkt wäre für mich
persönlich (noch), …*

☐ *In diesem Schaubild sind … gegenübergestellt.*

☐ *Was besonders auffällt, ist …*

☐ *Nicht so viel Wert legen würde ich auf …*

☐ *Im Vergleich zu … nannten … als …*

☐ *Die Grafik gibt in Prozentzahlen darüber Auskunft, …*

☐ *Es werden sowohl die häufigsten …, als auch … genannt.*

☐ *Interessanterweise unterscheiden sich … stark.*

☐ *Persönlich halte ich … für das Wichtigste …* "

b   Sehen Sie sich die Grafik zum Thema *Wünsche der Mitarbeitenden* an. Erläutern Sie zunächst
den Aufbau der Grafik. Fassen Sie anschließend die Informationen der Grafik zusammen.
Verwenden Sie dazu auch die Redemittel in 14a.

Wünsche von Mitarbeitenden an ihre Vorgesetzten

	Großunternehmen	Kleinunternehmen
Individuelle Förderung	65 %	25 %
Freundlichkeit	70 %	46 %
Zuverlässigkeit	52 %	60 %
Vertrauen	62 %	74 %
Gute Kommunikation	44 %	28 %

zu Hören, KB 103, Aufgabe 1

15 Was die Therapeutin meint

LESEN

a Lesen Sie Auszüge aus einem Interview mit der Therapeutin Nelia Schmid-König und ergänzen Sie die fehlenden Wörter (1–15). Die Lösungen müssen sinngemäß passen und grammatikalisch korrekt sein. Es gibt für jede Lücke eine Lösung mit einem Wort.

Die Kinder- und Jugendpsycho- therapeutin Dr. Nelia Schmid-König im Gespräch

Frage: _____

5

Nelia Schmid-König: Hauptsächlich sind _es_ (0) fünf Symptomgruppen: Kinder mit depressiven Verstimmungen bis ausgewachsenen Depressionen, dann gibt es Kinder, eher die Jungs, die mit Aggressionen _____ (1) tun haben. Dann gibt es die Gruppe der Lernstörungen, die Psychosomatisierung _____ (2) hier ganz stark zu – das bedeutet,

10 dass die Kinder ihre Konflikte auf den Körper verlagern, also, dass sie _____ (3) Beispiel Kopfschmerzen oder Bauchweh haben, wenn sie in die Schule gehen. Und schließlich sind da noch die Kinder und Jugendlichen mit _____ (4) ADHS-Symptomatik, also diese unruhigen, unkonzentrierten Schüler. Es sind vor _____ (5) Jungs, die ihrem Umfeld und sich selber großen Ärger _____ (6) und auch oft nicht

15 gut in der Schule sind, obwohl sie vermutlich überdurchschnittlich intelligent sind.

Frage: _____

Nelia Schmid-König: Es sieht _____ (7) aus, als wenn die heutigen Kinder und Jugendlichen neurotischer oder gestörter als früher wären, das ist aber nicht der

20 _____ (8). Sie kommen schneller zum Therapeuten, weil sie _____ (9) Sicht der Eltern und der Lehrer nicht mehr _____ (10) gut „funktionieren" und weil sie auffälliger sind. Ich glaube nicht, dass sie kränker sind _____ (11) früher, aber es ist eine größere Offenheit dafür da, dass ihr Kind jetzt eine andere, außerfamiliäre Unterstützung _____ (12).

25 **Frage:** _____

Nelia Schmid-König: Mit einem einfachen Wort, das schwer umzusetzen ist: Zeit! Erziehung hat ganz viel _____ (13) Beziehung zu tun und Beziehung braucht Zeit! Und ich _____ (14) immer wieder fest, dass ich es mit wunderbaren Eltern zu tun habe,

30 auch fähigen Eltern. Und genauso sind auch die Kinder, da sind viele Ressourcen vorhanden bei den Kindern. Was _____ (15), ist die Zeit! Die Zeit, einander zu begegnen.

b **Welche Fragen passen? Ergänzen Sie in 15a.**

zu Lesen 2, KB 104, Aufgabe 1

16 Ihre Meinung zu Ratgebern

SCHREIBEN

a Ordnen Sie den Buchtiteln (1–5) die Untertitel (A–E) zu.

1 Die 7 Wege zur Effektivität
2 Du musst nicht von allen gemocht werden
3 Sehen, was andere denken
4 Emotionale Intelligenz
5 Mama, nicht schreien

A Vom Mut, sich nicht zu verbiegen
B Wie wir die Kontrolle über unsere Gefühle zurückgewinnen
C Liebevoll bleiben bei Stress, Wut und starken Gefühlen
D Prinzipien für beruflichen und persönlichen Erfolg
E Der praktische Guide, mit dem Sie jeden durchschauen

b Welchen dieser Ratgeber würden Sie gern lesen? Begründen Sie Ihre Meinung.

c Lesen Sie einen kurzen Artikel aus einem Psychologiemagazin zum Thema Selbsthilfeliteratur und verfassen Sie einen Leserbrief an die Redaktion der Zeitschrift. Berücksichtigen Sie dabei auch den Aufbau Ihres Textes (Einführung in das Thema, Aufbau einer Argumentation, Schlussfolgerung). Schreiben Sie mindestens 250 Wörter und gehen Sie dabei auf folgende Punkte ein.

- Fassen Sie die relevanten Informationen des Artikels zusammen.
- Argumentieren Sie: Welche Vor- und Nachteile sehen Sie darin, sich an Ratgebern oder Motivationstrainern zu orientieren?
- Welche persönlichen Erfahrungen haben Sie oder Menschen aus Ihrem Umfeld damit gemacht und wie beurteilen Sie diese?

Einer Erfolgsgeschichte auf der Spur

Millionen Menschen weltweit lassen sich fesseln von Ratgebern, die Hilfestellungen beim Lösen von Problemen geben wollen. Dabei kann es sich um reale oder auch nur um empfundene persönliche
5 Probleme handeln. Beliebte Themenbereiche sind beispielsweise die Suche nach dem persönlichen Glück, Tipps für die Kindererziehung oder Erfolg im Beruf. Besonders Autoren von sogenannter Selbsthilfeliteratur im beruflichen Kontext treten auch gern als Motivationstrainer zur Selbstoptimierung vor Publikum auf.

10 Nach der Lektüre eines solchen Ratgebers oder am Ende eines Motivationsseminars ist das Publikum dann oft sicher, den Schlüssel zum Erfolg oder für die gewünschte Veränderung in der Tasche zu haben und mit den richtigen Tricks und Handlungsweisen schnell ans Ziel zu gelangen. Die Frage ist allerdings, wie hoch die Erfolgsquote wirklich ist, denn nicht jeder, der mit einem konkreten Vorhaben und einem Ratgeber in der Hand auf halbem Weg wieder aufgibt, wird das seinen Mitmenschen
15 gegenüber auch offenlegen. Aber: Liegt vielleicht genau darin das Erfolgsrezept der Selbsthilfeliteratur?

einen Leserbrief verfassen

,, *In Ihrer aktuellen Ausgabe berichten Sie über …*
Dabei erwähnen Sie … und werfen die Frage auf, …
Bei diesem Thema sollte man sich einerseits fragen, … , andererseits muss man auch …
Es kann nämlich sein, dass jemand …
Persönlich habe ich folgende Erfahrung mit … gemacht: …
Im Rückblick würde ich sagen, dass …
… lässt sich nicht verallgemeinern.
Vielleicht kann man daraus Folgendes schließen: … ,,

Sehr geehrte Redaktion,
in Ihrer aktuellen Ausgabe
berichten Sie über …

zu *Wussten Sie schon?*, KB 106

17 Freudsche Begriffe

WORTSCHATZ

Welche Fachbegriffe passen zu den Erklärungen? Ordnen Sie zu.

☐ „Freudscher Versprecher" • ☐ „Psychoanalyse" • ☐ „Das Unbewusste"

_(1)_ ist ein psychotherapeutisches Verfahren, das versucht, dem Patienten ein vertieftes Verständnis über die Ursachen für sein Leiden zu vermitteln und so eine Heilung zu ermöglichen.

_(2)_ ist der Bereich der menschlichen Psyche, zu dem das Bewusstsein und die Wahrnehmung des Menschen keinen direkten Zugang hat, der aber Handeln, Denken und Fühlen wesentlich beeinflusst.

_(3)_ ist eine sprachliche Fehlleistung, bei der laut Freud die eigentliche Meinung oder Intention des Sprechers unfreiwillig zutage tritt. Beispiel: Man hat einen Übernachtungsgast, der nachts laut schnarcht, und fragt ihn: „Haben Sie gut geschnarcht?" statt „Haben Sie gut geschlafen?"

WIEDERHOLUNG GRAMMATIK

zu Lesen 2, KB 106, Aufgabe 3

18 Aktive und passive Aktivitäten

Bilden Sie Sätze im Passiv. Markieren Sie die handelnde Person (Agens) rot, die Verbform blau und die Präposition grün.

1 Viele Patienten lügen den Therapeuten an.

Der Therapeut wird von vielen Patienten angelogen.

2 Taio hat Yuma während ihrer Ehe immer reichlich beschenkt.

3 Der Psychiater konnte die Schuldunfähigkeit des Angeklagten beweisen.

8

zu Lesen 2, KB 106, Aufgabe 3

19 Aspektverschiebung mit Modalverben: Aktiv – Passiv

GRAMMATIK ENTDECKEN

a Markieren Sie das Agens rot und die Verbform blau.

	Aktiv	Passiv
1	Manche Eltern wollen den Erfolg der Kinder schon früh fördern.	Der Erfolg der Kinder soll auf Wunsch mancher Eltern schon früh gefördert werden.
2	Ratgeber wollen es den Lesern leichter machen, Probleme zu bewältigen.	Den Lesern soll es mithilfe von Ratgebern leichter gemacht werden, Probleme zu bewältigen.
3	Der Autor will die stereotypen Rollen von Mann und Frau infrage stellen.	Die stereotypen Rollen von Mann und Frau sollen nach den Vorstellungen des Autors infrage gestellt werden.
4	Der Verlag will das Buch aus dem Russischen ins Deutsche übersetzen.	Das Buch soll auf Wunsch des Verlags aus dem Russischen ins Deutsche übersetzt werden.

b Lesen Sie die Sätze in a noch einmal und ergänzen Sie.

1 Wie ändert sich das Modalverb vom Aktiv zum Passiv? *wollen* → _____

2 Mit welchen Ausdrücken kann das Agens im Passivsatz eingefügt werden? *auf Wunsch + Gen., …*

zu Lesen 2, KB 106, Aufgabe 3

20 Vorschläge zur Verbesserung des Miteinanders

GRAMMATIK

a Bilden Sie Aktivsätze mit *wollen*.

1 Eine Lösung der Konflikte mit dem Jugendlichen soll auf Wunsch der Eltern gefunden werden.

2 Durch die Sitzungen bei einer Kinderpsychologin soll nach Vorstellung der Eltern ein respektvollerer Umgang miteinander erreicht werden.

3 Nach Vorstellung der Therapeutin soll den Eltern beigebracht werden, die eigene Meinung des Jugendlichen zu akzeptieren.

4 Die Eltern sollen mithilfe der Therapeutin dafür sensibilisiert werden, ihrem Kind mehr zuzuhören.

1 Die Eltern wollen eine Lösung der Konflikte mit dem Jugendlichen finden.

b Bilden Sie Passivsätze mit *sollen*.

1 Tanja will die Streitereien um die Hausarbeit endgültig beenden.
2 Liyah will die Steuererklärung endlich einmal pünktlich abgeben.
3 Tian und Hóng wollen ihre Kinder nicht mehr so oft ermahnen, ihr Zimmer aufzuräumen.

1 Die Streitereien um die Hausarbeit sollen auf Wunsch von Tanja endgültig beendet werden.

zu Lesen 2, KB 106, Aufgabe 4

21 Passiversatz mit *bekommen* und Partizip II

GRAMMATIK ENTDECKEN

a Schreiben Sie die Sätze im Passiv.

1 Mein Freund Mustafa bekommt einen Ratgeber zum Geburtstag geschenkt.
Meinem Freund Mustafa wird ein Ratgeber zum Geburtstag geschenkt.

2 Der Leser bekommt vom Autor bestimmte Verhaltensweisen erklärt.
Dem Leser werden vom Autor bestimmte Verhaltensweisen erklärt.

3 Der Studierende bekommt sein Diplom überreicht.
Dem Studierenden  .

4 Die Psychologin bekommt von einem Verlag regelmäßig Fachzeitschriften zugeschickt.
Der Psychologin .

b Was ist richtig? Markieren Sie.

1 Den Passivsatz mit *bekommen* und ☐ *Partizip II* ☐ *Partizip I* kann man nur mit Verben wie *anbieten, erklären, liefern, schenken, schicken, senden, zeigen* etc. bilden.
2 Diese Verben haben im Passivsatz ☐ *ein Dativ- und ein Akkusativobjekt.* ☐ *nur ein Dativobjekt.*
3 Statt *bekommen* kann man in der ☐ *Hochsprache* ☐ *Umgangssprache* auch *kriegen* benutzen.

zu Lesen 2, KB 106, Aufgabe 4

22 Wer bekommt was ...?

GRAMMATIK

Schreiben Sie Sätze mit *bekommen* und Partizip II.

1 Die Reisekosten werden der Autorin von ihrem Verlag erstattet.
2 Dem Familientherapeuten wird eine Stelle als Dozent angeboten.
3 Jedem Interessenten wird ein Gratis-Exemplar der Zeitschrift geschenkt.
4 Der Zusammenhang von Erziehung und Charakter wird den Eltern erklärt.

1 Die Autorin bekommt die Reisekosten von ihrem Verlag erstattet.

zu Sehen und Hören, KB 107, Aufgabe 2

23 Eine spannende Vorlesung

SCHREIBEN

Thida schreibt ihrem Freund Niran sowie ihrer ehemaligen Deutschlehrerin,
die ihr zum Lehramtsstudium geraten hat, eine E-Mail. Ergänzen Sie die zweite E-Mail
mithilfe der Informationen aus der E-Mail an Niran.

Lieber Niran,

wie geht es Dir mit Deinem Studium in
Köln? Ich will ja Lehrerin werden und
habe in München einen Studienplatz
5 „Lehramt für Grundschule" bekommen.
Zurzeit gehe ich auch schon fleißig
in die Uni.
Richtig super ist eine Psychologie-
Vorlesung, sie heißt „Persönlichkeit
10 und Verhalten" von einer jungen Dozentin, Anne Frey. Es ist wirklich span-
nend, ihr zuzuhören, und sie ist immer
gut vorbereitet, bringt Beispiele aus
dem realen Leben und hat tolle Folien.
15 Stell Dir vor, wie sie uns erklärt hat,
was man unter „Alltagspsychologie"
genau versteht: Sie zeigte uns Fotos,
auf denen der Schauspieler Olli Dittrich vier verschiedene Lehrertypen
20 darstellt – einmal auch eine Frau. Wie
Du Dir denken kannst, waren die Fotos
sehr witzig und die Dozentin hat es
damit im Nu geschafft, uns das „Phänomen des ersten Eindrucks" klarzumachen.
25 Leider sind nicht alle Vorlesungen und
Seminare so klasse, aber alles in allem
bin ich ganz zufrieden mit meiner
Studienentscheidung.
Lass bald mal was von Dir hören.

30 Alles Liebe

Thida

Liebe Frau Meier,

ich hoffe, es geht Ihnen (0) gut und Sie haben
in diesem Schuljahr wieder nette, fleißige Klassen.
Dafür, dass Sie uns so gut auf die Abitur-
prüfungen vorbereitet haben, wollte ich mich
noch einmal ganz herzlich bei Ihnen
_____ (1). Stellen Sie sich
_____ (2), ich habe mich nun auch für ein
Lehramtsstudium eingeschrieben und besuche
die ersten Veranstaltungen an der Uni. Besonders
gut gefällt mir eine Vorlesung _____ (3)
dem Titel „Persönlichkeit und Verhalten" im
Fach Psychologie. Beeindruckend ist dabei vor
allem die Art und _____ (4), wie die
Dozentin Inhalte vermittelt, nämlich in Form
einer Kombination aus lebensnahen Beispielen
und übersichtlich strukturierten Folien.
Das _____ (5) „Alltagspsychologie"
und das „Phänomen des ersten Eindrucks" erläu-
terte sie uns anhand von Fotos mit dem Schauspieler Olli Dittrich, in unterschiedlichen
Verkleidungen _____ (6) Lehrer bzw. Lehrerin.
Dies ist ihr damit auf wirklich unterhaltsame
Weise _____ (7).Die Veranstaltun-
gen in meinem Studium haben zwar nicht durchgehend eine so _____ (8) Qualität,
dennoch bereue ich meine Fächerwahl bislang
noch nicht.Ich _____ (9) mich über
eine Nachricht von Ihnen sehr freuen.

Mit herzlichen _____ (10).

Thida Chaiyasan

24 Wissenschaft erleben

MEIN DOSSIER

Was haben Sie in dieser Lektion Neues zum Thema *Erleben und Verhalten des Menschen* gelernt?
In welchem Bereich kannten Sie sich schon ganz gut aus? Sammeln Sie und notieren Sie.

Im Text zum Thema … fand ich
Folgendes überraschend:
… Bisher war ich der Ansicht, dass …
Neu war für mich in diesem Bereich …
Das Thema … war mir nicht unbekannt.
Ich … schon früher einmal …
Insgesamt würde ich sagen, dass …

── **AUSSPRACHE: Selbstsicherheit durch die richtige Intonation** ──

1 Sicheres Auftreten an der Uni

4 ◄» 6 **a** Hören Sie das folgende Prüfungsgespräch zwischen einem Professor und einem Studenten. Wie klingt der Student? Selbstsicher (s) oder unsicher (u)? Ergänzen Sie.

1 Professor: Wofür steht die Abkürzung E. I.?
  Student: Emotionale Intelligenz. ⌐⌐

2 Professor: Wer ist von der ADHS-Symptomatik betroffen?
  Student: Manchmal sind auch Kinder mit überdurchschnittlicher Intelligenz betroffen. ☐

3 Professor: Welche Therapieform ist für Eltern und Kinder geeignet?
  Student: Die Familientherapie. ☐

4 Professor: Sind emotionale Intelligenz und IQ das Gleiche?
  Student: Nein, die emotionale Intelligenz ist unabhängig vom IQ. ☐

5 Professor: Ist der berufliche Erfolg nur vom IQ abhängig?
  Student: Nein, der Charakter eines Menschen ist wichtiger. ☐

b Woran erkennen Sie Selbstsicherheit?
Markieren Sie.

Selbstsichere Sprecher sprechen ...
1 laut
2 zögernd
3 langsam und betont
4 mit fallender Intonation
5 ohne zu zögern
6 schnell
7 mit schwebender oder steigender Intonation
8 leise

2 Überzeugender Vortrag

a Tragen Sie den Text möglichst selbstsicher vor.

> ### Gefühle im Griff haben
>
> Gerade am Arbeitsplatz finde ich es angebracht, dass man seine Gefühle unter Kontrolle hat und nicht zu emotional reagiert. Ein Mensch mit Gefühlsausbrüchen wirkt meist nicht sehr professionell. Aber auch im Privatleben scheint es mir wichtig, dass man nicht jedem spontanen Impuls nachgibt.

4 ◄» 7 **b** Hören Sie und vergleichen Sie mit Ihrem eigenen Vortrag.

c Tragen Sie Ihre eigenen Ausarbeitungen aus dem Kursbuch (KB 105, Aufgabe 1d) selbstsicher vor.

EINSTIEGSSEITE, KB 97

die Achtsamkeit (Sg.)
die Empathie (Sg.)
die Psychosomatik (Sg.)
die Psychotherapie, -n

zu tun haben mit, hatte zu tun,
  hat zu tun gehabt

LESEN 1, KB 98–99

der Gradmesser, –
die Konstante, -n
der Parameter, –
die Resistenz, -en
die Vernunft (Sg.)
die Weisheit, -en

(sich) abgrenzen von
etwas betrachten als
einschätzen
meistern
schätzen (hier: respektieren)
verkennen, verkannte,
  hat verkannt
wahrnehmen, nahm wahr,
  hat wahrgenommen
sich zurechtfinden mit, fand
  zurecht, hat zurechtgefunden

in den Sinn kommen, kam,
  ist gekommen

intuitiv

WORTSCHATZ, KB 100

das Achtsamkeitstraining, -s
die Gefühlswallung, -en
das Selbstwertgefühl, -e

sich etwas gönnen
sich hineinversetzen in (+ Akk.)

etwas im Griff haben

berufsmäßig
gefühlsmäßig
ideell
kurz-/langfristig
reell
sensationell
unbewusst
virtuell

SPRECHEN, KB 101

die Anziehungskraft, ¨e
der Rückschluss, ¨e
das Temperament, -e

ertappen
hinnehmen, nahm hin,
  hat hingenommen
verbergen vor (+ Dat.), verbarg,
  hat verborgen

beschämend
einfühlsam
gelegentlich
sensibel
temperamentvoll
vertrauensselig
vordergründig

SCHREIBEN, KB 102

der Anreiz, -e
die Chemie (Sg.)
der Druck, ¨e
  der Leistungsdruck, ¨e
der Gesichtspunkt, -e
der Kündigungsgrund, ¨e
das Ranking, -s
die Work-Life-Balance (Sg.)

anfallen, fiel an, ist angefallen
interpretieren

ins Auge springen, sprang,
  ist gesprungen

konstruktiv

HÖREN, KB 103

die Symptomatik (Sg.)

jemanden bedrücken

sich einer Sache bedienen

LESEN 2, KB 104–106

die Auffälligkeit, -en
die Hypnose (Sg.)
die Psyche, -n
die Psychoanalyse (Sg.)
das Schuldgefühl, -e
das Umfeld, -er
die Verhaltensweise, -n
das Zeitalter, –

beitragen zu, trug bei,
  hat beigetragen
darlegen
verschlüsseln
zurechtkommen mit, kam
  zurecht, ist zurechtgekommen

jemanden zu etwas bringen,
  brachte, hat gebracht
sich in eine neue Rolle
  einfinden, fand sich ein,
  hat sich eingefunden
hinter die Kulissen schauen
in die Lage versetzen

eingefahren (hier: gewohnt)
überholt
  (hier: nicht mehr aktuell)

SEHEN UND HÖREN, KB 107

bestehen in (+ Dat.), bestand,
  hat bestanden
veranschaulichen

8

LEKTIONSTEST 8

1 Wortschatz

Was bedeuten folgende Ausdrücke? Ordnen Sie zu.

1 etwas hinnehmen
2 ins Auge springen
3 mit etwas zurechtkommen
4 sich in jemanden hineinversetzen
5 etwas im Griff haben
6 sich etwas gönnen
7 hinter die Kulissen schauen

A nachfühlen, wie es jemandem geht
B eine unabänderliche Situation akzeptieren
C etwas / eine Situation unter Kontrolle haben
D den Hintergrund von etwas erkennen
E einen Weg finden, mit etwas umzugehen
F sich etwas Schönes/Angenehmes leisten
G etwas ist besonders auffallend

Je 1 Punkt   Ich habe _____ von 7 möglichen Punkten erreicht.

2 Grammatik

a Formen Sie um (Gerundiv).

1 Eine Situation, die schwer einzuschätzen ist, ist eine schwer _____ Situation.
2 Ergebnisse, die man schriftlich belegen muss, sind schriftlich _____ Ergebnisse.
3 Menschen, die sich leicht ablenken lassen, sind leicht _____ Menschen.

Je 1,5 Punkte   Ich habe _____ von 4,5 möglichen Punkten erreicht.

b Formen Sie die Sätze ins Passiv oder Aktiv um. Schreiben Sie auf ein separates Blatt.

1 Der Forscher will die Ergebnisse verschlüsselt speichern.
2 In sozialen Brennpunkten sollen laut Stadtverwaltung mehr Streetworker eingesetzt werden.
3 Psychologen wollen Eltern in die Lage versetzen, ihre Kinder besser zu verstehen.
4 Paare sollen laut der Therapeutin dazu gebracht werden, sich offener zu begegnen.

Je 1 Punkt   Ich habe _____ von 4 möglichen Punkten erreicht.

c Schreiben Sie die Sätze mit *bekommen* neu auf ein separates Blatt.

1 Dem Politiker wird das Projekt erklärt.
2 Dem Patienten werden viele Fragen gestellt.

3 Die therapeutischen Ansätze werden den Psychologiestudenten erläutert.

Je 1,5 Punkte   Ich habe _____ von 4,5 möglichen Punkten erreicht.

d Was passt? Ergänzen Sie -abel, -al, -ell und -ös in der richtigen Form.

1 den *ide*_____ Partner finden
2 sich für einen Empfang *form*_____ kleiden
3 eine *infekti*_____ Krankheit haben

4 *tradition*_____ Werte schätzen
5 eine *akzept*_____ Lösung für ein Problem finden

Je 1 Punkt   Ich habe _____ von 5 möglichen Punkten erreicht.

3 Kommunikation

Ergänzen Sie die passenden Wörter.

Im vorliegenden S_____l__ (1) geht es um das Thema Kündigungsgründe. Die Grafik geht dabei der __r_____ (2) nach, aus welchen __ü_____n (3) Mitarbeitende kündigen. Was besonders ins _____ (4) springt, ist das Thema Stress. Ein wichtiger G_____t_____k__ (5) ist für mich dabei, dass Leistungsdruck für viele ein Problem zu sein scheint.

Je 1 Punkt   Ich habe _____ von 5 möglichen Punkten erreicht.

Auswertung:

Ich habe _____ von 30 möglichen Punkten erreicht.

🙂	🙂	🙁
30 – 26	25 – 15	14 – 0

1 Lucas neue Bude

Ergänzen Sie in der richtigen Form.

> Einkaufszentrum · Fassade · Infrastruktur · sanieren ·
> Stadtrand · Möglichkeit · ~~vornehm~~ · verwandeln · wimmeln

Liebe Lena,

stell Dir vor, gestern war ich mal wieder sehr ausgiebig shoppen. Im neuen

_____ (1) in der Hohenzollernstraße traf ich Luca.

Der erzählte mir, dass er jetzt ganz in der Nähe wohnt und nicht mehr am

5   _____ (2). Die Gegend ist besonders bei jüngeren Leuten sehr

gefragt. Dort stehen lauter _vornehme_ (3) Altbauten aus den 1890er-Jahren.

Die alten Gebäude sind luxuriös _____ (4). Oft blieb da nur noch die

_____ (5) stehen, alles andere wurde abgerissen und neu gemacht.

Es ist schon erstaunlich, wie sich einige Stadtteile in trendige Quartiere

10   _____ (6) haben. In Lucas Straße _____ (7) es nur so von

interessanten Boutiquen. Aber es gibt natürlich auch viele _____ (8),

Lebensmittel einzukaufen. Außerdem ist die Verkehrsanbindung sehr gut. Die

Stadtplaner haben offenbar Wert auf eine gute städtische _____ (9)

gelegt. Also, ich muss sagen, ich beneide Luca ein bisschen!

15   LG Abilasha

zur Einstiegsseite, KB 113, Aufgabe 1

2 Visionen des Architekten Frei Otto

WORTSCHATZ

Ersetzen Sie die Wörter in Klammern durch Synonyme.

Frei Otto (1925–2015) war ein deutscher Architekt,
der für seine architektonischen (Visionen) _Ideen_ (1)
weltbekannt wurde. Der Entwurf begrünter Hoch-
häuser ist ein Beispiel dafür. Zusammen mit Günter

5   Behnisch (machte) _____ (2) er die
Dachkonstruktion des Münchner Olympiastadions
für die Olympischen Spiele 1972. Außerdem (stylte)
_____ (3) er zahlreiche Gebäude im
In- und Ausland, unter anderem (arbeitete)

Olympiastadion in München

10   _____ (4) er beim Bau des japanischen
Pavillons für die Expo 2000 in Hannover mit. Seit den 1980er-Jahren (erarbeitete)
_____ (5) Otto mit seinem Schüler Mahmoud Bodo Rasch Zeltdach-
konstruktionen im islamischen Raum. Hier ist vor allem das Behörden- und Kulturzentrum
Tuwaiq Palace in Riad (aufzuzählen) _____ (6). Er galt als Visionär. Das

15   Architekturmagazin _Häuser_ wählte das Olympia-Ensemble zum wichtigsten deutschen
Gebäude. Viele seiner (Sachen) _____ (7) zeigen, dass es ihm darum ging,
die Natur in seine Gebäude zu (bringen) _____ (8). Zur Architektur der
Zukunft sagte Otto: „Meine Wünsche von früher haben sich (verwirklicht)
_____ (9)."

zu Lesen 1, KB 114, Aufgabe 2

3 Großstädte und Klimaschutz

WORTSCHATZ

a Welche Erklärung ist richtig? Markieren Sie.

1 das Solarpanel
- [X] Gerät zur Umwandlung von Sonnenlicht in elektrische Energie
- [b] Apparat zur Erwärmung der Raumluft durch die Sonne

2 die Urbanisierung
- [a] Verfall von großen Städten
- [b] Ausbreitung des städtischen Lebens

3 die Umwelt-belastung
- [a] Verschmutzung der Umwelt durch Abfall und giftige Gase
- [b] Belästigung eines Menschen durch seine Umwelt

4 das Abwasser
- [a] Wasser, das von einem Fluss in die Häuser geleitet wird
- [b] Wasser, das in Haushalten, Industrie etc. verbraucht wurde und abfließt

5 der Smog
- [a] Dunst oder Nebel über Großstädten, Industriegebieten
- [b] Dunst in der Küche, wenn die Abzugshaube nicht funktioniert

6 der Klimawandel
- [a] Veränderung des Klimas auf der Erde
- [b] Steigen oder Sinken der Umgebungstemperatur

b Welche Sätze passen zu den Verben? Ordnen Sie zu.

1 beitragen	A Man tut etwas gegen schlechte Entwicklungen
2 einspeisen	B Eine bestehende Organisation neu ordnen
3 umstrukturieren	C Eine Vision wird zur Realität
4 verwirklichen	D Städte haben Anteil am wirtschaftlichen Wachstum
5 verbessern	E Strom wird ins öffentliche Netz abgegeben
6 entgegenwirken	F Eine Situation wird positiv verändert

c Ergänzen Sie die Verben aus 3b in der richtigen Form.

1 Je länger das Thema *Klimawandel* in den Medien präsent ist, desto mehr Menschen möchten etwas zur Verbesserung der aktuellen Lage _____ .

2 Um die Ziele der Klimapolitik _____ , müssen wir die Umweltbelastung der Großstädte unbedingt verringern.

3 Manche behaupten sogar, wir müssten unser komplettes Wirtschaftssystem _____ , um den Klimawandel zu bekämpfen.

4 Die Regierung hat nicht damit gerechnet, dass moderne Häuser so viel Strom und Wärme in die Netze _____ .

5 Der Bürgermeister verspricht, dass die Maßnahmen zum Umweltschutz die gegenwärtige Situation _____ sollen.

6 Die Wissenschaftler appellieren an die Politiker, mit einer besseren Umweltpolitik unguten Tendenzen _____ .

zu Lesen 1, KB 114, Aufgabe 2

4 Zukunft des Städtebaus

HÖREN

4 🔊 8   **Hören Sie das Interview und markieren Sie die richtige Antwort (a, b oder c).**
Hören Sie den Text zweimal.

1 Frau Professor Lasching ist der Ansicht, dass
   a der Klimaschutz durch die Änderung des Stadtverkehrs vorangetrieben werden kann.
   b eine Mischung aus erneuerbaren und fossilen Energiequellen das Klima schützen könnte.
   c elektrische Fahrzeuge keine ausreichende Lösung für den Klimaschutz darstellen.

2 Hinsichtlich der Finanzierung des Klimaschutzes in Städten bemängelt sie, dass
   a die EU für die Kosten in ganz Europa aufkommen muss.
   b Städte dafür nicht genügend Mittel aufbringen können.
   c viele Städte ihre finanziellen Mittel für unwichtigere Dinge einsetzen.

3 Was sagt Frau Professor Lasching zum Städtebau?
   a Die aktuelle Praxis des Städtebaus entwickelt sich in eine gute Richtung.
   b Freie und begrünte Flächen können das Stadtklima positiv beeinflussen.
   c Wichtiger als mehr Wasserflächen ist vor allen Dingen mehr Wohnraum.

4 Die Gesamtplanung einer Stadt ist vor allem deshalb wichtig, weil
   a die kühlere Luft aus dem Umland durch unbebaute Korridore ins Zentrum gelangt.
   b die Menschen ansonsten durch die Verschattung weniger Licht in ihren Wohnungen haben.
   c geometrische Strukturen die Sommerhitze etwas abschwächen können.

5 Warum hält Frau Professor Lasching klimafreundliches Bauen für unsexy?
   a Der Bau klimafreundlicher Gebäude ist mit mehr Arbeit verbunden.
   b Die Kosten für klimafreundliche Bauweisen sind meist doppelt so hoch.
   c Es gibt keine Bauvorschriften, die eine klimafreundliche Bauweise vorschreiben.

6 Sie kritisiert die Politik dafür, dass
   a das Pflanzen von Bäumen als klimapolitische Maßnahme nicht ausreiche.
   b sie langfristige Maßnahmen zugunsten schneller Erfolge außer Acht lasse.
   c zu wenige klimapolitische Maßnahmen die Bevölkerung in Unruhe versetzen könnten.

7 Welche Aufgabe hat das *Institut für nachhaltiges Bauen*?
   a Es berät Interessenten, was im Städtebau gegen den Klimawandel getan werden kann.
   b Es hilft Bürgerinnen und Bürgern, durch die Reduktion ihres Energieverbrauchs Geld zu sparen.
   c Es sendet in regelmäßigen Abständen Informationen über klimafreundliches Bauen an Hausbesitzende.

8 Frau Professor Lasching denkt, dass
   a die Klimaziele nur durch ein radikales Umdenken im Städtebau umgesetzt werden können.
   b die Städte auf lange Sicht ein Problem haben, dem Klimaschutz gerecht zu werden.
   c eine Halbierung der CO_2-Emissionen in wenigen Jahren nicht mehr zu erreichen ist.

zu Lesen 1, KB 114, Aufgabe 2

5 Meine Stadt in der Zukunft

SCHREIBEN

Lesen Sie die Artikel über Innovationen in Großstädten und schreiben Sie den
Text weiter. Gehen Sie dabei auf folgende Punkte ein.

- Was gefällt Ihnen an den berichteten Beispielen besonders?
- Was halten Sie an den Vorschlägen für realistisch und sinnvoll?
- Welche positiven Auswirkungen hätte eine Einführung dieser Innovationen?
- Was wird bezüglich der drei genannten Beispiele in Ihrer Heimatstadt gemacht?
- In welchem weiteren Bereich, z. B. Verkehr, Bauen usw. wünschen Sie sich Veränderungen?

Salat vom Dach

Beete und Äcker ziehen vom Land zurück in die Stadt, etwa auf die Dächer von Super-märkten. Oder auf Hausfas-saden. Oder in Unternehmen. In Konferenzräumen wachsen Tomaten von der Decke, in Foyers sprießt Reis aus dem Boden. Das spart nicht nur Transportkosten, sondern be-schert den Stadtbewohnern gesundes, frisches Essen.

Parkplatz finden per App

Kaum noch vorstellbar: Ein Drittel des Verkehrs in Innenstädten wird heute allein durch die Parkplatz-suche verursacht. In Zukunft erkennen Sensoren im Asphalt oder in Straßen-laternen, wo noch Lücken sind. Der Fahrer reserviert den Parkplatz per App und lässt sich dorthin lotsen.

Selbstpressende Mülltonnen

Hamburg bleibt sauber dank Hightech! Solarbetriebene Spezialmülleimer, sogenannte *Big Bellys*, zerkleinern den Müll, den man hineinwirft. Dadurch fassen sie siebenmal so viel Abfall wie herkömmliche Mülleimer. Rund 200 000 Euro spart die Hamburger Stadt-reinigung nach eigenen Berechnungen auf diese Weise.

Im Internet habe ich einige Artikel entdeckt, die mich zum Nachdenken angeregt haben. Mit Freunden habe ich ausführlich über die beschriebenen Erfindungen diskutiert. Denn auch in meinem Heimatland … suchen wir nach Lösungen für Probleme im Großstadtalltag. Wenn es darum geht, unser tägliches Leben zu verbessern, dann ist wohl …

zu Lesen 1, KB 114, Aufgabe 2

6 Nachrichten aus Wissenschaft und Forschung

HÖREN

4 ◀)) 9   Hören Sie den Text und lesen Sie mit. Hörtext und schriftlicher Text sind
nicht identisch. Vier Wörter sind unterschiedlich. Markieren Sie.

Zum ersten Mal in unserer Geschichte leben global gesehen mehr Menschen in Städten als
auf dem Land. Die Vereinten Nationen gehen davon aus, dass die Nummer der Großstädter
auch in den kommenden Jahren weiter steigen wird. In den Megastädten dieser Welt lebt
bereits heute fast ein Zehntel der Weltbevölkerung. Beunruhigend ist, dass diese giganti-
5 schen Städte mehr Kapazitäten verbrauchen, als es die Zahl der Einwohner erwarten ließe.
So ist der Pro-Kopf-Verbrauch an Strom und Erdöl bei Großstädtern höher als bei Menschen, die in Kleinstädten oder auf dem Land leben. Doch es gibt auch Positives zu berichten: Diejenigen Städte, die in den vergangenen Jahren in ihren öffentlichen Nahverkehr
finanziert haben, könnten ihren Energieverbrauch erheblich senken. Und andererorts
10 zeigen Erhöhungen des Strompreises den Effekt, dass die Menschen vorsichtiger mit den
vorhandenen Energieressourcen umgehen. Nichtsdestotrotz wird es auch in Zukunft in
erster Linie eine große Aufgabe für die Großstädte und Megastädte sein, dem Klimawandel
durch eine Verbesserung ihrer Ökobilanz entgegenzusteuern.

zu Lesen 1, KB 116, Aufgabe 3

7 Vertikale Landwirtschaft

a Ergänzen Sie *wenn*, *falls*, *sofern* und *bei*.
Manchmal gibt es mehrere Möglichkeiten.

1 _Falls_ in Zukunft wirklich so viele Menschen
in Großstädte ziehen, wird die Versorgung der
Stadtbewohner mit Nahrungsmitteln schwierig.

2 Das Ernährungsproblem kann nur dann gelöst
werden, _____ neue Methoden der
landwirtschaftlichen Produktion angewendet werden.

3 Eine Möglichkeit sind mehrstöckige Gebäude in der Stadt, in denen auf den verschiedenen
Stockwerken Obst und Gemüse angebaut werden, _____ man den Ansatz von
Dr. Dickson Despommier, einem der Vertreter der vertikalen Landwirtschaft, verfolgt.

4 _____ einem solchen Anbau von Obst und Gemüse spart man viel Ackerland.

5 Auch die Transportkosten werden gesenkt, _____ man Obst und Gemüse direkt beim
Verbraucher in der Stadt produziert.

6 _____ diese Methode der Nahrungsmittelproduktion irgendwann einmal wirklich
verwendet wird, kann auch viel Energie gespart werden.

7 _____ Nutzung dieser Art von Lebensmittelproduktion zur Versorgung der Bevölkerung
könnten einige Probleme in den Städten der Zukunft gelöst werden.

b Beginnen Sie die Sätze 1, 5 und 6 mit dem Verb des Nebensatzes.

*1 Ziehen in Zukunft wirklich so viele Menschen in Großstädte, wird die Versorgung
der Stadtbewohner mit Nahrungsmitteln schwierig.*

zu Lesen 1, KB 116, Aufgabe 3

8 Satzstrukturen: Konditionale Zusammenhänge

GRAMMATIK ENTDECKEN

a Unterstreichen Sie die konditionalen Elemente. Formulieren Sie dann
die Sätze mit *wenn* bzw. *wenn kein/nicht* neu.

	NK	HK	P
1 <u>Ohne</u> den Einsatz von Glashaus-Techniken wird der Anbau in vertikalen Farmen nicht funktionieren.	☐	☐	☒
2 Angenommen, dass in einem mehrstöckigen Gebäude Pflanzen angebaut werden, wachsen dort dann zum Beispiel Bohnen und Kartoffeln.	☐	☐	☐
3 Unter der Bedingung gleichbleibender Temperaturen wachsen die Pflanzen besonders gut.	☐	☐	☐
4 In den mehrstöckigen Gebäuden gibt es auch Solaranlagen, andernfalls wird die Energieversorgung zum Problem.	☐	☐	☐
5 Vorausgesetzt, dass das Regenwasser gesammelt wird, kann es zur Bewässerung der Pflanzen genutzt werden.	☐	☐	☐
6 Im Falle einer speziellen Beleuchtung wachsen die Pflanzen im Hochhaus schneller als im Freien.	☐	☐	☐

*1 Wenn keine Glashaus-Techniken eingesetzt werden, wird der
Anbau in vertikalen Farmen nicht funktionieren.*

b Handelt es sich in a um einen Nebensatzkonnektor (NK), einen Hauptsatzkonnektor (HK)
oder eine Präposition (P)? Markieren Sie.

zu Lesen 1, KB 116, Aufgabe 3

9 Landwirtschaft in der Stadt

GRAMMATIK

a Formulieren Sie die Sätze mithilfe der Ausdrücke in Klammern um.

1 Durch weitere Forschung in Metropolen wie New York und Shanghai können noch mehr Ideen für diese Art der Lebensmittelproduktion entwickelt werden. (unter der Bedingung, dass)

Unter der Bedingung, dass in Metropolen wie New York und Shanghai weiter geforscht wird, können noch mehr Ideen für diese Art der Lebensmittelproduktion entwickelt werden.

2 Ohne die Weiterentwicklung der vertikalen Landwirtschaft wird es früher oder später Versorgungsprobleme in den Metropolen geben. (andernfalls)

Man muss

wird es früher oder später Versorgungsprobleme in den Metropolen geben.

3 Würden die Pflanzen nicht in Etagen angebaut, wäre diese Variante der Landwirtschaft nicht so platzsparend. (ohne)

wäre diese Variante der Landwirtschaft nicht so platzsparend.

4 Wenn man sein eigenes Gemüse anbauen will, kann man einen „Senkrecht-Garten" auf dem eigenen Balkon oder Fensterbrett einrichten. (Verb Position 1)

, kann man einen „Senkrecht-Garten" auf dem eigenen Balkon oder Fensterbrett einrichten.

5 Beim Pflanzen von Apfelbäumen auf dem Balkon sollte man eine Sorte wählen, die klein und schlank wächst. (angenommen, dass)

sollte man eine Sorte wählen, die klein und schlank wächst.

6 Falls sich die Haushalte ausreichend versorgen, entstehen keine Transportkosten. (im Falle)

entstehen keine Transportkosten.

b Schreiben Sie die Sätze mit *sonst/andernfalls* und mithilfe der Wörter in Klammern zu Ende.

1 Bauen Sie Gemüse selbst an, … (nicht wissen, ob es wirklich gesund ist).
2 Wählen Sie für den Balkon kleine Tomatensorten, … (die Pflanzen zu groß werden).
3 Auberginen mögen viel Sonne und Windschutz, … (nicht richtig reif werden).
4 Die Erde sollten Sie immer feucht halten, … (die Pflanzen austrocknen).
5 Chilis und Peperoni pflanzen Sie am besten erst nach draußen, wenn die Pflanzen 10 cm groß sind, … (erfrieren).
6 Chilis sollten Sie erst ernten, wenn sie tiefrot sind, … (nicht richtig scharf sein).
7 Zucchini brauchen einen Schneckenschutz, … (die Pflanzen nicht viele Früchte entwickeln).

1 Bauen Sie Gemüse selbst an, sonst/andernfalls wissen Sie nicht, ob es wirklich gesund ist.

zu Sehen und Hören, KB 117, Aufgabe 2

10 *Urbane Landwirtschaft*

WORTSCHATZ

Was ist richtig? Markieren Sie.

Das Prinzip *Urbane Landwirtschaft* gibt es inzwischen in fast jeder größeren Stadt. Es gibt keine *Beete / Stellen* (1) wie auf dem Land. Die Pflanzen sind in tragbare Kästen gepflanzt. Die Benutzer kommen aus allen gesellschaftlichen Schichten. Bei der Pflege des Gartens können auch absolute *Spezialisten / Dilettanten* (2) nicht viel verkehrt machen. Die Leute staunen über die *Diversität / Monokultur* (3) der Pflanzen. Noch heute sind manche Touristen überrascht, dass mitten in der Stadt plötzlich Gemüse *angepflanzt / eingespeist* (4) wird. Urbane Gärten verändern die Stadt, insbesondere Gegenden, die vorher als *quirlig / spießig* (5) galten.

zu Sehen und Hören, KB 117, Aufgabe 2

11 E-Mail an eine Zeitungsredaktion

SCHREIBEN

Alexandra Gerber aus Luzern schreibt an ihren Kommilitonen und an die Redaktion eines Wochenblatts ihrer Heimatstadt. Ergänzen Sie. Verwenden Sie dazu eventuell auch die Informationen aus der ersten E-Mail.

Von: alex_gerb@webmail.ch   An: abdel_k@mailsurf.net
Betreff: Cooles Projekt in Berlin

Hallo Abdel,
wie geht's? Ich hab' hier in Berlin schon eine ganze Menge unternommen. Ich schicke Dir im Anhang drei Fotos von einem ganz besonderen Restaurant. Es ist in Kreuzberg auf dem Gelände des „Prinzessinnengartens", eines alternativen Gartenbauprojekts. Die Betreiber wollen den inter-
5   essierten Stadtbewohnern die Möglichkeit geben zu lernen, wie man Obst und Gemüse in der Stadt anbaut. Die haben da in Holzkästen alles Mögliche, zum Beispiel 20 verschiedene Tomatensorten. Man kann hingehen und selber ernten, gegen Bezahlung natürlich. Leute, die hier mithelfen, bekommen einen günstigen „Mitarbeiterpreis". Wir haben in dem Restaurant einen Gemüseteller gegessen, der war superfrisch und toll gewürzt. Wenn wir mal zusammen in Berlin sind, müssen wir
10 da unbedingt hin.
LG Alex

Von: alex_gerb@webmail.ch   An: info@luzernbote.ch
Betreff: Projektvorschlag zum Thema „Lebenswerte Stadt der Zukunft"

Sehr _geehrte_ (1) Damen und Herren,
in Ihrer letzten Ausgabe vom 14. April _____ (2) Sie Ihre Leser um Einsendung inter-
essanter Projektideen zum Thema „Lebenswerte Stadt der Zukunft". Im Anhang _____ (3)
Sie drei Fotos und einen Text dazu. Eine mögliche Überschrift dazu wäre „Überhaupt nicht
5   spießige Gärtner: Ökologisches und soziales Projekt in Berlin".
In meinem Artikel geht es _____ (4) den sogenannten „Prinzessinnengarten".
Dieses Projekt _____ (5) bereits öfter in den Medien porträtiert, doch den Lesern
Ihres Wochenblattes _____ (6) es noch nicht so bekannt sein. Der Garten
_____ (7) sich am Moritzplatz in Kreuzberg. Die Betreiber wollen Stadtbewohnern
10 ökologischen Anbau und Biodiversität nahebringen. Gleichzeitig wollen sie den Menschen in
der Nachbarschaft die _____ (8) zum preiswerten Einkauf von regionalen Lebensmitteln geben. Beides wäre auch in Luzern sehr wünschenswert.
Ich _____ (9) mich freuen, wenn Sie meinen Text und die Fotos in einer Ihrer
_____ (10) Ausgaben veröffentlichen würden.
15 Mit freundlichen Grüßen
Alexandra Gerber

---

zu Schreiben, KB 118, Aufgabe 1

12 Probleme von Großstädtern

KOMMUNIKATION

Ordnen Sie die Redemittel dem Blogbeitrag zu. Ein Redemittel passt nicht.

> 6 In meinem Bekanntenkreis gibt es • ☐ einen weiteren Aspekt in die Diskussion einbringen •
> ☐ Ich lebe in • ☐ Mit Interesse habe ich die Beiträge • ☐ Negativ wirkt sich •
> ☐ Plötzlich habe ich gemerkt, wie schwer es ist, • ☐ Positive Ansätze sehe ich darin, •
> ☐ Das kann man zum Beispiel dadurch, • ☐ Viele haben doch einfach

---

Wohnen in der Großstadt

Michi13

__(1)__ zum Thema „Stadtleben" in diesem Blog gelesen. Ich würde gern __(2)__ . Es gibt ja nicht nur psychische Folgen des Lebens in Großstädten.

__(3)__ ein praktisches Problem, sie können sich die teuren Mieten einfach

5 nicht leisten. __(4)__ einer der teuersten Städte Österreichs. Hier gibt man inzwischen 50 Prozent des Einkommens und mehr für Miete aus. Ehrlich gesagt bleibt vielen da nicht mehr genug Geld übrig, um in den exklusiven Läden der Innenstadt einzukaufen oder in Restaurants und Bars, über die man in der Zeitung liest, zu gehen. Auch der Besuch von Konzerten oder

10 Theateraufführungen ist für manche einfach unbezahlbar.

__(5)__ das Großstadtleben meiner Meinung nach dahingehend aus, dass die Schere zwischen denen, die sich alles leisten können, und denen, die das nicht können, immer weiter auseinandergeht.

__(6)__ einen Fall, den ich für recht typisch halte. Eine Kollegin hat sich vor

15 ein paar Monaten von ihrem Partner getrennt und musste sich eine neue Wohnung suchen. Es war für sie fast unmöglich, etwas zu finden. Inzwischen wohnt sie in einer Zweizimmerwohnung in einer WG. Vorübergehend, hofft sie. __(7)__ als Alleinstehende Wohnraum zu finden, den man sich leisten kann. __(8)__ dass die Stadtverwaltung mehr bezahlbare Mietobjekte baut

20 beziehungsweise zur Verfügung stellt. Mich würde interessieren, wie man in anderen Ländern mit diesem Thema umgeht.

WIEDERHOLUNG GRAMMATIK

zu Wortschatz, KB 119, Aufgabe 3

13 Ein schönes Dorf

Ergänzen Sie die Präpositionen.

Letztes Jahr wurde Windenstein mit einer Medaille im Wettbewerb „Die schönsten Dörfer des Nordens" ausgezeichnet, darauf (1) sind wir sehr stolz. Unser Dorf ist eigentlich nicht bekannt _____ (2) große Taten oder Persönlichkeiten, aber es ist reich _____ (3) historischen Gebäuden. Die Jury war besonders begeistert _____ (4)

den gut erhaltenen Ziegelbauten und dem großen Zusammenhalt der Dorfgemeinde. Das Dorf ist schön anzusehen und deshalb auch beliebt _____ (5) Touristen. Wer _____ (6) vielfältigen Unterhaltungsangeboten interessiert ist, für den bietet Windenstein wenig Attraktives. Aber wer _____ (7) einem Besuch des Bauernmarktes und einer Besichtigung der Kirche zufrieden ist, der ist bei uns genau richtig.

zu Wortschatz, KB 119, Aufgabe 3

14 Adjektive und Partizipien mit Präpositionen

GRAMMATIK

a   **Was passt? Ergänzen Sie.**

> angewiesen · ~~aufgeschlossen~~ · entscheidend · gespannt · glücklich ·
> dankbar · überzeugt · unzufrieden · verwundert

Schöne neue Stadt: Stadtplaner und Bauherrn

Glücklicherweise gibt es auch Stadtplaner, die sich nicht mit der Hässlichkeit vieler Klein-
städte abfinden, sondern die _aufgeschlossen_ (1) gegenüber Neuem sind. Sie sind davon
_____ (2), dass es möglich ist, wirklich attraktive Stadtviertel zu bauen. Ihrer
Ansicht nach ist es für das Konzept _____ (3), dass der Stadtteil von den
Bewohnern mit allen Sinnen genossen werden kann. Wenn man eine gelungene Kombination
verschiedener Gebäude bauen will, ist man allerdings auf gewisse Regeln und Vorgaben
_____ (4). Die zukünftigen Hausbesitzer sind am Anfang manchmal
_____ (5) mit diesen Vorschriften, denn ihre Freiheit wird dadurch etwas
eingeschränkt. Einige sind auch _____ (6) darüber, dass man als Eigentümer
eines Grundstücks nicht einfach alles machen kann, was man sich vorstellt. Aber während
der Bauzeit sind die meisten _____ (7) für die Vorschriften, denn sie merken,
dass dadurch ein schöner Gesamteindruck einer Straße oder eines ganzen Viertels ermöglicht
wird. Im weiteren Verlauf der Bauarbeiten sind alle natürlich sehr _____ (8)
auf das Resultat – und am Ende sind die meisten _____ (9) über die gelungene
Umsetzung der Ideen.

b   **Unterstreichen Sie die zu den Adjektiven/Partizipien gehörenden Präpositionen.**

zu Wortschatz, KB 119, Aufgabe 3

15 Unser Dorf hat Zukunft

WORTSCHATZ

Ergänzen Sie die Präpositionen *an, auf, in, mit, um* **und** *zwischen.*

Das Bundesministerium für Landwirtschaft und
Ernährung ehrt _mit_ (1) dem Wettbewerb
Unser Dorf hat Zukunft alle drei Jahre kreative Ideen
für ein attraktives Dorfleben. Teilnehmen können
5   Gemeinden _____ (2) höchstens
3 000 Einwohnern. Ziel ist es, _____ (3)
positive Entwicklungen im ländlichen Raum aufmerksam zu machen. Der traditionsreiche Wettbewerb thematisiert dabei weniger die Diskrepanz
10   _____ (4) Stadt und Land, sondern
möchte vielmehr das Engagement der Dorfbewohner und ihre herausragenden Ideen
_____ (5) den Fokus rücken. Gesucht werden insbesondere innovative und zukunfts-
fähige Projekte zur Gestaltung eines lebendigen Dorflebens. _____ (6) ihrer Teilnahme
sollen die Dorfgemeinden die Gelegenheit haben, zu zeigen, _____ (7) welche
15   Entwicklungen in ihrem Dorf sie stolz sind. Der Wettbewerb motiviert aber auch Menschen
zu neuen Ansätzen, sich _____ (8) der wirtschaftlichen, sozialen und ökologischen
Entwicklung ihrer Heimat zu beteiligen. Die teilnehmenden Dörfer sind immer sehr bemüht
_____ (9) eine möglichst positive Präsentation ihres Dorflebens. Die Gewinner
des Wettbewerbs erhalten Gold-, Silber- und Bronzemedaillen sowie Sonderpreise. In der
20   Bewertungsphase sind deshalb alle teilnehmenden Dörfer gespannt _____ (10)
die Einschätzungen der Jury.

zu Lesen 2, KB 120, Aufgabe 2

16 Ökosiedlungen international

a Lesen Sie den Text über das *Globale Ökodorf-Netzwerk* und ergänzen Sie in der richtigen Form.

> weltanschaulich • initiieren • Schnittstelle • Weiterentwicklung • landwirtschaftlich • Ökosiedlung • nutzen • international

Das Globale Ökodorf-Netzwerk ist eine _____ (1) Organisation zur Vernetzung von Einzelpersonen, ökologischen Gemeinschaften und _____ (2). Das Netzwerk wurde 1991 in Dänemark gegründet und _____ (3) mehrmals jährlich öffentliche Veranstaltungen und

5 Konferenzen. Es sieht sich als _____ (4) zwischen ökologischen Siedlungen und Dörfern auf der einen Seite und Politikern, Regierungen, NGOs und den Wissenschaften auf der anderen. Die Mitglieder _____ (5) das Netzwerk zum weltweiten Austausch von Ideen und Informationen, beispielsweise zur _____ (6) ihrer technologischen und _____ (7)

10 Methoden. Aber auch pädagogisches Wissen und _____ (8) Fragen werden von den Ökodörfern diskutiert.

4 🔊 10 **b** Hören Sie ein Gespräch zwischen zwei Bewohnern eines Ökodorfs zum Thema *Aufgabenverteilung im Ökodorf*. Ergänzen Sie beim Hören die fünf leeren Felder in der Tabelle. Schreiben Sie pro Feld maximal zwei Wörter. Hören Sie das Gespräch nur einmal.

AUFGABENVERTEILUNG IM ÖKODORF

	Mo	Di	Mi	Do
Vormittag Was?	Gemüse für _____ ernten	Ernte für Kräutertee	Hühner füttern und _____	Maschinen prüfen
Wo?	Feld vor dem	Kräutergarten	Hühnerstall	Geräteschuppen
Mittagszeit				
Nachmittag Was?	Tomaten ausgeizen	Führung zum Thema _____	Apfelernte	_____ Geräte reparieren
Wo?	Folienhaus	Kräutergarten	Streuobstwiese	Geräteschuppen

zu Lesen 2, KB 120, Aufgabe 2

17 *Alles öko oder was?*   SCHREIBEN

Für ein Seminar im Fach Umweltwissenschaften schreiben Sie eine Hausarbeit zum Thema *Ökologische Landwirtschaft*. In einem Abschnitt wollen Sie sich mit folgender Frage beschäftigen: Welche Vorteile hat die ökologische Landwirtschaft gegenüber der industriellen Landwirtschaft? Fassen Sie zu dieser Frage Informationen aus dem Text und aus der Grafik zusammen. Benutzen Sie möglichst eigene Formulierungen. Schreiben Sie 100–150 Wörter.

Ökologische Landwirtschaft

Arbeiten und Wirtschaften im Einklang mit der Natur – was vielversprechend klingt, ist in vielen landwirtschaftlichen Betrieben bereits seit vielen Jahren Alltag. Immer mehr Bauern entscheiden sich für die ökologische und gegen die industrielle Landwirtschaft.
5 Die wenigsten von ihnen lassen sich dabei von aktuellen Trends leiten, sondern handeln aus Überzeugung.

Die ökologische Landwirtschaft folgt der Idee eines in sich geschlossenen Betriebsorganismus. Das heißt: Die Nutzung des Bodens und die Viehhaltung sind je nach Standort individuell aufeinander abgestimmt. Diese sogenannte Kreislaufwirtschaft ermöglicht
10 eine umweltverträgliche und nachhaltige Produktion hochwertiger Lebensmittel. Damit steht die ökologische Landwirtschaft im Gegensatz zu konventionellen Betrieben, in der Tierhaltung losgelöst davon betrieben wird, wie viele Tiere von den vorhandenen Flächen ernährt werden können.

Doch auch in Hinblick auf die konkrete Umsetzung unterscheidet sich die ökologische
15 von der industriellen Landwirtschaft. Anders als in der industriellen Landwirtschaft möchten Öko-Bauern, dass die natürlichen Ressourcen unserer Ökosysteme nicht nur genutzt, sondern gleichzeitig auch geschont und erhalten werden. Auf synthetische Dünger und Pflanzenschutzmittel sowie auch Medikamente bei der Tierhaltung wird weitestgehend verzichtet. Dadurch werden nicht nur chemische und für die Natur äußerst
20 schädliche Rückstände vermieden, die ökologische Landwirtschaft trägt auch dazu bei, Artenvielfalt und Biodiversität aufrechtzuerhalten.

Um Transparenz für die Verbraucher zu schaffen, vor allem aber, um die ökologische Landwirtschaft sichtbarer zu machen und ihrem Anliegen Nachdruck zu verleihen, gibt es europaweite Standards und zahlreiche Siegel, die auf die ökologische Produktion eines
25 Lebensmittels hinweisen. Und: Der Verkauf von ökologisch produzierten Produkten boomt – obwohl es bislang keine wissenschaftlich fundierten Belege dafür gibt, dass sich daraus gesundheitliche Vorteile ergeben.

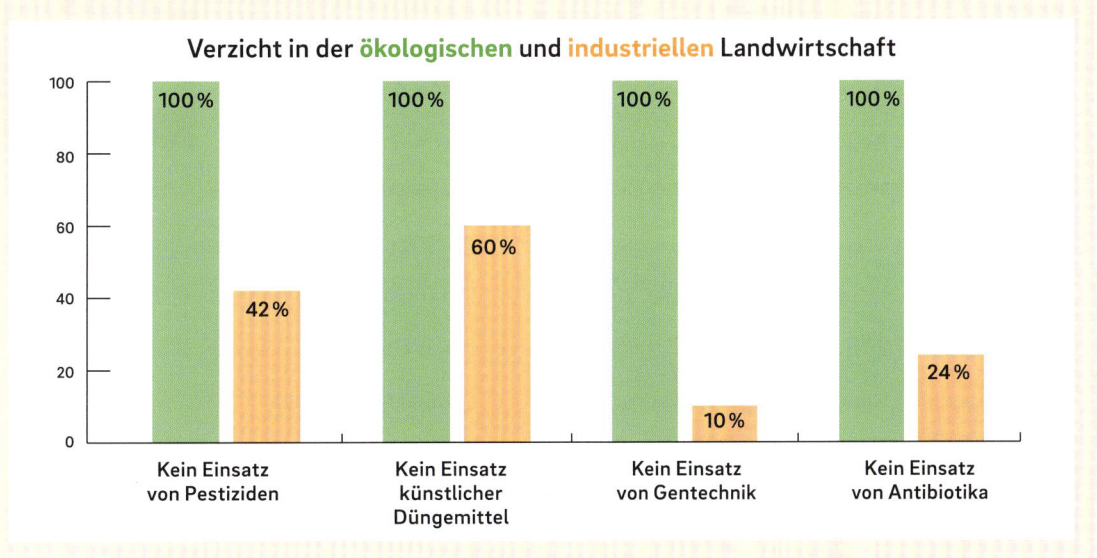

Verzicht in der **ökologischen** und **industriellen** Landwirtschaft

	Kein Einsatz von Pestiziden	Kein Einsatz künstlicher Düngemittel	Kein Einsatz von Gentechnik	Kein Einsatz von Antibiotika
ökologisch	100 %	100 %	100 %	100 %
industriell	42 %	60 %	10 %	24 %

zu Lesen 2, KB 121, Aufgabe 3

18 Leben auf dem Land?

Was ist richtig? Markieren Sie.

Lieber Adrijan,

Michael und ich stehen vor einer wichtigen Entscheidung und wir brauchen Deinen Rat.
Wir überlegen uns ernsthaft, in eine alternative Gemeinschaft aufs Land zu ziehen,
obwohl/*trotzdem* (1) wir uns das bisher nicht vorstellen konnten. Der Hintergrund ist: Michael
5   ist seit einiger Zeit in seiner Arbeit nicht mehr sehr glücklich, *dennoch*/*auch wenn* (2) er
gut verdient. Und ich muss im Krankenhaus zwar auch viel arbeiten, *dennoch*/*selbst wenn* (3)
beschäftige ich mich nebenbei intensiv mit alternativer Medizin – und das machen die Leute in
der Gemeinschaft dort auch! Und außerdem brauchen wir eine neue Wohnung, denn *trotz*/*selbst
bei* (4) unseres guten Verhältnisses zu unserem Vermieter wurde uns gekündigt. Vor Kurzem hat
10 uns nun eine sehr gute Freundin gefragt, ob wir nicht bei dem Projekt „Tempelhof" mitmachen
wollen. Und *selbst wenn*/*trotzdem* (5) so etwas bisher nicht in unserer Lebensplanung vorkam,
überlegen wir uns das. Es wird natürlich *trotz*/*selbst bei* (6) den besten Vorsätzen am Anfang
nicht ganz einfach werden, sein Leben komplett umzustellen. Aber *obwohl*/*wie* (7) schwierig
das *auch* sein wird, versuchen könnten wir es ja mal, oder? Was meinst Du? Ich bin schon sehr
15 gespannt auf Deine Antwort!

Viele liebe Grüße, auch von Michael,
Selina

zu Lesen 2, KB 121, Aufgabe 3

19 Satzstrukturen: Konzessive Zusammenhänge

GRAMMATIK ENTDECKEN

a   Ersetzen Sie in dem Leserbrief die unterstrichenen Wörter durch
trotz, obwohl, trotzdem/dennoch.

Sehr geehrte Damen und Herren,

obwohl
~~ungeachtet der Tatsache, dass~~ (1) die alternative Gemeinschaft „Tempelhof"

zum Teil eine wichtige und sinnvolle Bereicherung für unser Dorf darstellt,

muss ich mich heute beschweren. Trotz meiner Sympathie für biologische

5   Eier und frischen Ziegenkäse sind die vielen Hühner und Ziegen oft eine

wirkliche Belästigung! Morgens um 4 Uhr krähen die ersten Hähne,

obgleich (2) es noch Nacht ist. Ich konnte danach meistens wieder einschlafen, allerdings (3) bin ich bald

darauf von den Ziegen wieder geweckt worden. Ich bin jetzt tagsüber oft müde, obschon (4) ich extra aufs

Land gezogen bin, um gut schlafen zu können. Und jetzt wollen die „Tempelhofer" ungeachtet (5) meines

10 Protestes auch noch Kühe anschaffen. Ich bin nicht nach Kreßberg gezogen, weil ich Schmutz und Lärm

mag! Der Bürgermeister sollte über geeignete Maßnahmen nachdenken.

Mit freundlichen Grüßen

Herbert Kuhnert, Ministerialrat a. D.

b Welche Konnektoren erfordern die gleiche Satzstruktur? Ordnen Sie zu.

> ungeachtet (+ Genitiv) · ungeachtet der Tatsache, dass ·
> ~~obgleich~~ · obschon · allerdings

obwohl: _obgleich_
trotz (+ Genitiv): _____
trotzdem, dennoch: _____

c Was ist richtig? Markieren Sie.

Die konzessiven Elemente *ungeachtet, ungeachtet der Tatsache, dass …, obgleich, obschon*
haben eher ☐ *umgangssprachlichen* ☐ *schriftsprachlichen* Charakter.

zu Lesen 2, KB 121, Aufgabe 3

20 Antwort an Herrn Kuhnert aus Tempelhof   GRAMMATIK

a Ergänzen Sie.

> ungeachtet · allerdings · ~~ungeachtet der Tatsache, dass~~ · obschon · obgleich

Sehr geehrter Herr Kuhnert,

es tut uns sehr leid, dass Sie sich durch uns belästigt fühlen, _____ (1) wir uns
sehr bemühen, mit unseren Nachbarn im Dorf gut auszukommen. _____ (2) wir
Verständnis für Ihre Probleme haben, haben wir weiterhin die Absicht, Tiere auf unserem Hof zu halten.
5 Auf dem Land gehören diese Geräusche nun einmal dazu, _____ (3) ist es sicher nicht
immer leicht, das zu akzeptieren. Wir haben schon daran gedacht, einen schalldichten Hühnerstall zu
bauen, _ungeachtet der Tatsache, dass_ (4) wir dazu gar nicht verpflichtet sind. Wir möchten
aber auf jeden Fall versuchen, die entstandenen Probleme _____ (5) der damit
verbundenen Kosten konstruktiv zu lösen. Vielleicht kommen Sie einfach mal bei uns vorbei, schauen
10 sich bei uns um – lernen dabei vielleicht auch den Hahn kennen ☺ – und dann besprechen wir alles in
unserem Hofcafé.

Viele Grüße
Ihre „Tempelhofer"

b Schreiben Sie den Text aus a der
Nummerierung entsprechend mit
trotz (1), *dennoch* (2), *obwohl* (3),
trotzdem (4) und *auch wenn* (5) neu.

> Sehr geehrter Herr Kuhnert,
>
> es tut uns sehr leid, dass Sie sich trotz unserer
> großen Bemühungen, mit unseren Nachbarn im
> Dorf gut auszukommen, durch uns belästigt fühlen.

zu Hören, KB 122, Aufgabe 1

21 Stadt und Dorf   WORTSCHATZ

Was ist richtig? Markieren Sie.

1 ☐ Leerstehende ☐ Frei stehende Gebäude trüben den ersten Eindruck eines Dorfs.
2 Viele Häuser im Dorf sind stark ☐ renovierungsbedürftig. ☐ renoviert.
3 Das ☐ ländliche ☐ städtische Leben stellt für viele eine Idylle dar.
4 Viele von ihnen haben ihre ☐ Arbeitsstelle ☐ Arbeitslosigkeit in der Stadt.
5 Dörfliche Gemeinschaften haben oft einen starken ☐ Zusammenhalt. ☐ Ruhestand.

zu Sprechen, KB 123, Aufgabe 1

22 Leben in der Megastadt

KOMMUNIKATION

a **Was ist richtig? Markieren Sie.**

1 Eben wurde *verstanden /(behauptet)/ erzählt*, die meisten Menschen würden glauben, dass Megastädte keine Zukunft haben, weil sie lebensfeindlich sind. (Funktion: ⓓ)

2 Leider fehlt mir ein *schlagendes / tretendes / ziehendes* Argument für diese Sicht. Wie kommen Sie darauf, dass alle Großstädte gleich sind? (Funktion: _____)

3 Darauf würde ich gern etwas *kritisieren / erwidern / schimpfen:* Es ist doch vielmehr so, dass immer mehr Menschen in die Städte drängen, weil die Lebensqualität von vielen dort als höher empfunden wird. (Funktion: _____)

4 Meine Vorrednerin hat ausführlich *ausgeführt / aufgegriffen / angebracht,* dass der Versuch junger Familien, auf dem Land zu leben, oft erfolglos bleibt. (Funktion: _____)

5 Mein Vorredner *beziehungsweise / bedauerlicherweise / oder* das gesamte Team haben uns mit ihren Argumenten überzeugt, unter anderem, weil sie auf aktuelle Daten zurückgegriffen haben. (Funktion: _____)

b **Ordnen Sie den Sätzen in a passende Funktionen zu. Manchmal sind mehrere Lösungen möglich.**

A auf ein Argument eingehen
B einen Beitrag hinterfragen
C ein Argument entkräften

D ein Argument des Vorredners zusammenfassen
E ein Argument ablehnen
F ein Argument akzeptieren

zu Sprechen, KB 123, Aufgabe 2

23 Debatte: Stadt- oder Landleben?

GRAMMATIK

a **Was passt? Ergänzen Sie *und zwar, beziehungsweise/respektive* und *vielmehr.***

1 *oder, genauer/besser gesagt* _____

2 *genau gemeint ist damit:* und zwar

3 *richtiger, genauer/besser gesagt* und nach verneinter Aussage: *im Gegenteil:* _____

b **Schreiben Sie die Sätze mit *und zwar, beziehungsweise/respektive* und *vielmehr* neu. Manchmal gibt es mehrere Möglichkeiten.**

1 Die Diskussionsteilnehmer kommen aus Hamburg oder aus Freiburg.

2 Wir haben in der Debatte „Stadt-Land" drei Themenschwerpunkte. Genau sind damit Arbeitsmöglichkeiten, Freizeitmöglichkeiten und Gesundheit gemeint.

3 In Städten, genauer gesagt in Großstädten, gibt es mehr Geschäfte als auf dem Land.

4 Das Landleben ist nicht nur etwas für alternative Aussteiger, es ist auch für stressgeplagte Stadtmenschen attraktiv.

5 In dieser Land-WG wohnen nur Künstler. Dabei handelt es sich um Maler, Bildhauer und Musiker.

1 Die Diskussionsteilnehmer kommen aus Hamburg beziehungsweise Freiburg.

24 Umweltfreundliches Stadtleben

MEIN DOSSIER

Stellen Sie sich vor, Sie leben in einer großen Stadt und möchten Ihr Leben umweltfreundlicher gestalten. Welche Aspekte Ihres Lebens möchten Sie unbedingt beibehalten? Was würden Sie verändern? Worauf müssten Sie verzichten?

- Fahrrad statt Auto
- Kräuter und Gemüse selber anpflanzen
- ...

EINSTIEGSSEITE, KB 113

der Entwurf, ⸚e
die Schiene, -n
die Vision, -en

LESEN 1, KB 114–116

das Abwasser, ⸚
der Ballungsraum, ⸚e
der Gestank (Sg.)
der Lösungsansatz, ⸚e
die Metropole, -n
der Pionier, -e
der Smog (Sg.)
das Solarpanel, -s
die Unmenge, -n
die Urbanisierung, -en
der Verursacher, –
    der Problemverursacher, –

jemanden (von etwas)
    abschrecken
anfallen, fiel an, ist angefallen
einspeisen
entgegenwirken
(etwas) identifizieren

Energie einspeisen
die Grundlage für etwas legen

lebenswert
umweltfreundlich
ungebremst
unreguliert

andernfalls
unter der Bedingung, dass
im Falle, dass
sofern
sonst
vorausgesetzt, dass

SEHEN UND HÖREN, KB 117

das Beet, -e
die Diversität (Sg.)
das Grünzeug (Sg.)

etwas ansetzen
    (hier: anpflanzen)

spießig

neuerdings

SCHREIBEN, KB 118

stranden
etwas vereinen
zusammenleben

von etwas angetan sein

gebürtig
pulsierend
unwesentlich

WORTSCHATZ, KB 119

die Auszeichnung, -en
die Bevölkerung, -en
    die Bevölkerungsdichte, -n
die Bronze, -n
die Einteilung, -en
die Einwohnerzahl, -en
die Kommission, -en
der Wettbewerb, -e

begutachten

angewiesen auf (+ Akk.)
aufgeschlossen gegenüber
    (+ Dat.)
bemüht um (+ Akk.)
dankbar für (+ Akk.)
erfahren in (+ Dat.)
erfreut über (+ Akk.)
gespannt auf (+ Akk.)
überzeugt von (+ Dat.)
zufrieden mit (+ Dat.)

landwirtschaftlich

LESEN 2, KB 120–121

der Aussteiger, –
die Fachleute (Pl.)
die Gemeinde, -n
    die Nachbargemeinde, -n
die Gemeinschaft, -en
der Grundbetrag, ⸚e
der Hippie, -s
der Krempel (Sg.)
die Nutzfläche, -n
die Ökosiedlung, -en
die Resonanz, -en

autark
basisdemokratisch
engagiert
experimentell
materiell
sinnerfüllt
weltanschaulich

obschon
obgleich
ungeachtet (+ Gen.)

HÖREN, KB 122

die Assoziation, -en
das Dörfersterben (Sg.)
das Landleben (Sg.)
der Leerstand, ⸚e

stichwortartig

SPRECHEN, KB 123

der Blickkontakt, -e
der Vorredner, –
die Vorrednerin, -nen

erwidern
nicken
präzisieren

reizvoll
stichhaltig

beziehungsweise
respektive
vielmehr

9

LEKTIONSTEST 9

1 Wortschatz

Wie heißen die Wörter? Schreiben Sie.

1 Jemand, der ein anderes Leben als ein „normales" führt: der _____ (USATSIEREG)
2 Eine Mischung aus Abgasen und Luftfeuchtigkeit: der _____ (MSOG)
3 Eine Stadt, die ein wichtiges Zentrum für etwas ist: die _____ (MRTEOPLEO)
4 Alte, gebrauchte oder nutzlose Dinge: der _____ (RKPMELE)
5 Es ziehen immer mehr Menschen in die Städte: die _____ (RUBNAISIERNUG)

Je 1 Punkt **Ich habe _____ von 5 möglichen Punkten erreicht.**

2 Grammatik

a Schreiben Sie die Sätze mit dem Wort in Klammern neu auf ein separates Blatt.

1 Angenommen, dass die Tests positiv verlaufen, ist das selbstfahrende Auto bald Wirklichkeit. (bei)
2 Im Falle einer Realisierung erhöht das selbstfahrende Auto die Verkehrssicherheit. (wenn)
3 Ungeachtet ihres ganz normalen Aussehens steckt in diesen fahrerlosen Autos jede Menge Hightech. (obwohl)
4 Trotz aller erfreulichen Entwicklung der Technik bleibt die Frage, was mit den Daten passiert, die das autonome Auto in jeder Sekunde sammelt. (allerdings)

Je 3 Punkte **Ich habe _____ von 12 möglichen Punkten erreicht.**

b Ergänzen Sie *gespannt, bemüht, glücklich, angewiesen* und *überzeugt* und die passende Präposition.

Alex besitzt kein Auto mehr und er ist heute _____ _____ (1) diese Entscheidung. Am Anfang war er _____ dar_____ (2), ob er es ohne Auto überhaupt aushalten würde. Aber seit die Stadtverwaltung _____ _____ (3) autofreie Innenstädte ist, ist Autofahren in der Stadt nicht mehr attraktiv. Alex ist inzwischen völlig _____ (4) seiner neuen Fortbewegungsart. Die heutige Generation ist nicht mehr _____ _____ (5) das Auto, sondern kombiniert stattdessen Fahrrad, Bahncard und Carsharing.

Je 2 Punkte **Ich habe _____ von 10 möglichen Punkten erreicht.**

3 Kommunikation

Ergänzen Sie *beziehungsweise, anführen, sprechen, nachvollziehen, Aussage* und *Meinung*.

1 Ich bin der Ansicht, dass vieles für die Behauptung „Autos im Zentrum schaden der Umwelt" _____ (1).
2 Meiner _____ (2) nach wäre es deshalb richtig, wenn immer mehr Stadtverwaltungen Autos in der Innenstadt verbieten.
3 Man könnte zwar andererseits auch _____ (3), dass es nicht Aufgabe der Städte ist, etwas gegen Schmutz und Feinstaub durch Autoverkehr zu tun.
4 Das finde ich allerdings nicht stichhaltig _____ (4) wenig überzeugend, da insbesondere in Großstädten der Verkehr und die schlechte Luft zunnimmt.
5 Ich stimme der _____ (5) zu. Ich kann nicht _____ (6), warum es nach wie vor Menschen gibt, die davon träumen, ein Auto zu besitzen.

Je 0,5 Punkte **Ich habe _____ von 3 möglichen Punkten erreicht.**

Auswertung:

Ich habe _____ von 30 möglichen Punkten erreicht.

☺	☺	☹
30–26	25–15	14–0

1 Über Autoren und Leser

Was passt? Ergänzen Sie in der richtigen Form.

Manche Autoren _setzen sich_ beim Schreiben
von Literatur _mit_ Themen _auseinander_ (1),
die etwas mit ihrem eigenen Leben zu tun haben.
(ans Licht bringen / ~~*sich auseinandersetzen mit*~~ */*
etwas bewirken bei). Natürlich werden sie dabei auch
oft von aktuellen Ereignissen _____ (2)
(beeinflussen/desillusionieren/zerstreuen). Deshalb
sind auch sehr persönliche Geschichten nie ganz
_____ (3) *(selbst verfasst/authentisch/*
ausführlich). Einem Schriftsteller sollte es natürlich auch gelingen,
_____ (4) *(bebildert/umfangreich/anschaulich)* zu schreiben.
Was vor allem jüngere Leser nicht so sehr schätzen, sind _____ (5)
(langatmig/abwechslungsreich/anspruchslos) Beschreibungen. Wer sich nicht sicher ist, ob ihn ein
Buch wirklich interessiert, kann einfach im Internet einige Seiten daraus _____ (6)
(kommentieren/recherchieren/durchblättern), die Online-Buchhandlungen als Leseproben anbieten.
Dort erfährt man aus den Leserbewertungen auch, wie gut beispielsweise ein neuer Roman
_____ (7) *(ausgehen/ankommen/reflektieren)*. Je _____ (8)
(zeitgenössisch/renommiert/legendär) ein Schriftsteller ist, desto besser verkaufen sich natürlich
seine neuen _____ (9) *(Werke/Handouts/Zeilen)*.

10

---

zur Einstiegsseite, KB 125, Aufgabe 1

2 Kluge Sprüche und ihre Bedeutung

KOMMUNIKATION

**Welches Zitat passt? Ordnen Sie diese Erläuterungen den Zitaten im Kursbuch (KB 125)
zu und ergänzen Sie jeweils das passende Zitat darunter.**

1 Das ist ein Aufschrei gegen die Unterdrückung von Gedanken, Ideen,
Kritik oder Utopien, ja eigentlich ein klares Statement für die Freiheit
des Denkens und Schreibens.
Dort, wo man Bücher verbrennt, verbrennt man am Ende
auch Menschen. (Heinrich Heine)

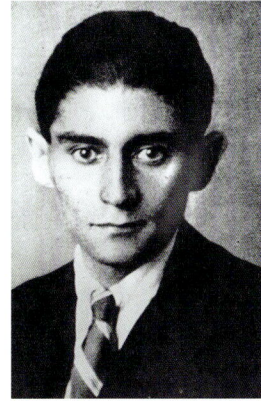

2 Bücher haben die Aufgabe, Menschen zu „knacken", ihr Innerstes nach
außen zu kehren und sichtbar zu machen.

3 Bücher sind dazu da, sich daran zu freuen, die Menschen zum Träumen
zu bringen und sie die Sorgen des Alltags vergessen zu lassen.

Franz Kafka (1883–1924)

4 Der Mensch muss auch im Kopf aktiv bleiben und sein Gehirn trainieren.

5 Beim Lesen kann man sich in eine andere Person verwandeln.

||| zu Lesen 1, KB 126, Aufgabe 2

3 Literatur, die mir zusagt

HÖREN

4 ◀)) 11   **Lesen Sie die Fragen. Hören Sie dann zwei Anrufer in einer Radiosendung und notieren Sie Stichpunkte.**

	Luis	Helena
1 Was liest die Person am liebsten?		
2 Über welche Autoren wird gesprochen?	Jörg Maurer	L. Feuchtwanger, …
3 Welche Titel hat die Person gelesen?		„Erfolg", …
4 Welche Hauptfiguren werden genannt?		
5 Wo spielen die Werke?		
6 Was fasziniert ihn/sie an diesen Romanen?		

||| zu Lesen 1, KB 126, Aufgabe 2

4 Was beim Lesen passiert

WORTSCHATZ

Was passt nicht? Streichen Sie durch.

1 In ein Buch kann man *eintauchen. / sich vertiefen. / ~~sinken.~~ / versinken.*
2 Wenn einem beim Lesen etwas sofort klar wird,
   versteht man es *im Nu. / restlos. / auf Anhieb. / unmittelbar.*
3 Wer etwas unbedeutend findet, *benennt es. / tut es ab. /*
   klammert es aus. / redet es klein.
4 Wer mit Literatur nichts anfangen kann, findet keine/n
   Zugang zu ihr. / Zutritt zu ihr. / Freude an ihr. / Gefallen an ihr.

||| zu Lesen 1, KB 127, Aufgabe 3

5 Variationen der Satzstellung

GRAMMATIK ENTDECKEN

a **Ergänzen Sie die Sätze in der Tabelle.**

1 Belegen können die Neurowissenschaftler inzwischen einige ihrer Theorien.
2 Es wird in der heutigen Zeit kaum weniger gelesen als früher.
3 Intensiv gelesen werden die meisten Texte heutzutage aber eher nicht.
4 Man ist nicht immer einverstanden mit der Meinung des Autors.

Vorfeld	Verb 1	Mittelfeld	Verb 2	Nachfeld
1 Belegen	können	die Neurowissenschaftler inzwischen einige ihrer Theorien.		

b **Was ist richtig? Markieren Sie.**

1 Im Vorfeld stehen können …
   ☐ Vergleiche mit *als/wie*.   ☐ Partizip II / Infinitiv.

2 Ins Nachfeld ausgeklammert werden können …
   ☐ Vergleiche mit *als/wie*.   ☐ Partizip II / Infinitiv.   ☐ Nachträge / genauere Erklärungen.

zu Lesen 1, KB 127, Aufgabe 3

6 Lesen „wirkt"   GRAMMATIK

Schreiben Sie die Sätze mit unterschiedlicher Satzstellung.

1 die Vorstellungskraft / durch das Versinken / in die Welt der Fantasie / geschult werden

2 der aktive Wortschatz / bei Lesern / besser / als / bei Nichtlesern / gefestigt sein

3 das Lesen von Romanen / auch beim Schreiben von eigenen Texten / helfen können

4 regelmäßiges Lesen / das Gedächtnis / so effektiv / wie Gehirnjogging / trainieren können

5 Leser von Romanen / besser / als Nichtleser / in die Gefühle anderer / sich einfühlen können

6 sehr oft / man / in Romanen / über die Welt / etwas lernen können

> *1 Die Vorstellungskraft wird durch das Versinken in die Welt der Fantasie geschult.*
> *Geschult wird die Vorstellungskraft durch das Versinken in die Welt der Fantasie.*

zu Lesen 1, KB 127, Aufgabe 4

7 Nachsilben bei Nomen   GRAMMATIK

a   **Bilden Sie Nomen auf -tum, -ie, -(a)tion, -ität, -ur und -ium
    und ergänzen Sie den passenden Artikel.**

1 aktiv: _____
2 sich irren: _____
3 informieren: _____
4 konzentrieren: _____
5 Literat: *die Literatur*
6 naiv: _____
7 Philosoph: _____
8 studieren: _____

b   **Setzen Sie die Nomen aus a in der richtigen Form ein.**

LESEN – ABER RICHTIG!

Sowohl beim Lesen von ___Literatur___ (1) als auch beim Lesen von Fachtexten für das
_____ (2) stellt sich die Frage, wie man so lesen kann, dass man das Gelesene
wirklich versteht und auch behält. Wichtig sind Ruhe – für eine gute _____ (3) –
5   und eine Portion eigene _____ (4). Es wäre ein großer _____ (5) und
ein Zeichen von _____ (6), anzunehmen, der Autor des Textes denke für einen,
und man müsse sich nicht selber mit dem Thema auseinandersetzen. Als Leser sollte man eine
Diskussion mit dem Autor führen: „Das stimmt!" – „Das sehe ich ganz anders!" oder „?" kann
man an den Rand des Textes schreiben. Außerdem sollte man vor dem Lesen sein Wissen
10 zu dem Thema nutzen, um die neuen _____ (7) besser einordnen zu können.
Im besten Fall sind mit dem wirklichen Verstehen eines Textes neue Erkenntnisse verbunden.
Aber das sind dann fast schon Fragen der _____ (8).

---

zu Wortschatz, KB 128, Aufgabe 1

8 Was fällt Ihnen dazu ein?

SCHREIBEN

Ergänzen Sie die Sätze frei.

1 Mein erstes Bilderbuch …
2 Tagebuch schreiben finde ich …
3 Hörbücher eignen sich …
4 In Buchhandlungen gehe ich …
5 Büchertausch gibt es …
6 Ein echter Bücherwurm …
7 Kochbücher sollten immer …

1 Mein erstes Bilderbuch steht immer noch in meinem Bücherregal, es erinnert mich an viele schöne Stunden mit meiner Großmutter.

WIEDERHOLUNG GRAMMATIK

zu Wortschatz, KB 128, Aufgabe 2

9 Schreibblockade und ihre Überwindung

a Was passt nicht? Streichen Sie durch.

Das Problem von Schreibblockaden oder Schreibhemmungen beschäftigt Autoren *seit/~~bis~~* (1) langer Zeit. Besonders betroffen sind Schriftsteller, Journalisten und Studierende *beim/nach* (2) Schreiben von Manuskripten, Artikeln oder Abschlussarbeiten. *Bis zu/Während* (3) einer Schreibblockade ist man nicht in der Lage, den Text zu schreiben, den man schreiben möchte. Oft erkennt man eine Blockade erst *vor/nach* (4) einer gewissen Zeit, denn man erledigt *vor/bei* (5)dem Schreiben tausend andere Dinge: Man kauft ein, räumt die Wohnung auf oder checkt seine E-Mails. *Nach/Seit* (6) einigen Tagen oder Wochen merkt man aber, dass nichts vorwärts geht und die Zeit *bis zum/bis* (7) Abgabetermin immer knapper wird. Die meisten Schreibhemmungen lösen sich glücklicherweise *während/nach* (8) einiger Zeit, wenn man ein paar Tipps befolgt: Man darf nicht zu hohe Erwartungen an sich selbst haben, denn gleich *nach/vor* (9) dem ersten Schreiben ist kein Text perfekt. *Bis/Vor* (10) dem Schreiben komplexer Texte braucht man eine gute Gliederung für das Thema und *bei/seit* (11) Unklarheiten ist es hilfreich, darüber mit einem Freund zu sprechen. So ist die Blockade bald überwunden!

b Lesen Sie die Sätze und markieren Sie jeweils den Nebensatzkonnektor und das konjugierte Verb. Ergänzen Sie dann Konnektor und Tempus in der Tabelle.

1 Immer wenn ich im Studium eine Seminararbeit schreiben sollte, fiel mir der Anfang sehr schwer.
2 **Als** ich einmal ganz verzweifelt war, hat mir ein Freund bei der Gliederung geholfen.
3 **Nachdem** ich meine Masterarbeit endlich **abgegeben hatte**, **war** ich froh und erleichtert.
4 Immer wenn ich jetzt einen Text schreiben soll, weiß ich, wie ich das schaffen kann.
5 Nachdem ich das Thema gründlich recherchiert habe, mache ich eine Gliederung für den Text.
6 Wenn du morgen kommst, bring mir bitte meine Bücher mit.

Konnektor		Zeit/Tempus
a *Als*	einmaliges Ereignis in der Vergangenheit	
b	mehrmaliges Ereignis in der Vergangenheit	
c	einmaliges Ereignis in der Gegenwart/Zukunft	
d	mehrmaliges Ereignis in der Gegenwart/Zukunft	
e *Nachdem*	Wenn im Hauptsatz Präsens steht, steht im Satz mit *nachdem* …	
f *Nachdem*	Wenn im Hauptsatz Präteritum oder Perfekt steht, steht im Satz mit *nachdem* in der Regel …	*Plusquamperfekt*

zu Wortschatz, KB 128, Aufgabe 2

10 Satzstrukturen: Temporale Zusammenhänge

GRAMMATIK ENTDECKEN

a Lesen Sie die E-Mail und ordnen Sie die Sätze zu.

[4] währenddessen sitze ich hier in Köln bei
Wasser und Brot.   [X] HS   [ ] NS

[ ] seither habe ich nichts von Ihnen gehört!   [ ] HS   [ ] NS

[ ] bevor ich mir einen anderen Verleger suche.   [ ] HS   [ ] NS

[ ] woraufhin ich bei meiner Bank einen kleinen
Kredit aufgenommen habe   [ ] HS   [ ] NS

[ ] daraufhin habe ich mich etwas beruhigt.   [ ] HS   [ ] NS

Sehr geehrter Herr Verleger Ritter,

das Manuskript meines letzten Romans haben Sie vor vier (!!!) Monaten bekommen, __(1)__ Vor drei Wochen habe ich mit Ihrer Assistentin telefoniert, die mir gesagt hat, dass Sie bald aus dem Urlaub zurückkommen, __(2)__ Sie hat mir eine baldige Antwort von Ihnen und eine Anzahlung in Aussicht gestellt, __(3)__ – man muss schließlich leben. Nun ist bis zum heutigen Tag nichts von Ihnen gekommen.
Wie soll ich das meiner Bank erklären? Wovon soll ich den Kredit zurückzahlen? Sie machen in Südfrankreich Urlaub und trinken Rotwein, __(4)__ Ich empfehle Ihnen, sich bei mir zu melden, __(5)__

In Erwartung Ihrer baldigen Antwort

Ihr
Frank Schätz

b Markieren Sie in 10a, ob der Temporalsatz ein Hauptsatz (HS) oder ein Nebensatz (NS) ist.

zu Wortschatz, KB 128, Aufgabe 2

11 Sabas Kurzgeschichte

GRAMMATIK

Schreiben Sie je einen Satz mit den Wörtern in Klammern.

1 Saba bekommt den Auftrag, in fünf Tagen eine Kurzgeschichte abzugeben. Sie setzt sich gleich an ihren Computer.
(nachdem; woraufhin)

2 Saba hat lange Zeit keine wirklich gute Idee für eine
Geschichte. Sie gerät in Stress. (woraufhin, daraufhin)

3 Das Schreiben fällt Saba leichter. Sie hat mit einem
Freund gesprochen. (seitdem, seit)

4 Der Text ist endlich fertig. Saba ist erleichtert.
(als, danach)

5 Saba hat die Kurzgeschichte noch einmal durchgelesen. Sie schickt den Text an den Verlag.
(bevor, nachdem)

1 Nachdem Saba den Auftrag bekommen hat, in fünf Tagen eine Kurzgeschichte abzugeben, setzt sie sich gleich an ihren Computer.
Saba bekommt den Auftrag, in fünf Tagen eine Kurzgeschichte abzugeben, woraufhin sie sich gleich an ihren Computer setzt.

zu Wortschatz, KB 128, Aufgabe 2

12 Autoren, Verleger und Leser

GRAMMATIK

a   Schreiben Sie die kursiven Satzteile im Verbal- oder Nominalstil.

1 *Beim Lesen literarischer Texte* muss man als Verleger auf Inhalt und Sprache achten.
Wenn man literarische Texte liest, muss man als Verleger auf Inhalt und Sprache achten.

2 *Während sie an ihrem Text arbeiten,* haben Autoren Diskussionsbedarf.
haben Autoren Diskussionsbedarf.

3 Manche Autoren lesen aus ihrem neuesten Werk vor, *bis der Verleger völlig erschöpft ist.*
Manche Autoren lesen   aus ihrem neuesten Werk vor.

4 Ob ein Werk gut ist, sagt man dem Autor am besten gleich *nach der Abgabe des Manuskripts.*
Ob ein Werk gut ist, sagt man dem Autor am besten gleich,

5 *Nachdem das Werk veröffentlicht worden ist,* wird das Buch oft in Talkshows präsentiert.
wird das Buch oft in Talkshows präsentiert.

b   Ergänzen Sie die Sätze frei.

1 Als ich das erste Mal einen Roman auf Deutsch gelesen habe, *habe ich nur wenig verstanden.*
2 Seitdem ich deutsche Texte lese, …
3 Nachdem ich ein gutes Buch gelesen habe, …
4 Sobald ich einen Kriminalroman in der Hand habe, …
5 Solange ich mit einem guten Buch ins Bett gehen kann, …

zu Sprechen, KB 129, Aufgabe 1

13 Wie funktioniert eigentlich ein Lesekreis?

HÖREN

4 ◀) 12   Hören Sie die Erläuterungen einer Bibliothekarin zum Thema *Lesekreis.*
Ergänzen Sie die Notizen während des Hörens. Hören Sie den Text zweimal.

NOTIZEN

Definition eines Lesekreises
- Eine Gruppe, die gemeinsam ein Buch zur Lektüre   *auswählt*   (1) und liest.
- Nach dem Lesen findet ein   (2) über dieses Buch statt.

5   **Teilnahme an einem Lesekreis**
- Informationen zu Lesekreisen findet man in öffentlichen Bibliotheken und
  Buchhandlungen oder über das   (3).
- Es gibt auch die Möglichkeit, einen eigenen Lesekreis zu   (4).
- Für einen Lesekreis benötigt man nur eine Gruppe an Interessenten,

10   eine   (5) und ein interessantes Buch.
- Festlegen sollte man neben einem Treffpunkt auch die Zahl der   (6).

Buchauswahl und Timing
- In einem Lesekreis sollen alle einen Buchtitel   (7) können.
- Das ausgewählte Buch wird danach   (8) oder am Stück gelesen.

15   - Die gemeinsamen Treffen sollten möglichst   (9) festgelegt
  und allen Gruppenmitgliedern mitgeteilt werden.
- Bei den informellen Treffen gibt es mehrere   (10),
  die gelesenen Bücher zu besprechen.

zu Sprechen, KB 129, Aufgabe 1

14 Wir haben uns entschieden!

LESEN

Lesen Sie die Kurzpräsentation des Teams einer Zeitungsredaktion zu einer Bildauswahl für ein Buchcover. Bringen Sie die fünf Textabschnitte in die richtige Reihenfolge.

Liebe Kolleginnen und Kollegen!

Das Bild mit dem jungen Mann, der mit einem Buch in der Hand vor einem öffentlichen Bücherschrank steht. Es ist unserer Meinung nach im Hinblick darauf, wie man neue Leser gewinnen kann, besonders passend.

5 Wie ihr wisst, wurden wir von der Redaktionsleitung dazu aufgefordert, ein passendes Bild, quasi einen richtigen Hingucker, zu unserem Artikel mit dem Titel *Leselust* auszuwählen. Wir möchten euch kurz erläutern, wofür wir uns entschieden haben und warum.

Das andere Bild, auf dem ein Lesekreis zu sehen ist, spricht uns zwar von der Ausstrahlung der Personen her auch an, ist aber thematisch nicht so aussagekräftig. Wir hoffen, ihr könnt
10 unsere Entscheidung nachvollziehen und bedanken uns fürs Zuhören!

Für dieses Bild spricht insbesondere die Tatsache, dass öffentliche Bücherschränke noch nicht überall so bekannt sind, sodass das Foto dem Betrachter möglicherweise auch ein kleines Rätsel aufgibt und Neugierde weckt.

Aus vielen Fotos kamen zwei Bilder in die Endauswahl und wir haben uns mit der Entschei-
15 dung nicht leichtgetan. Nach einigem Hin und Her stand dann aber fest, welches der beiden Bilder wir verwenden werden.

zu Lesen 2, KB 130, Aufgabe 1

15 Rund ums Buch

WORTSCHATZ

a Was passt nicht? Streichen Sie.

1 den Buchmarkt mit *Neuerscheinungen / Buchrücken / E-Readern / Hörbüchern* überschwemmen
2 die Lektüre *anregend / packend / mitreißend / haptisch* finden
3 in einem Buch *blättern / lesen / eintauchen / versinken*
4 ein elektronisches Lesegerät *praktisch / ökologisch / optisch ansprechend / pointiert* finden

b Ordnen Sie die Verben und Ausdrücke links den Umschreibungen rechts zu.

sich etwas gönnen —— einen schweren Gegenstand unter großem Kraftaufwand transportieren
etwas schleppen ——— etwas nimmt sehr stark zu
etwas verewigen ——— dafür sorgen, dass es einem gut geht
sich verzehnfachen die ständig präsenten Verpflichtungen und Sorgen vergessen
vom Alltag abschalten etwas hinterlassen, das noch sehr lange in Erinnerung bleibt

zu Lesen 2, KB 130, Aufgabe 1

16 Anmeldung zur Schreibwerkstatt

SCHREIBEN

Sie möchten Ihre Schreibkünste verbessern und haben sich für eine Schreibwerkstatt angemeldet.
Nun erhalten Sie eine E-Mail des Kursanbieters. Als Vorbereitung auf die Antwort haben Sie
sich ein paar Notizen gemacht. Formulieren Sie ein formal angemessenes Antwortschreiben, in
dem Sie auf alle notierten Punkte höflich eingehen. Beachten Sie dabei die textsortenspezifischen
Anforderungen eines formellen Schreibens (Anrede, Schlussformeln, Höflichkeitsformen).

Von:	Ivan Matic	An:	…
Betreff:	Anmeldung Schreibwerkstatt	Datum:	24.10.20.., 14:45 Uhr

Sehr geehrte/r …

Sie haben sich Ende August telefonisch zu unserer Schreibwerkstatt *Kreativ schreiben lernen* angemeldet. Bisher haben wir von
Ihnen die Anmeldung nicht in schriftlicher Form erhalten.

5 Wir hatten Sie vor drei Wochen per E-Mail aufgefordert, sich bei
Interesse noch einmal postalisch für den Kurs registrieren zu
lassen. Leider haben Sie darauf nicht reagiert.

Daher müssen wir Ihnen mitteilen, dass wir den Platz bedauerlicherweise nicht länger für Sie freihalten konnten und ihn
10 an eine andere Interessentin vergeben haben.

Wir bitten um Verständnis dafür, dass wir aufgrund des großen
Interesses für unsere Kurse unverbindliche, mündliche
Anmeldungen nicht berücksichtigen können.

Gern reservieren wir Ihnen einen Platz für unsere übernächste
15 Schreibwerkstatt am 14. Februar, wenn Sie dies möchten.

Mit freundlichen Grüßen
Ivan Matic

Handschriftliche Notizen:
- Ach du liebe Zeit – total vergessen!
- Nicht angekommen … im Spam-Ordner?!?
- Geht nicht! Muss mit meinem Erzählband vorankommen!
- Was heißt hier unverbindlich? Habe doch zugesagt!
- Viel zu spät! Bringt mir nichts mehr … brauche ursprünglichen Termin!

zu Hören, KB 132, Aufgabe 2

17 Die Vermessung der Welt

LESEN

Lesen Sie die Internet-Filmkritiken. In welchem Textabsatz A–F finden
Sie Antworten auf die Fragen (1–9)? Es gibt jeweils nur eine richtige
Lösung. Jeder Absatz kann Antworten auf mehrere Fragen enthalten.

In welchem Text …

A 1 erläutert der Autor, was den Naturforscher Humboldt und den
Mathematiker Gauß grundlegend voneinander unterscheidet?

☐ 2 hätte sich der Autor eine differenziertere Darstellung der beiden
Hauptfiguren gewünscht?

☐ 3 bewundert der Autor die logistische, filmtechnische und zeitliche
Leistung der Romanverfilmung?

☐ 4 ist der Autor von der visuellen Umsetzung der Romanhandlung
begeistert, kritisiert aber die Darstellung der beiden Hauptcharaktere?

☐ 5 beschreibt der Autor die Lebensumstände und die familiäre Herkunft der beiden Hauptfiguren?

☐ 6 lobt der Autor den seiner Meinung nach rundum gelungenen Film?

☐ 7 bemängelt der Autor, dass in dem Film fast nichts wirklich zusammenpasst?

☐ 8 legt der Autor dar, welch ähnlicher „Mission" sich die beiden Hauptfiguren verschrieben haben?

☐ 9 beschreibt der Autor, wie die literarische Vorlage zum Film beim Publikum ankam?

A Als Kinder begegnen sich der Naturforscher Alexander von Humboldt (1769–1859) und der Mathematiker Carl Friedrich Gauß (1777–1855), die beide später als Genies in die Geschichte eingehen, zum ersten Mal. Von Anfang an hätten sie nicht unterschiedlicher sein können. Von Humboldt ist ein Adliger, verwandt mit dem Herzog (Michael Maertens) und Dauergast am Hofe. Er will hinaus in die Welt, doch seine reiche Mutter (Sunnyi Melles) lässt ihn nicht. Gauß stammt aus ärmsten Verhältnissen, er ist aber ein mathematisches Genie und erhält so ein Stipendium des Herzogs.

B Viele Jahre später machen sich beide auf ihre eigene, wieder ganz konträre Weise auf, die Welt zu entdecken, sie zu vermessen. Von Humboldt (Albrecht A. Schuch) bereist nach dem Tod seiner Mutter fremde Kontinente, schlägt sich durch den dichten Urwald Südamerikas, trifft indigene Völker und erklettert Gletscher. Gauß (Florian D. Fitz) bleibt lieber in heimischen Gefilden – er hat das Königreich Hannover nie freiwillig verlassen – und tüftelt an mathematischen Formeln, die die Wissenschaft verändern sollen. Doch die beiden Charaktere sind durch ihre unbändige Neugier und ihren unstillbaren Forschergeist auf eine gewisse Art und Weise miteinander verbunden. Als sie schon deutlich in die Jahre gekommen sind, treffen sie in Berlin noch einmal aufeinander.
von Goran Majoli

C Daniel Kehlmanns 2005 erschienener historischer Roman „Die Vermessung der Welt" ist einer der größten Erfolge der deutschen Nachkriegsliteratur. Die fiktive Doppelbiografie über die beiden Wissenschaftskoryphäen Carl Friedrich Gauß und Alexander von Humboldt wurde in über 40 Sprachen übersetzt und war laut New York Times im Jahr 2006 das weltweit am zweithäufigsten verkaufte Buch. Eine Kino-Adaption des zeitlich, räumlich und gedanklich weitgespannten Werkes muss jedem Leser als gewaltige Herausforderung erscheinen und den Gedanken, diesen Stoff in nur 31 Drehtagen, in aufwendiger 3-D-Technik und zu großen Teilen im Amazonasgebiet von Ecuador zu verfilmen, mögen manche als – das Wortspiel muss sein – vermessenes Wagnis betrachten.

D Aber die Abenteuerlust und die Risikobereitschaft der Filmemacher erweist sich nicht nur als hübsche Parallele zum Pionier- und Entdeckergeist der beiden Hauptfiguren, sondern sie macht sich auch künstlerisch bezahlt. Gerade die Entscheidung, in 3-D zu drehen, ist ein wahrer Glücksfall. Die dritte Dimension führt zu beeindruckend plastischen Bildern von wilder Flora und Fauna, die hinter keiner Hollywood-Produktion zurückstehen, dazu besitzt sie hier aber auch einen erzählerischen Mehrwert, wie er bisher fast noch nie zu sehen war. So wird aus „Die Vermessung der Welt" unter der Regie von Detlev Buck ein faszinierendes Film-Abenteuer und ein lebendiger Abenteuerfilm über zwei ungewöhnliche Männer, über Liebe, Wissenschaft, Geschichte und Natur.
von Manuel Ferrer

E Der Film hat mich besonders in Bezug auf die optischen Effekte und die Schnitttechnik beeindruckt. In den Urwald Südamerikas mittels eines 3-D-Films einzutauchen, ist ein Kinoerlebnis und gleichzeitig ein passendes Bild für das Überschreiten von Grenzen. Wenn sich dann plötzlich das ganze Bild auf den Kopf stellt, ist das ein gelungener Kunstgriff, um den Sprung zwischen den gegensätzlichen Leben der beiden „Weltvermesser" am jeweils anderen Ende der Welt zu inszenieren. Hier das innerlich an seinen Heimatort gefesselte Mathegenie Gauß, dort der eifrige Erkunder Humboldt. Dieser Dualismus ist in der filmischen Umsetzung allerdings reichlich übertrieben, sodass die beiden Hauptfiguren fast holzschnittartig gezeichnet hart an der Grenze zur Karikatur sind. Die Zuschauer sollten sich daher eher mit den Augen als mit dem Kopf auf das Kinoerlebnis einlassen.
von Karim Safwat

F Dieser Literaturverfilmung kann ich nicht besonders viel abgewinnen. Die beiden Hauptfiguren werden als nicht sonderlich differenzierte, eher simpel gestrickte Charaktere gezeigt. Viel zu ausführlich, ja fast ermüdend wirken dagegen die gänzlich voneinander abgegrenzten Erzählstränge. Dabei hätte ein wesentlich ansprechenderer Film entstehen können, hätte man die Persönlichkeitsmerkmale dieser beiden faszinierenden Menschen feiner herausgearbeitet. Leider bedient man hier – vor allem bei der Darstellung Humboldts – gängige Klischees und billigen Humor. Das soll den Film wohl fürs breite Publikum gefällig machen. Aber selbst durch die im 3-D-Format beeindruckenden Naturszenen wird der Film nicht sehenswerter.
von Matteo Monticone

zu Hören, KB 132, Aufgabe 2

18 Eine (sehenswerte) Literaturverfilmung

SCHREIBEN

Verfassen Sie nun einen Beitrag zu einer Literaturverfilmung, von der Sie sowohl das Buch gelesen als auch den Film gesehen haben. Schreiben Sie etwas zu den folgenden Punkten und verwenden Sie dabei die folgenden Redemittel.

- Schildern Sie kurz den Inhalt von Buch und Film.
- Gibt es wesentliche Unterschiede zwischen den beiden Werken? Wenn ja, welche?
- Entsprach die Verfilmung Ihren Erwartungen? Warum (nicht)?
- Welche Vor- bzw. Nachteile haben Verfilmungen literarischer Vorlagen allgemein?

eine Literaturverfilmung mit der Buchvorlage vergleichen

„ *In dem Film mit dem Titel … geht es um … /*
Der Film … handelt von …
Er basiert auf einer literarischen Vorlage, die …
Beim Vergleich zwischen Buch und Film /
filmischer Adaption stellt man fest, dass …
Die Visualisierung der Geschichte trägt dazu bei,
dass … /
… unterscheidet sich in folgenden Punkten von …
Nach der Lektüre von … habe/hätte ich erwartet,
dass …
… wurden vollständig / im Wesentlichen /
teilweise / eher nicht erfüllt, denn …
Deshalb / Aus diesem Grund empfehle ich,
… zu … „

In dem Film „Deutschstunde" geht es um den Jugendlichen Siggi Jepsen, der kurz nach Ende des Zweiten Weltkrieges im Jugendarrest einen Aufsatz über „Die Freuden der Pflicht" schreiben soll. In seiner Zelle notiert er die Erinnerungen an seinen Vater Jens Jepsen, der zur Zeit des Nationalsozialismus ein pflichtbewusster Dorfpolizist war. Der Film basiert auf dem gleichnamigen Roman des deutschen Schriftstellers Siegfried Lenz, der im Jahr 1968 erschien. …

zu Schreiben, KB 133, Aufgabe 1

19 Ein Gedicht

LESEN / HÖREN

a Lesen Sie nun ein berühmtes Gedicht von Rainer Maria Rilke (1875–1926). Ergänzen Sie die Gedichtteile. Achten Sie dabei auf Logik sowie auf mögliche Reime.

> ist wie ein Tanz von Kraft um eine Mitte, in der betäubt ein großer Wille steht. •
> geht durch der Glieder angespannte Stille – und hört im Herzen auf zu sein. •
> Ihm ist, als ob es tausend Stäbe gäbe und hinter tausend Stäben keine Welt.

Der Panther

Im Jardin des Plantes, Paris

Sein Blick ist vom Vorübergehn der Stäbe so müd' geworden, dass er nichts mehr hält.

_____

Der weiche Gang geschmeidig starker Schritte, der sich im allerkleinsten Kreise dreht,

_____

Nur manchmal schiebt der Vorhang der Pupille sich lautlos auf. Dann geht ein Bild hinein,

_____

4 ◀)) 13 **b** Hören Sie nun das Gedicht „Der Panther" und kontrollieren Sie.

c Lesen Sie das Gedicht noch einmal laut und versuchen Sie, es richtig zu betonen.

d Welche Schlagwörter passen zum Gedicht? Markieren Sie und ergänzen Sie gegebenenfalls weitere Begriffe.

☐ Freiheit • ☐ Gefangenschaft • ☐ Erschöpfung • ☐ Lebenskraft • ☐ Verlorensein •
☐ Betäubung • ☐ Freude • ☐ Willenlosigkeit • ☐ geheime Stärke • ☐ Resignation •
☐ Routine • ☐ Abwechslung • ☐ ...

zu Schreiben, KB 133, Aufgabe 2

20 Aktion oder Zustand?

GRAMMATIK

a Bilden Sie Ausdrücke mit nominalisiertem Infinitiv und *im* oder *beim* und ergänzen Sie frei.

1 Während man schwimmt: *Beim Schwimmen kommen mir oft die besten Ideen.*
2 Wenn man liegt: _____
3 Wenn man spazieren geht: _____
4 Wenn man liest: _____
5 Wenn man kocht: _____
6 Während man steht: _____

b *Am* oder *beim* + nominalisierter Infinitiv: Welche Ausdrücke sind eher umgangssprachlich? Markieren Sie.

☒ 1 Tano ist gerade am Aufräumen.
☐ 2 Neema kann sich beim Joggen unterhalten.
☐ 3 Devin ist gerade am Telefonieren.
☐ 4 Dilara war gestern fast am Durchdrehen.

☐ 5 Xuān ärgert sich beim Tischtennis oft über seine Fehler.
☐ 6 Juan ist zurzeit am Abnehmen.

c Was bedeuten die Ausdrücke mit *sein* + *am* + nominalisiertem Infinitiv? Markieren Sie.

☐ Man tut etwas gerade.   ☐ Man tut etwas regelmäßig.

zu Sehen und Hören, KB 135, Aufgabe 2

21 Der Klappentext

LESEN

Lesen Sie den Klappentext des Romans von Beatrix Mannel. Was ist richtig? Markieren Sie.

Die Insel des Mondes

Madagaskar im Jahre 1880: Die 20-jährige Paula macht sich nach dem (dramatischen)/drastischen (1) Ende ihrer Ehe auf in die Wildnis dieser fernen, exotischen Insel, um ein Erbe *zu betreten/anzutreten* (2). Sie will
5   die Vanilleplantage ihrer verstorbenen Großmutter finden, um deren Traum von der Erschaffung eines einzigartigen Parfums zu *verspielen/verwirklichen* (3). Den Weg durch den gefährlichen Dschungel tritt sie gemeinsam mit drei Reisegefährten an, die recht unterschiedliche *Beweggründe/Erklärungen* (4) für diese Unternehmung haben: Der
10 christliche Missionar Morten will auf der Insel eine Missionsstation *errichten/erreichen* (5), der Arzt Henri Villeneuve und sein Assistent Lázló Kalasz sind auf der Suche nach *spannenden/seltenen* (6) Heilpflanzen. Anfangs *ahnt/kennt* (7) Paula noch nicht, wie sehr diese Reise ihr Leben verändern wird: Doch dann beschwört ihre Ankunft auf der *verlassenen/verlorenen* (8)
15 Plantage dunkle Geister der Vergangenheit herauf, die Paula in ein tödliches Spiel verwickeln. Ein Spiel, das sie allein mit einem *magnetischen/magischen* (9) Duft gewinnen kann. Dieser Duft *rettet/verletzt* (10) nicht nur ihre Seele, sondern auch ihr verwundetes Herz.

ORIGINALAUSGABE

BEATRIX MANNEL
Die Insel des Mondes
ROMAN

Diana Verlag

zu Sehen und Hören, KB 135, Aufgabe 3

22 Schnell oder langsam lesen?

Verbinden Sie die Sätze mit *um … zu* oder *damit*.

1 Oft muss man in einem Buch nur wenige Seiten lesen. Man will herausfinden, was einen interessiert.
Oft muss man in einem Buch nur wenige Seiten lesen, um herauszufinden, was einen interessiert.

2 Sie wollen ein Gefühl für ein Buch bekommen. Überfliegen Sie Titel und Klappentext.

3 Sie möchten das Buch kennenlernen. Blättern Sie es von vorn nach hinten durch.

4 Eigene Notizen im Buch sind sinnvoll. Man will wichtige Punkte schnell wiederfinden.

5 Sie möchten richtig zitieren. Schreiben Sie sich dazu die entsprechenden Seitenzahlen auf.

6 Ihr Professor gibt Ihnen einen langen Text. Sie sollen den Text zum nächsten Seminar vorbereiten.

zu Sehen und Hören, KB 135, Aufgabe 3

23 Satzstrukturen: Finale Zusammenhänge

GRAMMATIK ENTDECKEN

a Unterstreichen Sie in beiden Spalten die Elemente, die finale Zusammenhänge ausdrücken.

Tipps für angehende Autoren	
1 <u>Um</u> in Ruhe an ihrem Roman <u>zu</u> arbeiten, zieht sich Ning auf eine kleine Insel zurück.	Ning will in Ruhe an ihrem Roman arbeiten, <u>wozu</u> sie sich auf eine kleine Insel zurückzieht.
2 Um ein Buch über Fußballspielen zu schreiben, braucht man viele Informationen.	Man will ein Buch über Fußballspielen schreiben. Dazu braucht man viele Informationen.
3 Um den eigenen Wortschatz zu erweitern, schreibt man sich am besten die Wörter auf, die man zwar versteht, aber selbst nicht aktiv verwendet.	Zur Erweiterung des eigenen Wortschatzes schreibt man sich am besten die Wörter auf, die man zwar versteht, aber selbst nicht aktiv verwendet.
4 Um gute Texte zu bekommen, braucht man gute Ideen.	Für gute Texte braucht man gute Ideen.
5 Damit rechtliche Fragen bei zitierten Texten geklärt werden, geht man am besten zu einem Juristen.	Zwecks einer Klärung von rechtlichen Fragen bei zitierten Texten geht man am besten zu einem Juristen.

b **Was ist richtig? Markieren Sie.**

1 *Dazu* leitet einen Nebensatz ein.
2 *Wozu* leitet einen Nebensatz ein.
3 *Zu* + Dativ / *Für* + Akkusativ können finale Zusammenhänge ausdrücken. Sie stehen häufig im Vorfeld.
4 *Zwecks* + Genitiv / *Zum Zweck* + Genitiv ist eher umgangssprachlich.

zu Sehen und Hören, KB 135, Aufgabe 3

24 Schreibwerkstatt

GRAMMATIK

a Warum schreiben Schriftsteller?
Bilden Sie Sätze mit *für* oder *zum/zur*.

1 Ein Schriftsteller braucht meistens mehrere gute Bücher, um berühmt zu werden.
2 Die wenigsten schreiben, damit sie Geld verdienen.
3 Einige schreiben Bücher, um die Welt zu verändern.
4 Viele schreiben, um neue Ideen zu verbreiten.
5 Die wenigsten dichten, um unsterblich zu werden.

1 Zum Berühmtwerden braucht ein Schriftsteller meistens mehrere gute Bücher.

b Bilden Sie Sätze mit *um ... zu* oder *damit*.

1 Man will gute Kurzgeschichten schreiben können, dafür braucht man eine Ausbildung.

2 Junge Autoren wollen ihr Handwerk erlernen, dazu besuchen sie Kurse wie „Kreatives Schreiben".

3 Für die Teilnahme am nächsten Kurs „Autor werden" muss man sich jetzt schon anmelden.

4 Autoren arbeiten an ruhigen Orten, wozu sie gern aufs Land fahren.

5 Junge Autoren wollen eine qualifizierte Rückmeldung zu ihren Texten bekommen.
Dafür gibt es Ansprechpartner in verschiedenen Foren im Internet.

6 Zur Organisation des Wettbewerbs „Der spannendste Krimi" brauchen wir noch freiwillige Helfer.

1 Um gute Kurzgeschichten schreiben zu können, braucht man eine Ausbildung.

c Ergänzen Sie die Sätze mit anderen finalen Strukturen.

1 Vivian engagiert den Detektiv Philip M., damit er ihre kleine Schwester findet.
Der Detektiv Philip M. soll ihre kleine Schwester finden, dafür engagiert Vivian ihn.

2 Um den Mordfall aufzuklären, reist der Kommissar nach Mexiko.
____ reist der Kommissar nach Mexiko.

3 Viele junge Autoren suchen einen Verlag, damit sie ihre Geschichte veröffentlichen können.
Viele junge Autoren wollen ihre Geschichte veröffentlichen, ____
____ suchen.

4 Um einen Termin zu vereinbaren, wendet man sich am besten an das Sekretariat.
Zwecks ____ wendet man sich am besten an das Sekretariat.

25 Eines meiner Lieblingsbücher

MEIN DOSSIER

Notieren Sie ein paar Gedanken zu einem Buch, das Sie gern gelesen haben.

Der Roman / Die Kurzgeschichte /
... mit dem Titel ... von ... ist eines meiner
Lieblingsbücher.
Gelesen habe ich es, als ich ... Es handelt von ...
Folgendes ist mir in besonderer Erinnerung
geblieben: ...
Ich würde es allen, die gern ..., zur Lektüre
empfehlen, denn ...

—— AUSSPRACHE: Pausierungen und ihre Funktionen ——————

1 Der gleiche Satz, ein anderer Sinn

a Erstellen Sie aus den folgenden Äußerungen durch Satzzeichen verschiedene Varianten mit unterschiedlichem Sinn.

1 Lisa kann Andreas hören

Lisa kann Andreas hören.
Lisa, kann Andreas hören?

2 Das ist meine Freundin Barbara

3 Im Haus nicht im Garten

4 Henry sagt Markus ist ein guter Lehrer

4 ◀)) 14 b Hören Sie und vergleichen Sie.

2 Ein Gedicht hören und Sinnzusammenhänge erfassen

4 ◀)) 15–16 a Hören Sie das Gedicht „Schreiben" in zwei Varianten. Ergänzen Sie jeweils die fehlenden Satzzeichen an den Stellen, an denen Sie Pausen hören.

Variante 1

Schreiben
Weiß und leer ist das Papier
schon seit Stunden sitz ich hier
auf dem Stuhl in meiner Hand
einen Bleistift an der Wand
hundert Bilder in meinem Geist
bin ich durch die Zeit gereist
doch das Papier bleibt weiß und leer.
Ach, das Schreiben ist so schwer!

Variante 2

Schreiben
Weiß und leer ist das Papier
schon seit Stunden sitz ich hier
auf dem Stuhl in meiner Hand
einen Bleistift an der Wand
hundert Bilder in meinem Geist
bin ich durch die Zeit gereist
doch das Papier bleibt weiß und leer.
Ach, das Schreiben ist so schwer!

4 ◀)) 15–16 b Hören Sie beide Varianten noch einmal. Welche ist inhaltlich sinnvoller? Warum?

3 Ein Gedicht vortragen

a Lesen Sie das Gedicht „Lesen" in zwei Varianten. In welcher stehen die Satzzeichen an inhaltlich passender Stelle? Tragen Sie diese Variante laut vor.

Variante 1

Lesen
Lesen macht Freude und lässt mich träumen,
von Abenteuern in anderen Zeiten und Räumen.
Zu leben mit unbekannten Figuren,
zu fühlen ganz andere Kulturen,
zu verstehen völlig neue Speisen,
zu probieren, durch die Fantasie zu reisen!
Habe nie das Gefühl, dass ich Zeit vergeude.
Ach, das Lesen ist reinste Freude!

Variante 2

Lesen
Lesen macht Freude und lässt mich träumen
von Abenteuern. In anderen Zeiten und Räumen
zu leben, mit unbekannten Figuren
zu fühlen, ganz andere Kulturen
zu verstehen, völlig neue Speisen
zu probieren, durch die Fantasie zu reisen!
Habe nie das Gefühl, dass ich Zeit vergeude.
Ach, das Lesen ist reinste Freude!

4 ◀)) 17–18 b Hören Sie die beiden Varianten aus 3a und vergleichen Sie die inhaltlich sinnvollere mit Ihrem eigenen Vortrag.

EINSTIEGSSEITE, KB 125

der Schmetterling, -e

ahnen

LESEN 1, KB 126–127

die Erkenntnis, -se
die Fantasie, -n
die Kreativität (Sg.)
die Manipulation, -en
der Ruhm (Sg.)
der Untergang, ⸚e
der Verrat (Sg.)
der Zugang, ⸚e

beiwohnen (hier: dabei sein)
eintauchen
empfinden, empfand,
   hat empfunden
versinken, versank,
   ist versunken

etwas abtun als, tat ab,
   hat abgetan
die Rede sein von
auf Anhieb verstehen,
   verstand, hat verstanden

präzise
pur
restlos
süchtig
winzig

zugleich

WORTSCHATZ, KB 128

das Cover, –
die Einigung, -en
das Exposé, -s
das Honorar, -e
das Manuskript, -e
die Neuerscheinung, -en
die Redaktion, -en
die Vermarktung, -en

verfassen
vermarkten
zusenden

vertraglich

SPRECHEN, KB 129

die Leselust (Sg.)
der Hingucker, –
die Präferenz, -en

widersprechen, widersprach,
   hat widersprochen
zustimmen

aussagekräftig
unangebracht
unangemessen

LESEN 2, KB 130–131

der Buchmarkt, ⸚e
die Buchmesse, -n
das E-Book, -s
der E-Reader, –
das Lesegerät, -e
die Lesegewohnheit, -en
der Umkehrschluss, ⸚e

abschalten
sich täuschen
überschwemmen
sich verewigen

einen Nachteil / Vorteil bieten,
   bot, hat geboten
sich Sorgen um etwas machen

belletristisch
erfreulich
gebunden
gewaltig
haptisch
optisch
parat
pointiert

HÖREN, KB 132

die Adaption, -en
die Dramaturgie, -n
die Verfilmung, -en
   die Literaturverfilmung, -en
   die Romanverfilmung, -en

etwas bewältigen

dramaturgisch

SCHREIBEN, KB 133–134

das Gedicht, -e
die Identifikation, -en
   die Identifikationsmöglichkeit,
   -en
die Silbe, -n
der Vers, -e

abschließen (hier: beenden),
   schloss ab, hat abgeschlossen
sich identifizieren mit
knien
(sich) reimen
wiederkehren

jemandem ist um etwas bange
sich gut halten, hielt,
   hat gehalten

fiktiv
kompatibel

SEHEN UND HÖREN, KB 135

die Inspiration, -en
die Phase, -n

zwecks (+ Gen.)

10

LEKTIONSTEST 10

1 Wortschatz

Ergänzen Sie die Begriffe.

1 Ein Buch, das neu auf den Markt kommt, ist eine N_____.
2 An den meisten Büchern verdient auch der V_____, der die Bücher produziert.
3 Die erste Version eines Buchs nennt man h_____.
4 Die R_____ des Verlags überprüft und korrigiert die Texte der Autoren.
5 Damit das Buch im Laden ein Hingucker ist, braucht es ein gutes C_____.
6 Auf einer B_____ werden die neuesten Buchtrends vermarktet.

Je 1,5 Punkte   Ich habe _____ von 9 möglichen Punkten erreicht.

2 Grammatik

a   Variieren Sie die Satzstellung der unterstrichenen Wörter auf einem separaten Blatt.

1 Ich habe den Roman nicht auf Anhieb verstanden, aber ich habe ihn zu Ende gelesen.
2 Es ist besser, einen Roman in einem Rutsch als in mehreren Etappen zu schreiben.
3 Man muss den Drehbuchautor nicht bedauern.
4 Den Film haben fast dreimal so viele Zuschauer wie ursprünglich erwartet gesehen.

Je 1 Punkt   Ich habe _____ von 4 möglichen Punkten erreicht.

b   Ergänzen Sie *währenddessen, seither, daraufhin, woraufhin, wofür, zwecks* und *zum*.

Die Autorin hatte mit ihrem mehrbändigen Fantasy-Roman „Barry Hotter" einen Bestseller gelandet, _____ (1) sie sich ein Landhaus kaufen konnte. _____ (2) trifft man sie kaum noch in ihrem Stammcafé, in dem sie früher _____ (3) Sammeln von Ideen so oft saß. _____ (4) Überarbeitung ihres Manuskripts machte sie handschriftliche Notizen. _____ (5) trank sie meist fünf Tassen schwarzen Tee, _____ (6) sie im Café den Spitznamen „Teetante" bekommen hatte. Erst vor Kurzem erfuhren die Cafébetreiber, dass die Tea-Time zur Inspiration der Autorin beigetragen hat. _____ (7) nannten sie die Lieblingsteesorte der Autorin „Zauberhand".

Je 1 Punkt   Ich habe _____ von 7 möglichen Punkten erreicht.

c   Bilden Sie aus den unterstrichenen Wörtern Nomen mit *beim, im* oder *am*.

1 Der Verleger steht an der Bar und trinkt einen Aperitiv. Er trinkt den Aperitiv _____.
2 Die Autorin telefoniert und macht sich Notizen. Sie macht _____ Notizen.
3 Sie diskutiert gerade mit ihrer Lektorin. Sie ist gerade _____.
4 E-Books lesen viele Leute, wenn sie liegen. Sie lassen sich _____ gut halten.

Je 1,5 Punkte   Ich habe _____ von 6 möglichen Punkten erreicht.

3 Kommunikation

Ordnen Sie zu.

A jemanden widersprechen   B etwas positiv bewerten   C etwas negativ bewerten

1 ☐ Die Gruppe an Menschen halten wir auf diesem Bild für absolut gelungen!
2 ☐ Von den grellen Farben bekommt man ja geradezu Augenschmerzen!
3 ☐ Dem kann ich leider nicht zustimmen. Ich meine, das andere Bild passt besser.
4 ☐ Ich finde es unangemessen, dass auf dem Bild nur junge Menschen zu sehen sind.

Je 1 Punkt   Ich habe _____ von 4 möglichen Punkten erreicht.

Auswertung:

Ich habe _____ von 30 möglichen Punkten erreicht.

😊	😐	🙁
30–26	25–15	14–0

1 Job im Ausland

a Ergänzen Sie die Nomen.

1 Bei der _Bewerbung_ (BEWREBNGU) um eine Stelle in
Deutschland, Österreich oder der Schweiz ist einer der wichtigsten
Bestandteile der _____ (LBENESAULF).

2 Es kann ziemlich lange dauern, bis man alle
_____ (UTNRELGEAN) für seine Bewerbung
zusammen hat.

3 Amira arbeitet seit zwei Jahren in einem Kölner Start-up-
_____ (URNTENHEMNE). Die Firma hat im
letzten Jahr 3,2 Millionen € _____ (USTZAM) gemacht.

4 Die _____ (SZIOALABGBANE) sind ziemlich
hoch, es wird relativ viel Geld vom _____ (GAHLET) abgezogen.

5 In einem Start-up ist die _____ (HEIARCHREI) ziemlich flach, deshalb müssen
die Mitarbeiter selbst mehr _____ (VREATNWROTNUG) übernehmen.

6 Dadurch steigt die _____ (MTIOVTAOIN), sich bei einem _____ (PORJKTE)
auch einmal mehr als sonst zu engagieren.

b Was ist richtig? Markieren Sie.

1 Kontakte	☐ ziehen	☒ knüpfen	☐ bleiben
2 die Initiative	☐ ergreifen	☐ führen	☐ nehmen
3 eine Auswahl	☐ stellen	☐ bringen	☐ treffen
4 über Kenntnisse	☐ haben	☐ verfügen	☐ stehen
5 in Erfahrung	☐ bringen	☐ ziehen	☐ kommen
6 etwas zur Sprache	☐ stellen	☐ führen	☐ bringen
7 zur Verfügung	☐ machen	☐ stehen	☐ nehmen
8 ein Gespräch	☐ geben	☐ nehmen	☐ führen
9 etwas in Kauf	☐ nehmen	☐ liegen	☐ finden
10 eine Entscheidung	☐ gelangen	☐ treffen	☐ fallen

zu Lesen 1, KB 142, Aufgabe 1

2 Mentalitäten

WORTSCHATZ

Lesen Sie einen Zeitungsausschnitt über interkulturelle Geschäftskontakte. Was passt?
Ergänzen Sie die fehlenden Wortteile. Sie können dazu auch die Lernwortschatzseite heranziehen.

Verschiedene Mentalitäten arbeiten zusammen

Im Zuge der Globalisierung werden immer mehr _interk_ulturell (1) zusammengesetzte
Arbeitsgruppen mit Partnern aus den verschiedensten Kulturen gegründet. Bei derartigen
Projekten wird oft die _____nsion (2) der kulturellen Vielfalt offensichtlich. Für alle

5 Mitarbeitenden sollte es deshalb oberste _____ität (3) sein, _____rientiert (4) und
fair zu agieren. Man sollte einerseits die kulturellen Eigenheiten seiner Kolleginnen und
Kollegen nicht aus den Augen _____ieren (5), andererseits aber auch nicht seine eigenen
Prinzipien über Bord _____en (6). Zudem gibt es neben Differenzen im interkulturellen
_____umfeld (7) gewiss auch zahlreiche Überschneidungen und allgemeingültige

10 Ansichten. So werden wahrscheinlich in keiner Kultur _____sigkeit (8) oder Verlogenheit positiv bewertet.

zu Lesen 1, KB 143, Aufgabe 2

3 Interkulturelle Besprechungen

infolge · so … dass · derartig … dass · folglich · ~~infolgedessen~~ · sodass

Ergänzen Sie.

Was Sie bei interkulturellen Verhandlungen beachten sollten.

Häufig kann man bei Verhandlungen feststellen, dass die Gesprächspartner zwar eine klare Position haben, diese

5 aber zunächst nicht offen vertreten. In einigen Kulturen werden Wünsche nie direkt formuliert, _____ (1) der Gesprächspartner kein als unhöflich geltendes „Nein" äußern muss. Es muss _____ verhandelt werden, _____ (2) keiner der Beteiligten sein „Gesicht verliert", _infolgedessen_ (3) wird miteinander gesprochen,

10 bis es zu einer für alle Seiten akzeptablen Vereinbarung kommt. Dieser Aspekt ist in einigen Kulturen _____ wichtig, _____ (4) eine Besprechung ziemlich viel Zeit beanspruchen kann. Es gilt in diesen Kulturkreisen auch als äußerst unzivilisiert, seinen Ärger deutlich zu formulieren, _____ (5) wird es bei Verhandlungen nie zu lautem Streit kommen. _____ (6) dieses Prinzips fühlt man sich bei solchen Meetings meistens sehr wohl.

zu Lesen 1, KB 143, Aufgabe 2

4 Satzstrukturen: Konsekutive Zusammenhänge

GRAMMATIK ENTDECKEN

a Lesen Sie die Sätze und markieren Sie die neuen konsekutiven Elemente.
Schreiben Sie die Sätze mit den bekannten Konnektoren in Klammern neu.

1 Der Name eines Geschäftspartners ist wichtig, weswegen Sie ihn unbedingt richtig aussprechen sollten. (derartig, dass)
   Der Name eines Geschäftspartners ist derartig wichtig, dass Sie ihn unbedingt richtig aussprechen sollten.

2 Mit respektvollem Verhalten signalisiert man dem Verhandlungspartner seine Wertschätzung, demzufolge herrscht bei Besprechungen ein entspanntes Klima. (sodass)

3 Infolge von Missverständnissen hat die Besprechung mit einer Verspätung begonnen. (infolgedessen)

4 Die Verhandlungen führten zu einem derartigen Erfolg, dass die Firma davon noch Jahre später profitierte. (so groß, dass)

b Was ist richtig? Markieren Sie.

	Hauptsatzkonnektor	Nebensatzkonnektor	Präposition
1 weswegen	☐	☒	☐
2 demzufolge/demnach	☐	☐	☐
3 infolge + Genitiv / infolge von + Dativ	☐	☐	☐
4 ein derartig / solch ein, dass	☐	☐	☐

zu Lesen 1, KB 143, Aufgabe 2

5 Schwierige Gespräche

GRAMMATIK

a Was passt? Ordnen Sie zu.

1 Ansia Naxa ist die Leiterin der Abteilung „Verkauf",

2 Als Frau Naxa ihrer Verhandlungspartnerin Frau Marek vorgestellt wurde, war Frau Marek über eine so junge Person als Gesprächspartnerin so überrascht,

3 In den folgenden Gesprächen zeigte Frau Naxa den zu erwartenden Gewinn auf,

4 Frau Marek erfasste während der Verhandlungen eine große Unruhe,

5 Frau Marek lobte die gute Vorarbeit von Frau Naxa, wollte aber keinen Vertrag mit ihr abschließen.

6 Frau Naxa war derartig verärgert,

A dass sie ihren Assistenten leise nach der „Hauptverantwortlichen" der Firma fragte. (infolgedessen)

B sodass Frau Naxa sie schließlich fragte, ob etwas nicht in Ordnung sei. (ein derartig, dass)

C folglich wurde sie von ihrer Firma zu Vertragsverhandlungen nach Köln geschickt. (weshalb)

D weswegen sie sich gute Chancen auf einen Vertragsabschluss ausrechnete. (demzufolge)

E dass sie fast ohne Verabschiedung abgereist wäre. (infolge)

F Infolgedessen vereinbarte Frau Marek einen Termin mit einer erfahreneren Kollegin. (weswegen)

b Schreiben Sie die Sätze mit dem Ausdruck in Klammern neu.

1 Ansia Naxa ist die Leiterin der Abteilung „Verkauf", weshalb sie von ihrer Firma zu Vertragsverhandlungen nach Köln geschickt wurde.

zu Lesen 1, KB 143, Aufgabe 2

6 Interkulturelle Missverständnisse

GRAMMATIK

Was passt nicht? Streichen Sie durch.

Die zukünftigen Kollegen Rolf Jensen aus Deutschland und John Tailor aus England hatten beide keine interkulturellen Erfahrungen, *sodass / folglich / weshalb* (1) es schon bei ihrer ersten Begegnung zu Missverständnissen kam. Rolf hatte großes Interesse an seinem neuen Kollegen, *weswegen / infolgedessen / demzufolge* (2) ging er offen auf John zu und fragte ihn zuerst, warum er nach

5 Deutschland gekommen sei und wo er vorher gearbeitet habe. John dagegen war *so / derartig / infolge* (3) irritiert über diese direkten Fragen, dass er annahm, sein Kollege würde ihn hier nicht willkommen heißen und ihn als Konkurrenten ansehen. In England beginnt man ein berufliches Gespräch normalerweise mit „Small Talk", *sodass / infolge / weswegen* (4) solche direkten Fragen schnell als unhöflich gelten können. In Deutschland dagegen sind sie meistens ein Ausdruck

10 von Interesse, *infolgedessen / folglich / weshalb* (5) fragte sich Rolf, warum sein englischer Kollege so zurückhaltend reagierte. Zwischen den beiden Kollegen herrschte einige Zeit *ein derartiges / ein solches / ein so* (6) Misstrauen, dass sie nur das Nötigste miteinander besprachen. Erst *nach / infolge / folglich* (7) der Vermittlung einer Kollegin verbesserte sich das Arbeitsklima.

zu Lesen 1, KB 143, Aufgabe 2

7 Meine Erfahrungen mit der deutschen Sprache

GRAMMATIK

Ergänzen Sie die Sätze frei.

1 Als ich das erste Mal in einem deutschsprachigen Land war, hatte ich *solche Sprachprobleme, dass ich die Antworten auf meine Fragen fast nie verstanden habe.*

2 Ich hatte oft Angst, etwas falsch zu machen, weshalb _____

3 Die deutsche Grammatik ist nicht so schwer, dass _____

4 Ich entschloss mich dazu, Deutsch zu lernen, infolgedessen _____

zu Hören, KB 144, Aufgabe 2

8 Globalisierung und Sprache   LESEN

Lesen Sie den Lückentext und entscheiden Sie, welches Wort passt.
Für jede Lücke gibt es genau eine richtige Lösung.

Fremdsprachenerwerb im Beruf

Die Notwendigkeit, berufsbezogen Fremdsprachen zu erlernen, hat in den letzten Jahren
stark an Bedeutung gewonnen. Wie aus aktuellen Umfragen hervorgeht, ist es einer
Vielzahl von Unternehmen wichtig, dass ihre Auszubildenden und Angestellten **(1)**
5 in Form von Fremdsprachenkenntnissen erwerben. Hintergrund ist, dass durch die
voranschreitende Globalisierung immer mehr Betriebe **(2)** agieren. Der Bedarf an
Fremdsprachenkenntnissen manifestiert sich dabei nicht nur im Bereich der **(3)** ,
sondern auch in der direkten Kommunikation mit dem Kunden. Insbesondere in größeren
Unternehmen gibt es deshalb inzwischen spezielle Kursangebote, mit denen Auszubildende
10 und Mitarbeitende im Hinblick auf ihre fremdsprachlichen Kompetenzen **(4)** werden
sollen. Nicht zuletzt in kleineren Betrieben ist mehrsprachiges Personal auch ein
klarer **(5)** , da eine frühzeitige Investition in die sprachlichen Qualifikationen der
Angestellten den Kundenkreis erheblich erweitern kann.

1 a Kulturkreise   2 a international   3 a Betriebsentwicklung
   b Zusatzqualifikationen   b betriebsintern   b Kompetenz
   c Garantien   c souverän   c Geschäftssprache
   d Ausbildungen   d arrogant   d Fremdsprache

4 a investiert   5 a Unternehmenserfolg
   b beherrscht   b Geschäftskontakt
   c profitiert   c Marktvorteil
   d geschult   d Spezialist

zu Hören, KB 144, Aufgabe 2

9 Interkulturelles Training   LESEN

Lesen Sie den Artikel aus einem Lifestyle-Magazin. Ergänzen Sie dann die fehlenden Informationen
in der Textzusammenfassung. Pro Lücke passt nur ein Wort.

Der Hype um die Interkulturalität

*Wie sinnvoll sind interkulturelle Trainings wirklich? Unser Kolumnist widmet sich einem aktuellen
Thema, das in der deutschsprachigen Berufswelt eine immer größere Rolle zu spielen scheint.*

Vor knapp 10 Jahren sollte ich für meine Firma ein Projekt in Indien betreuen. Als Vorbe-
5 reitung wurde mir ein interkulturelles Training angeboten. Unsere Kursleiterin hieß Tatjana
und bezeichnete sich selbst als Dozentin, genauer gesagt: als *interkulturelle Trainerin*. Nach
ihrem Studium der Ethnologie hatte sie sechs Monate in Indien verbracht und beschlossen,
diese sogenannten „Ländererfahrungen" und das im Studium erworbene „Kulturwissen" als
berufliches Kapital zu nutzen.
10 Damit ist Tatjana nicht die Einzige – für viele arbeitssuchende Geisteswissenschaftler eröffnet der Bereich des interkulturellen Trainings neue berufliche Perspektiven. Fundierte Kenntnisse fremder Zielkulturen sind oft vorhanden, methodische Kenntnisse und ein konkretes
Trainingskonzept lassen sich ergänzend aneignen. Dieses Angebot im Markt trifft auf die
Nachfrage vieler Unternehmen und Privatpersonen, die sich davon eine perfekte Vorberei-
15 tung auf multinationale Geschäftskontakte erhoffen.

Doch: Ist das Weitergeben der eigenen (inter-)kulturellen Erfahrungen als Vorbereitung für einen interkulturellen Kontakt anderer wirklich sinnvoll? Was wird in solchen „Trainings" eigentlich vermittelt? Im schlimmsten Fall persönliche Anekdoten, Vereinfachungen und Klischees, im besseren Fall immerhin theoretische Modelle, abstrahierte Fallbeispiele, statis-
20 tisch fundierte Studien etc. Dazu kommen dann mehr oder weniger gelungene methodische Zugänge wie Namens-, Rollen- und Simulationsspiele.

Worum aber geht es eigentlich? Interkulturelle Kommunikation ist ja kein Selbstzweck. Sie soll dazu ermächtigen, langfristige Geschäftsbeziehungen und ein nachhaltiges Vertrauensverhältnis aufzubauen. Das Ziel sollte deshalb sein, sich selbst als Persönlichkeit, als Vertreter
25 einer Firma und nicht zuletzt als Mitglied einer kulturellen Gemeinschaft zu verstehen. Das bedeutet: Sich der eigenen kulturellen Prägungen bewusst zu werden. Nur so lassen sich kulturelle Schnittstellen mit dem Gegenüber finden. Das Erreichen dieses Ziels wäre ein Beispiel für einen angemessenen Qualitätsstandard für interkulturelle Trainings.

Vor ein paar Monaten habe ich Tatjana wieder getroffen. Sie berichtete, der Markt habe sich
30 stark verändert. Zum einen würden Unternehmen individuell auf die eigenen Bedürfnisse zugeschnittene Trainings verlangen. Zum anderen meinte sie aber auch, ihre Rolle habe sich gewandelt: „Ich bin jetzt Beraterin bei interkulturellen Fragen und zugleich Trainerin für Persönlichkeitsentwicklung", erklärte sie. Es wäre schön, wenn auch andere diesen Schritt wagen würden.

Der Kolumnist fragt sich, inwiefern _interkulturelle_ (0) Trainings sinnvoll sind. Er berichtet von einer Veranstaltung, die er _____ (1) hat, um sich auf ein berufliches Projekt im Ausland _____ (2). Seine Trainerin war eine studierte Ethnologin, die die _____ (3) vieler an interkulturellen Trainings interessierter Unternehmen als berufliche Chance erkannt hat.

Der Kolumnist bezweifelt, dass das Erzählen von Klischees und dem, was man selbst _____ (4), für andere Menschen eine Vorbereitung auf Kontakte mit anderen _____ (5) sein kann. Insbesondere für _____ (6), die über längere Zeit Bestand haben sollen, ist es wichtig, die eigene _____ (7) und die eigenen kulturellen Prägungen gut zu kennen. Ist man sich nämlich dessen bewusst, lassen sich leichter Gemeinsamkeiten mit dem jeweiligen _____ (8) feststellen. In den letzten Jahren gab es eine große _____ (9) in diesem Marktsegment. Zahlreichen Kunden ist es inzwischen wichtig, dass das Angebot auf ihre eigenen Bedürfnisse _____ (10) ist.

zu Sprechen 1, KB 145, Aufgabe 1

10 Meine Meinung
WORTSCHATZ

Was passt? Markieren Sie.

Sensibilität für andere Kulturen

Ich (empfinde) / finde es als großen Gewinn, dass wir uns innerhalb der Europäischen Union frei bewegen können. Die sogenannte _Freizügigkeit / Unverzüglichkeit_ aller EU-Bürger macht es mir möglich, in einem anderen europäischen Land zu arbeiten. Zudem _erwartet / ermöglicht_ es uns die EU, unkompliziert zu reisen. Und ist die eigentlich große _Beschaffenheit / Errungenschaft_ der europäischen Gemeinschaft nicht, dass wir seit Jahrzehnten in Frieden zusammenleben? In Europa hat es immer wieder _Verdienste / Konflikte_ gegeben. Heute ist das alles Geschichte und die unterschiedlichen Kulturen _gehen / pflegen_ einen sensiblen Umgang miteinander.

Gábor Kiss, Budapest

zu Sprechen 1, KB 145, Aufgabe 1

11 Unterwegs auf den Straßen der EU

Ergänzen Sie in der richtigen Form.

Von allen EU-Ländern darf man in Deutschland (schnell, Superlativ)
am schnellsten (1) auf der Autobahn fahren. Dennoch fahre
ich (gern, Superlativ) _____ (2) in den europäischen
Ländern auf der Autobahn, in denen maximal 130 km/h erlaubt
sind. Das ist viel (entspannt, Komparativ) _____ (3)
und (sicher, Komparativ) _____ (4). In der ganzen EU darf man beim Fahren
nur telefonieren, wenn man eine Freisprecheinrichtung hat. Das ist auch (gut, Komparativ)
_____ (5) so, denn Autofahren und dabei ein Mobiltelefon ans Ohr halten –
das geht nicht lange gut. Bei Mopeds und Motorrädern gibt es in der EU eine Helmpflicht,
beim Radfahren ist hingegen in den (viel, Superlativ) _____ (6) EU-Ländern kein
Helm vorgeschrieben. Ich selbst fahre allerdings (gern, Komparativ) _____ (7)
mit Helm, da fühle ich mich (geschützt, Komparativ) _____ (8). Ich denke,
das bringt (viel, Komparativ) _____ (9) Sicherheit.

---

zu Sprechen 1, KB 145, Aufgabe 1

12 Vergleiche

GRAMMATIK ENTDECKEN

a **Ergänzen Sie den Komparativ in der richtigen Form.**

1 Unsere Veranstaltung zur Europawoche kostet dieses Jahr einen Betrag, der höher ist als üblich.
  Unsere Veranstaltung zur Europawoche kostet dieses Jahr einen _höheren_ Betrag.
2 Achmed hat einen Termin, der länger dauert, als ein Termin normalerweise dauert.
  Achmed hat einen _____ Termin.
3 Er soll ein Problem lösen, das größer ist als die Probleme, mit denen er normalerweise zu tun hat.
  Er soll ein _____ Problem lösen.
4 Auch die Unternehmen, die kleiner sind als üblich, wollen sich dieses Jahr bei der Europawoche
  präsentieren. Auch die _____ Unternehmen wollen sich dieses Jahr bei
  der Europawoche präsentieren.

b **Markieren Sie in den Superlativformen das Indefinitpronomen blau, den Ausdruck
im Genitiv Plural rot.**

1 Das sind die schönsten Kleider von Jana. Sie zieht eines davon auf dem Europafest an.
  Jana zieht eines ihrer schönsten Kleider auf dem Europafest an.
2 Das sind Yuris bequemste Hosen. Zu Hause trägt er immer eine davon.
  Yuri trägt zu Hause immer eine seiner bequemsten Hosen.
3 ▪ Jarek ist der klügste Mann der Welt!
  ◆ Da übertreibst du jetzt ein bisschen, aber er ist sicher einer der klügsten Männer, das stimmt.

c **Was ist richtig? Markieren Sie.**

1 Manchmal bedeutet der Komparativ: mehr oder weniger als normalerweise üblich.
2 Manchmal bedeutet der Komparativ: so viel wie normalerweise üblich.
3 _eines/einen/einer/eine/einem_ und der Superlativ bedeuten, dass alle Exemplare
  aus einer Menge gemeint sind.
4 _eines/einen/einer/eine/einem_ und der Superlativ bedeuten, dass nur ein Exemplar
  aus einer Menge gemeint ist.
5 Das Genus von _eines/einen/einer/eine/einem_ hängt vom Nomen ab.
6 Das Genus von _eines/einen/einer/eine/einem_ hängt nicht vom Nomen ab.

zu Sprechen 1, KB 145, Aufgabe 1

13 Ein Besuch auf der Europawoche

GRAMMATIK

a Ersetzen Sie die unterstrichenen Satzteile durch einen Komparativ in der richtigen Form.

1 Bei einem <u>nicht so langen</u> Weg zur Veranstaltung ist das Rad eine Alternative zur U-Bahn.
2 Bei dieser Musikgruppe sieht man eher <u>nicht so alte</u> Besucher als <u>nicht so junge</u>.
3 Beim Eintritt zu dieser Info-Veranstaltung muss man mit einer <u>nicht so kurzen</u> Wartezeit rechnen.
4 Es ist erst Mai, deshalb sollte man abends mit <u>nicht so hohen</u> Temperaturen rechnen.
5 Sie unterstützen unser Umwelt-Projekt auch dann, wenn Sie einen <u>nicht so großen</u> Betrag spenden.

1 Bei einem kürzeren Weg zur Veranstaltung ist das Rad eine Alternative zur U-Bahn.

b Ergänzen Sie die Sätze wie im Beispiel.

1 *Eine der interessantesten Veranstaltungen* war meiner Meinung nach die Aktion „Wie schmeckt Europa?" (interessant / Veranstaltungen)
2 _____ waren die Piroggen aus Polen. (lecker / Gerichte)
3 Also ich fand, dass das U18-Karaokemobil für Kinder _____ war. (gut / Angebote)
4 Ich habe eine Yoga-Stunde besucht. Das „seitliche Brett" ist _____, die ich jemals gemacht habe. (anstrengend / Übungen)
5 Und ich war bei einem Vortrag über Europapolitik. Das war _____, die ich seit Langem gehört habe. (langweilig / Reden)
6 Wir waren auf der Demonstration „Ein Europa für alle". Ein Europa ohne Diskriminierung ist doch _____, für das wir alle eintreten sollten. (wichtig / Ziele)

zu Schreiben, KB 146, Aufgabe 1

14 Hilfe vom Betriebsrat?

WORTSCHATZ

Lesen Sie den Text im Kursbuch (KB 146). Ergänzen Sie anschließend im Antwortschreiben das jeweils passende Wort in der richtigen Form.

> Liebe Frau Lindauer,
>
> ich kann Ihren Frust über die _____urierung (1) Ihres Unternehmens gut verstehen. Ich arbeite selbst in einem _____dischen (2) Betrieb und habe in den letzten Jahren eine sehr ähnliche Erfahrung machen müssen. Ein großer _____stor (3) hat unsere Firma über-
> 5 nommen. Die Folge: Der _____sitz (4) wurde von heute auf morgen an einen neuen Standort verlegt. Wir Mitarbeitenden haben das alle als große Frechheit _____nden (5). Natürlich haben sich manche auch _____nken (6) darüber gemacht, den Arbeitgeber zu wechseln. Nicht zuletzt, weil sich durch die neue Geschäftsleitung auch der _____stil (7) geän-dert hat. Uns hat damals dann der Betriebsrat sehr geholfen. Er hat uns _____viert (8),
> 10 unsere Sorgen und Wünsche aktiv einzubringen. Auf lange Sicht hat das auf jeden Fall auch etwas bewirkt. Vielleicht wäre das für Sie auch eine mögliche Anlaufstelle?
>
> Es grüßt Sie sehr herzlich
> Jakub Kostka

zu Schreiben, KB 146, Aufgabe 1

15 Soziale Netzwerke für Berufstätige

HÖREN

4 ◀)) 19 **Hören Sie einen Ausschnitt aus einem Vortrag zum Thema *Soziale Netzwerke für Berufstätige*. Beantworten Sie die Fragen 1 bis 5. Für jede Frage gibt es genau eine richtige Lösung.**

1 Karrierenetzwerke dienen laut der Sprecherin …
   [a] dem Austausch professioneller Bilder und Videos.
   [b] in erster Linie der Zusammenstellung von Bewerbungsunterlagen.
   [c] der beruflichen Vernetzung und Eigendarstellung.
   [d] letztlich dem gleichen Zweck wie gewöhnliche soziale Netzwerke.

2 In Karrierenetzwerken ist es wichtig, …
   [a] Kontaktanfragen sofort zu beantworten.
   [b] professionell aufzutreten und nicht zu viel Privates preiszugeben.
   [c] kontinuierlich Kontaktanfragen zu versenden.
   [d] wegen der Steuern auch den Familienstand anzugeben.

3 Wer mit einer anderen Person in Kontakt treten möchte, sollte …
   [a] in der Kontaktanfrage schreiben, warum er Kontakt aufnehmen möchte.
   [b] prüfen, wie viele gemeinsame Kontakte man hat.
   [c] andere Mitglieder im Umfeld der Person auf sich aufmerksam machen.
   [d] beim ersten Austausch möglichst nichts von sich preisgeben.

4 Die Angaben in Karrierenetzwerken …
   [a] müssen mit entsprechenden Dokumenten belegt werden.
   [b] sollten unbedingt der Wahrheit entsprechen.
   [c] sollten den bisherigen Weg zum Erfolg verdeutlichen.
   [d] müssen ehrliche Angaben zu Ehrenämtern und Hobbys enthalten.

5 Die Wahl des Karrierenetzwerkes …
   [a] ist letztlich reine Geschmackssache.
   [b] ist davon abhängig, wie viel man zu bezahlen bereit ist.
   [c] spielt nur im internationalen Kontext eine größere Rolle.
   [d] hängt davon ab, wo man Kontakte oder einen Job sucht.

zu Wortschatz, KB 147, Aufgabe 2

16 Die Vorsilbe *er-*

GRAMMATIK

Schreiben Sie eine E-Mail. Formulieren Sie dabei die Sätze mithilfe eines Verbs mit der Vorsilbe *er-* um.

> erarbeiten • sich erholen • erläutern/erklären • erledigen •
> ~~sich erkundigen nach~~ • ernüchtert sein • erzählen

1 Gestern traf ich unsere ehemalige Kollegin Ayasha. Sie hat gefragt, wie es Dir geht.
2 Sie hat mir auch noch einmal die Gründe gesagt, warum sie
   gekündigt hat.
3 Sehr interessant fand ich, was sie über ihre neue Stelle berichtet hat.
4 Offensichtlich ist die doch nicht so toll, wie sie dachte. Sie wirkte
   jedenfalls weniger positiv.
5 Sie kümmert sich jetzt um alles, was mit Kontakten zu Kunden
   im Ausland zu tun hat.
6 Ich muss jetzt los! In der Sitzung gleich wird über das Produkt
   entschieden, das wir entwickelt haben.
7 Das wird anstrengend. Ich bin froh, wenn ich mich in der
   Mittagspause etwas ausruhen kann.

Liebe/r …,

gestern traf ich
unsere ehemalige
Kollegin Ayasha.
Sie hat sich nach
Dir erkundigt.
Sie hat mir auch
noch einmal die
Gründe …

zu Wortschatz, KB 147, Aufgabe 3

17 Erfahrungsberichte

GRAMMATIK

Ergänzen Sie in der richtigen Form.

> ~~Berufserfahrung~~ · Erfahrung · erhöhen · Erkenntnis · Ernüchterung ·
> erstellen · erreichen · reagieren · reformieren · revidieren

---

Ich habe vier Jahre _Berufserfahrung_ (1) in Deutschland gesammelt, sieben in Spanien. Während meiner Berufstätigkeit in Spanien habe ich viel Positives erlebt.

Helen

Ich arbeite nun seit 13 Jahren in Österreich und bin überrascht, was sich seit meinem Berufseinstieg alles verändert hat. Bei unserer Firmenleitung setzt sich mehr und mehr die _____ (2) durch, dass die Zufriedenheit der Mitarbeitenden und der Gewinn des Unternehmens direkt zusammenhängen.

Umut

Meine _____ (3) in der Schweiz: Das Arbeitsklima ist sehr gut. Der Chef bringt jedem einzelnen Mitarbeiter Respekt entgegen, wie auch umgekehrt. Leider hatte ich nach meiner Rückkehr in die Heimat ein Gefühl der _____ (4).

Elena

In meinem ersten Berufsjahr habe ich meine Ziele leider nicht ganz _____ (5). Im zweiten Jahr habe ich mit meinen Kollegen eine schriftliche Aufstellung der Ziele _____ (6). Durch die bessere Kooperation konnten wir die Motivation aller Mitarbeiter _____ (7).

Ali

Als ich mein Erasmus-Jahr beendet hatte, musste ich einige Vorstellungen über Deutschland _____ (8). Besonders an den Unis war in der Zwischenzeit einiges _____ (9) worden. Anfangs wusste ich nicht, wie ich auf diese Veränderung _____ (10) sollte.

Neshe

---

zu Lesen 2, KB 148, Aufgabe 1

18 Ins Ausland gehen

WORTSCHATZ

Was ist richtig? Markieren Sie.

Da ich als Ärztin einen sogenannten *geregelten /* *reglementierten* */ regulierten* (1) Beruf ausüben möchte, ist eine Anerkennung meiner beruflichen Qualifikation verpflichtend. Zum Glück wurde mir nach Prüfung aller Unterlagen bestätigt, dass meine Ausbildung mit der hiesigen *gleichermaßen / gleichwertig / gleichsam* (2) ist. Somit ist meine Berufsausbildung nun vollends *aberkannt / angebracht / anerkannt* (3) und ich darf hier arbeiten.

Im Kosovo habe ich eine Ausbildung als Kraftfahrzeug-Mechatroniker *abgeschlossen / abgenommen / abgemacht* (4). Meine Ausbildung wurde hier leider nur teilweise anerkannt. Um in meinem Beruf voll *durchstarten / beschleunigen / durchmachen* (5) zu können, musste ich noch ein Praktikum absolvieren. Zum Glück habe ich gleich einen Praktikumsplatz gefunden. Mir wurde auch bereits eine Festanstellung in Aussicht *gestanden / gestellt / genommen* (6), gesetzt dem Fall natürlich, meine Ausbildung wird nach dem Praktikum anerkannt!

|||| zu Lesen 2, KB 148, Aufgabe 1

19 Berufsbedingte Mobilität

HÖREN

4 ◄)) 20–27 **a** **Sie hören Aussagen von acht Personen. Entscheiden Sie, welches der drei Statements (1, 2 oder 3) zu welchen Personen passt. Sie haben jetzt eine halbe Minute Zeit, um die Aussagen zu lesen.**

Die Person …

1 ist eigentlich zufrieden mit der momentanen Situation:
   Person 5 und _____

2 findet es manchmal anstrengend, so zu leben, hat aber nicht vor,
   etwas zu ändern: Person _____

3 plant für die Zukunft eine Veränderung der derzeitigen Lebens-
   und Arbeitsumstände: Person _____

4 ◄)) 20–27 **b** **Hören Sie die acht Aussagen ein zweites Mal. Entscheiden Sie beim Hören, welche der Aussagen A–J zu welcher Person passt. Zwei Aussagen bleiben übrig.**

Person

A Ich freue mich schon auf meinen neuen Job, muss aber noch einiges klären. ☐

B Ich kann immerhin drei Tage pro Woche mit meiner Familie verbringen. ☐

C Wir wollen in unserem jetzigen Zuhause bleiben, obwohl ich es jede Woche sehr
   weit zur Arbeit habe. ☐

D Wenn meine Frau wieder arbeiten geht, suche ich mir eine Stelle, die näher an
   zu Hause ist. ☐

E Nach mehreren Auslandsaufenthalten habe ich Sehnsucht nach der Region,
   aus der ich stamme. ☐

F Ich warte noch darauf, in meinem erlernten Beruf arbeiten zu können. ③

G Dass ich oft auswärts übernachten muss, stört mich schon. ☐

H Wenn man beruflich viel unterwegs ist, leiden Partnerschaften natürlich darunter. ☐

I Später suche ich mir ein festes Engagement an einem Theater, um nicht immer
   unterwegs sein zu müssen. ☐

J Bei mir lassen sich Beruf und Familienplanung nur sehr schwer vereinbaren. ☐

WIEDERHOLUNG GRAMMATIK

|||| zu Lesen 2, KB 149, Aufgabe 3

20 E-Mail von Hamburg nach Madrid

Was ist richtig? Markieren Sie.

Lieber José,

diese E-Mail ist auf Deutsch, weil Du mich ja bald hier in Hamburg besuchst! Und
☐ *ohne dass* ☒ *indem* (1) ich sie auf Deutsch schreibe und Du sie auf Deutsch liest,
üben wir beide. Die deutsche Sprache zu beherrschen, ist hier sehr wichtig, denn
5   ☐ *ohne* ☐ *durch* (2) die Sprache bekommt man fast keinen Kontakt zu Deutschen. Meine
Firma hat mich ja nach Hamburg versetzt und die Arbeit im Tourismus-Büro hier macht
mir auch Spaß, aber ☐ *anstatt* ☐ *ohne* (3) Deutsch zu sprechen, rede ich die meiste
Zeit Spanisch oder Englisch, denn ich stelle Kontakte zu Hotels in Südeuropa und
Lateinamerika her. Ich bin jetzt schon drei Monate hier und fühle mich meistens
10   wirklich wohl. ☐ *Anstatt dass* ☐ *Dadurch, dass* (4) Hamburg in der Nähe des Meeres
liegt, ist die Luft hier frisch und sauber, allerdings ist das Wetter oft schlecht.
Die spanische Sonne und die Wärme vermisse ich schon sehr!

Ein anderes Problem hier ist das Essen. Es ist nicht so gut wie in Spanien und es ist - ☐ *anstatt zu* ☐ *ohne zu* (5) übertreiben - im Restaurant wirklich sehr teuer.

15 ☐ *Ohne* ☐ *Statt* (6) Wein trinkt man zum Essen besser Bier, denn guter Wein kostet im Restaurant richtig viel. Jetzt wieder zu den schönen Dingen: In den öffentlichen Parks, an der Alster und an der Elbe ist es sehr schön - auch ☐ *durch* ☐ *ohne* (7) die Sauberkeit der Deutschen. Ich freue mich schon sehr darauf, dort mit Dir spazieren zu gehen. Und ☐ *anstatt dass* ☐ *ohne dass* (8) wir danach in ein teures

20 Restaurant gehen, probieren wir die Tapas in meiner spanischen Stammkneipe, was meinst Du? Ich freue mich schon sehr auf Deinen Besuch hier!

Alles Liebe und bis bald!
Deine Carla

---

zu Lesen 2, KB 149, Aufgabe 3

21 Satzstrukturen: Modale Zusammenhänge   GRAMMATIK ENTDECKEN

a Lesen Sie den Beitrag in einem Job-Forum. Formulieren Sie die Sätze mit den bekannten modalen Elementen in der rechten Spalte neu.

Hallo,

endlich wurde mein Berufsabschluss anerkannt und ich habe eine Stelle bei einer Textilfirma in einer Filiale in Wien bekommen. Jetzt arbeite ich für ein Jahr in

5 Namika Y. der Zentrale in Hannover, dadurch will ich mehr Berufserfahrung sammeln und meine Deutschkenntnisse verbessern (1). Mithilfe meines Chefs habe ich diese   **indem**
Stelle gefunden (2). Mein Job hier in Hannover ist leider   **durch**
sehr langweilig, wodurch ich ziemlich demotiviert bin

10 und starkes Heimweh habe (3). Ich überlege schon, mittels   **dadurch, dass**
einer Bewerbung auf eine firmeninterne Stelle wieder nach
Wien zurückzugehen (4). Andererseits denke ich, dass das   **indem**
natürlich nicht gut aussieht: Ich gebe nach kurzer Zeit
auf, womit auch mein Lebenslauf sicher nicht attraktiver

15 für einen zukünftigen Arbeitgeber wird (5). Mein Freund   **dadurch, dass**
meint, ich soll mit meinem Chef hier sprechen, auf
diese Weise könnte ich meine Situation vielleicht
verbessern (6). Aber das glaube ich nicht ... Kennt jemand   **indem**
von euch eine solche Situation und kann

20 mir einen Rat geben? Danke schon mal.

> Hallo,
> endlich wurde mein Berufsabschluss anerkannt und ich habe eine Stelle bei einer Textilfirma in einer Filiale in Wien bekommen. Indem ich für ein Jahr in der Zentrale in Hannover arbeite, will ich mehr Berufserfahrung sammeln und meine Deutschkenntnisse verbessern.

b Markieren Sie in a die Nebensatzkonnektoren blau, die Hauptsatzkonnektoren rot und die Präpositionen mit Genitiv grün.

zu Lesen 2, KB 149, Aufgabe 3

22 Zu Hause in einer fremden Stadt?   GRAMMATIK

Ergänzen Sie. Manchmal gibt es mehrere Möglichkeiten.

wodurch • ~~mithilfe~~ • so • mittels • dadurch, dass • auf diese Weise • durch

Mahmut

Hallo Namika,

ich war auch eine Zeit lang in einer anderen Stadt und habe mich dort zunächst fremd gefühlt, deshalb kann ich gut nachvollziehen, wie es Dir geht. Aber _____ (1) ich bald ein paar gute Freunde gefunden habe, hat sich die Situation schnell gebessert. An Deiner Stelle würde ich versuchen, die Zeit in Hannover _____ (2) Kontakte zu Leuten, die in einer ähnlichen Situation sind, so angenehm wie möglich zu gestalten. _Mithilfe_ (3) eines Sprachkurses dürfte das ja kein Problem sein, Kurse auf C1-Niveau gibt es in Hannover ja sicher! Und dann könntest Du auch Dein Zimmer gemütlich einrichten, _____ (4) fühlst Du Dich vielleicht wenigstens dort ein bisschen geborgen. Wichtig ist, dass Du Dir ein schönes Umfeld schaffst und Dich _____ (5) allmählich besser einleben kannst. Ich wünsche Dir sehr, dass Dein Leben in Hannover _____ (6) solcher Aktivitäten etwas erträglicher und vergnüglicher wird. Und denke daran, es ist „nur" ein Jahr, und in diesem Jahr erwirbst Du Berufserfahrung sowie bessere Deutschkenntnisse, _____ (7) Du bei der zukünftigen Stellensuche sicher einen Vorteil hast. Also alles Gute!

zu Lesen 2, KB 149, Aufgabe 3

23 Berufsausbildung anerkannt, neue Stelle – was nun?   GRAMMATIK

a Ergänzen Sie die Sätze.

1 Durch das Leben und die Arbeit in einem deutschsprachigen Land kommuniziert man mit Menschen, die sich ungewohnt verhalten und die anders denken.
Man lebt und arbeitet in einem deutschsprachigen Land, wodurch man mit Menschen kommuniziert, die sich ungewohnt verhalten und die anders denken.

2 Im besten Fall hat man sich durch die Teilnahme an einem interkulturellen Seminar mit den Unterschieden beschäftigt.
_Im besten Fall hat man _____ ,_
auf diese Weise hat man sich mit den Unterschieden beschäftigt.

3 Man recherchiert im Internet über Besonderheiten des Landes, dadurch kann man sich gut informieren.
_Mittels _____
kann man sich gut informieren.

4 Mithilfe einer guten Vorbereitung fühlt man sich im deutschsprachigen Raum wohl.
_Indem _____ , fühlt man sich im deutschsprachigen Raum wohl._

5 Durch den Besuch von Veranstaltungen kann man leicht Kontakte knüpfen.
_Man _____ , wodurch man leicht Kontakte knüpfen kann._

b Ergänzen Sie die Sätze frei.

1 In einem fremden Land versuche ich, Leute kennenzulernen, indem *ich einen Kurs besuche, der mit meinem Hobby zu tun hat.*

2 Interkulturelle Missverständnisse vermeide ich dadurch, dass ...

3 Vor Kurzem war ich zu meinem neuen Kollegen aus Versehen wirklich unhöflich, wodurch ...

4 Ich habe mir einen neuen Wecker gekauft, dadurch ...

5 Morgen koche ich ein Gericht aus meiner Heimat für zwei Kollegen. Auf diese Weise ...

---

zu Sprechen 2, KB 150, Aufgabe 2

24 Komplimente

LESEN

Lesen Sie den Text. Ordnen Sie die Textstellen 1 bis 4 den Aussagen zu. Die Zahlen beziehen sich immer auf den nachfolgenden Satz. Für jede Textstelle gibt es genau eine richtige Lösung.

☐ Der Experte bedauert etwas.   ☐ Der Experte prognostiziert etwas.
☐ Der Experte begrüßt etwas.   ☐ Der Experte vermutet etwas.
☐ Der Experte empfiehlt etwas.   ☐ Der Experte warnt vor etwas.
☐ Der Experte kritisiert etwas.   ☐ Der Experte zweifelt an etwas.

Kommentar eines Experten zu Komplimenten

Manche glauben, dass sie attraktiven Menschen keine Komplimente machen sollten, weil diese andauernd welche bekommen. Andere denken,
5 dass man keine Komplimente machen sollte, die offensichtlich sind. Und wieder andere raten sogar, dass Männer Frauen grundsätzlich keine Komplimente machen sollten, weil das in der heutigen Zeit unangebracht sei. ☐1 Mein Rat an Sie:
10 Lassen Sie sich von solchen Tipps nicht verunsichern! Denn in den meisten Fällen gibt es keine generelle Antwort auf die Frage, wann man welche oder keine Komplimente machen sollte. ☐2 Den wenigsten ist leider bewusst, wie sehr der Erfolg oder Misserfolg eines Kompliments von der Sozialisation der angesprochenen
15 Person abhängt. ☐3 Zudem ist wohl davon auszugehen, dass beim Thema Komplimente der kulturelle Hintergrund einer Person eine nicht unwesentliche Rolle spielt. Menschen, die es aus ihrem näheren Umfeld gewohnt sind, Komplimente zu erhalten, reagieren ganz anders als Personen, die nur selten oder fast nie Komplimente gemacht bekommen. Dabei ist es vollkommen unerheblich, ob sich das Kompliment auf die äußere Erscheinung oder
20 eine persönliche Eigenschaft bezieht. Während es in manchen Kreisen als vollkommen normal gilt, ein Gespräch mit einem Kompliment zu beginnen, ist das in anderen Situationen undenkbar. ☐4 Seien Sie also stets vorsichtig, in welchem Kontext Sie wem und auf welche Art Komplimente machen. Im Zweifelsfall könnte es zu großen Missverständnissen führen.

zu Sehen und Hören, KB 151, Aufgabe 2

25 Small Talk

LESEN

a Lesen Sie den Text und ergänzen Sie die Überschriften. Eine passt nicht.

> In welchen Situationen Small Talk angemessen ist •
> Bei welchen Themen man vorsichtig sein soll • Worüber man sprechen kann

Tipps für Small Talk

Habte Abiel konzipiert Kongresse, Seminare und Weiterbildungen für Assistent*innen und Sekretär*innen. Auf ihrer Website gibt die erfolgreiche Autorin Anregungen für die Praxis und viele nützliche Ratschläge.

5   1 _____

A Ein gutes Thema sind auf jeden Fall Hobbys, wie beispielsweise Literatur, sportliche Aktivitäten oder Musik und Kunst. Jeder hat ein Hobby und alle haben etwas zu berichten.

B Mit der Frage nach dem Heimatland erfreuen Sie Ihre Gesprächspartner in aller Regel.

10 **C** Nichts falsch machen können Sie ebenfalls mit dem Thema „kulinarische Spezialitäten".

2 _____

D Werfen Sie die deutschsprachigen Länder in Gegenwart von Schweizern und Österreichern möglichst nicht in einen Topf – das ist für die kleineren Nachbarn Deutschlands trotz gemeinsamer Sprache ein „No-Go" und wird als unverschämt betrachtet.

15 **E** Wenn Sie sich in Geschichte auskennen, bewahren Sie sich das Gespräch darüber auf für die Phase, in der Sie den Gesprächspartner bereits besser kennengelernt haben.

b Ordnen Sie den jeweiligen Begründungen 1–5 die passenden Tipps (A–E) im Text in a zu.

- ☐ 1 Außerdem kann davon ausgegangen werden, dass jeder im Hinblick auf seine Interessen interessante Dinge berichten kann.
- ☑ 2 Die verschiedenen Nationen legen Wert auf feine kulturelle Unterschiede.
- ☐ 3 Es gibt Gelegenheit, etwas mehr über die Biografie des anderen zu erfahren.
- ☐ 4 Manchen Gesprächspartnern fehlt es an Wissen, um auf angemessenem Niveau mitzuhalten.
- ☐ 5 Sitzt man beim Essen zusammen, ist es einfach, thematisch anzuknüpfen.

26 Meine lustigste Beobachtung

MEIN DOSSIER

Was war für Sie persönlich die ungewöhnlichste oder lustigste Beobachtung, die Sie in Bezug auf die kulturellen Eigenheiten im deutschsprachigen Raum gemacht haben? Beschreiben Sie kurz: Was ist Ihnen aufgefallen? Warum ist das ungewöhnlich oder lustig? Warum würden Sie das anders / nicht machen?

Mir ist aufgefallen, dass manche
Leute ...
Ich finde das ungewöhnlich / lustig, weil ...
In meiner Region / Familie würde man
das / wäre das ..., stattdessen würde
man ...
Ich persönlich würde vielleicht eher ...

LEKTION 11 LERNWORTSCHATZ

EINSTIEGSSEITE, KB 141

illustrieren

LESEN 1, KB 142–143

die Dimension, -en
die Fairness (Sg.)
die Individualität, -en
das Klischee, -s
das Missverständnis, -se
die Verallgemeinerung, -en
die Verhaltensweise, -n
die Verhandlung, -en

aufdecken
austarieren
reduzieren
widerlegen

auf jemanden Rücksicht nehmen,
    nahm, hat genommen

dominant
kulturspezifisch
respektlos
sachorientiert
vertrauenswürdig

demnach
demzufolge
derartig, dass
ein derartig-, dass
infolge (+ Gen.)
infolge von
infolgedessen
solch ein
ein solch-

weshalb
weswegen

HÖREN, KB 144

die Anlaufstelle, -n
die Geschäftskultur, -en
das Stichwort, ⸚er

multinational

SPRECHEN 1, KB 145

die Errungenschaft, -en
die Freizügigkeit (Sg.)
die Prozentangabe, -n

empfinden, empfand,
    hat empfunden

vergleichsweise

SCHREIBEN, KB 146

der Firmensitz, -e
der Führungsstil, -e
der Investor, -en
die Umstellung, -en
die Umstrukturierung, -en

anbringen, brachte an,
    hat angebracht
aufkaufen

sich über die eigene Rolle
    Gedanken machen
jemandem recht sein
Empathie zeigen
Offenheit gegenüber etwas
    zeigen

mittelständisch
respektlos

WORTSCHATZ, KB 147

das Ansehen (Sg.)
die Hypothese, -n

erarbeiten
erkälten
erschrecken, erschrak,
    ist erschrocken
eröffnen
erröten
erstellen
reflektieren
reformieren
regenerieren
reintegrieren

LESEN 2, KB 148–149

die Anerkennung, -en
der Antrag, ⸚e
die Ausgleichsmaßnahme, -n
der Bescheid, -e
    der Anerkennungsbescheid, -e
der Fachkräftemangel (Sg.)
der Referenzberuf, -e
die Unvollständigkeit, -en
die Versetzung, -en

absolvieren
beschleunigen
durchstarten
erwerben, erwarb, hat erworben
feststellen

hiesig
reglementiert

mittels (+ Gen.)

SPRECHEN 2, KB 150

die Äußerlichkeit, -en
die Beschaffenheit, -en
die Erwiderung, -en
das Kompliment, -e
die Mehrdeutigkeit, -en
die Persönlichkeit, -en
    das Persönlichkeitsmerkmal, -e

unangebracht
wohlwollend

SEHEN UND HÖREN, KB 151

die Rezension, -en
der Small Talk, -s
der Trainer, –
    (hier: Buch, Ratgeber)

durch die Hintertür kommen,
    kam, ist gekommen

konsequent

quasi

11

1 Wortschatz

Was ist richtig? Markieren Sie.

1 Für die Gründung eines Startups braucht man oft *Investoren / Dimensionen*.
2 Eine wissenschaftliche Annahme oder Vermutung bezeichnet man als *Erwiderung / Hypothese*.
3 Wenn es in Berufen zu wenige ausgebildete Mitarbeiter gibt, nennt man
   das *Referenzberuf / Fachkräftemangel*.
4 Wem eine Sache wirklich wichtig ist, der legt *Wert / Gewicht* auf sie.
5 Der feste Standort eines Unternehmens ist der *Firmensitz / Führungsstil*.
6 Wer über jemanden etwas Nettes sagt, macht ihm ein *Klischee / Kompliment*.

Je 0,5 Punkte   Ich habe _____ von 3 möglichen Punkten erreicht.

2 Grammatik

**a Verbinden Sie die Sätze mit *dadurch, dass / ein derartig, dass / durch / infolge / weswegen*.
Verwenden Sie jedes Wort einmal. Schreiben Sie die Lösungen auf ein separates Blatt.**

1 Lukas trägt Socken in Sandalen. So gilt er in vielen Ländern als unelegant.
2 Indem man ständig lächelt, kann man seine wahren Absichten verbergen.
3 Tom hat nach dem Jahreseinkommen eines Kollegen gefragt. Infolgedessen gilt er als zu direkt.
4 Manche legen großen Wert auf Pünktlichkeit. Folglich finden sie es schon seltsam,
   wenn jemand nur fünf Minuten zu spät kommt.
5 In einigen Ländern wird großer Wert auf akademische Titel gelegt. Deshalb sollten Sie Ihren
   Geschäftspartner zunächst mit seinem Titel anreden.

Je 2 Punkte   Ich habe _____ von 10 möglichen Punkten erreicht.

**b Ergänzen Sie entweder Artikel + Komparativ / Superlativ oder ein passendes Verb auf *er-* und *re-*
in der richtigen Form.**

_____ _____ _____ (groß) (1) Probleme war am Anfang die Sprache. Plötzlich musste
ich bei Terminen komplizierte Dinge auf Deutsch _____ (klar) (2), in Gesprächen
schnell auf Deutsch _____ (agieren) (3) – alles war auf Deutsch. Meine ersten
Wochen wurden noch dadurch _____ (schwer) (4), dass ich _____ (alt) (5)
technische Ausstattung hatte, darunter _____ _____ _____ (langsam) (6)
Computer in der ganzen Firma. Außerdem habe ich mich gleich _____ (kalt) (7),
obwohl hier der Juni eigentlich zu _____ (warm) (8) Monaten gehört.

Je 1,5 Punkte   Ich habe _____ von 12 möglichen Punkten erreicht.

3 Kommunikation

Ordnen Sie die passenden Redemittel zu. Ein Redemittel passt nicht.

> ☐ aus den Augen verlieren · ☐ darauf achten · ☐ Rücksicht nehmen · ☐ respektlos sein ·
> ☐ Offenheit gegenüber zeigen · ☐ über die eigene Rolle Gedanken machen

Wenn Sie Verhandlungen im interkulturellen Kontext führen, ist es wichtig, dass Sie sich _(1)_.
Zudem müssen Sie _(2)_, dass Sie die kulturellen Besonderheiten Ihres Gegenübers nicht _(3)_.
Stützen Sie sich dabei nicht auf kulturelle Verallgemeinerungen, sondern berücksichtigen
Sie die Individualität jedes einzelnen. Seien Sie sich bewusst, dass Respektlosigkeit in keiner
Kultur wertgeschätzt wird. Im Gespräch sollten Sie deshalb unbedingt auf die Anliegen Ihres
Gesprächspartners _(4)_. Anderen Sichtweisen und Herangehensweisen sollten Sie _(5)_.

Je 1 Punkt   Ich habe _____ von 5 möglichen Punkten erreicht.

Auswertung:

Ich habe _____ von 30 möglichen Punkten erreicht.

☺	☺	☹
30 – 26	25 – 15	14 – 0

1 Technik für eine bessere Welt

Bilden Sie aus den Verben die entsprechenden Nomen mit Artikel.

1 Neue Technologien werden einerseits gelobt und andererseits kritisiert.
   das Lob und _____

2 Immer mehr Aufgaben werden von Computern übernommen.
   _____

3 Virtual Reality und Augmented Reality werden auch im Berufsleben
   angewendet. _____

4 Das Experiment läuft reibungslos ab. _____

5 Die Welt steigt allmählich aus der fossilen Energiegewinnung aus.
   _____

6 Strom wird in Zukunft durch erneuerbare Energien erzeugt.
   _____

7 Viele Menschen setzen sich für neue, „sanfte" Technologien ein.
   _____

8 Die Wissenschaftler entwerfen Pläne für eine umweltfreundliche
   Technik. _____

---

zur Einstiegsseite, KB 153, Aufgabe 1

2 *Neue Realitäten?*   LESEN **12**

Virtual Reality (VR) oder *Augmented Reality* (AR) – Was passt zu welcher Technologie?
Markieren Sie.

Die beiden Technologien *Virtual Reality* und *Augmented Reality* sind in aller Munde. Dank schnellerer und leistungsstärkerer Computerprozessoren, Kameras und Internetverbindungen ergeben sich unzählige Anwendungsmöglichkeiten im privaten und industriellen Bereich. Doch was unterscheidet die beiden digitalen Realitäten voneinander? Welche Möglichkeiten bieten sie, welche Einsatzbereiche sind denkbar? Machen Sie sich schlau!

	VR	AR
1 Der Nutzer sieht die reale Welt und bekommt zusätzliche Informationen eingeblendet.	☐	☐
2 Spiele, bei denen man in seinem realen Umfeld etwas suchen muss, können mithilfe dieser Technologie gespielt werden.	☐	☐
3 Der Nutzer nimmt die reale Welt nicht mehr wahr.	☐	☐
4 Zum Erleben wird ein Smartphone, ein Tablet oder eine Brille verwendet, die digitale Objekte in den Raum platziert.	☐	☐
5 Der Nutzer kann die digitale 3-D-Welt nur mithilfe einer speziellen Brille wahrnehmen.	☐	☐
6 Die wahrgenommene, nicht reale Welt kann gesehen, gehört und gespürt werden.	☐	☐
7 Die Technologie wird auch zur Einrichtungsplanung oder als Navigationsapp eingesetzt, weil man das Reelle durch Digitales erweitern kann.	☐	☐
8 Es gibt 360-Grad-Bilder, 360-Grad-Videos und komplett erstellte 3-D-Welten.	☐	☐
9 Komplexe industrielle Prozesse können mit dieser Technologie digital nachgestellt und erlebbar gemacht werden.	☐	☐
10 Die Realität, die man gerade sieht, wird mit zusätzlichen Texten, Grafiken oder Animationen ergänzt.	☐	☐

Lösung: 1 AR, 2 AR, 3 VR, 4 AR, 5 VR, 6 VR, 7 AR, 8 VR, 9 VR, 10 AR

zu Lesen 1, KB 154, Aufgabe 2

3 Parallelwelten

WORTSCHATZ

a   Ergänzen Sie in der richtigen Form.

> anlocken • auf lange Sicht • ausgerüstet • eintauchen • erweitert •
> überlappen • umfassend • weitreichend • zweifelsohne • Bildschirm

Wer sich der Realität einmal entziehen will, kann durch Aufsetzen einer Virtual-Reality-Brille in eine andere Welt _____ (1). Diese neue Technologie führt beispielsweise in der Welt der Computerspiele zu _____ (2) Veränderungen. Auf Messen wie der *gamescom*, die jedes Jahr in Köln stattfindet und Tausende von Spielefreaks _____ (3), kann man sich _____ (4) über Neuheiten in der Branche informieren und vieles selbst ausprobieren. Neben brandaktuellen Trends und der neuesten Technik bekommt man auf der Messe auch ein Gefühl dafür, in welche Richtungen sich die Gaming-Branche _____ (5) entwickelt. Zu den großen Themen gehören dabei seit Jahren die Entwicklungen in den Bereichen *Augmented Reality* und *Virtual Reality*, also der _____ (6) und der virtuellen Realität. Bei Spielen auf Basis der *Augmented Reality* läuft man – _____ (7) mit seinem Smartphone – durch die Gegend und bekommt die Spielinhalte als Teil der Realität auf den _____ (8) eingeblendet, das heißt, die reale und die virtuelle Welt _____ (9) sich. Kleine Monster oder Hexen scheinen ganz real vor einem auf der Parkbank zu sitzen oder sich auf dem Marktplatz zu tummeln. Auch in Zukunft werden wir wahrscheinlich neue Spiele dieser Art, die sich _____ (10) großer Beliebtheit erfreuen, präsentiert bekommen.

b   Wie sollte ein neuartiges Computerspiel sein? Ergänzen Sie zu jedem Buchstaben des Wortes ein passendes Adjektiv.

G   *Aufregend*   M   I   N   G

zu Lesen 1, KB 154, Aufgabe 2

4 Mein moderner *Nonplusultra*-Arbeitsplatz

SCHREIBEN

Sehen Sie sich im Kursbuch (KB 154) noch einmal die Sammlung an Ideen für den Büroarbeitsplatz von morgen an. Verwenden Sie einige der folgenden Redemittel.

Eigene Vorstellungen beschreiben

> *An meinem Arbeitsplatz hätte ich auf jeden Fall gern …*
> *Damit wäre es mir möglich, …*
> *Besonders wichtig wäre mir außerdem …*
> *Praktisch fände ich darüber hinaus noch …*
> *Wenn Geld keine Rolle spielen würde, …*
> *Es käme für mich nicht infrage, …*
> *Weniger interessiert bin ich an …*

zu Lesen 1, KB 154, Aufgabe 2

5 Mensch und Maschine

HÖREN

4 ◀)) 28 Sie hören eine Diskussion, die während einer Betriebsversammlung zwischen einem Vertreter des Betriebsrats und einem Mitglied der Geschäftsleitung stattfindet. Notieren Sie für jede Person in der linken Spalte, was sie fordert, und in der rechten Spalte ein dazugehöriges Argument in Stichpunkten.

Herr Hansa Sipalinsky (Betriebsrat)	
Forderung	Begründung / Argumente

Frau Meret Lafers (Geschäftsleitung)	
Forderung	Begründung / Argumente

―――――――――――――――――――――――――――― WIEDERHOLUNG GRAMMATIK

zu Lesen 1, KB 155, Aufgabe 3

6 *Augmented Reality* im täglichen Leben

a Was ist richtig? Markieren Sie.

A 1 (Dank) / Mangels (1) dieser App können Sie Möbelstücke, die Sie kaufen wollen, zuerst einmal virtuell im eigenen Zuhause ausprobieren. *Anstatt / Infolge* (2) dieser Möglichkeit kann man die digitale Version des gewünschten Sessels aus dem Katalog auswählen und mit dem Finger auf die geplante Stelle *innerhalb / aufgrund* (3) der eigenen Wohnung stellen. Und sich dann fragen: Passt das eigentlich?

☐ 2 In welcher Farbe sollen wir die Küche streichen? Welche Farbe ist im Schlafzimmer am besten? *Trotz / Wegen* (4) der Schwierigkeit, sich die Wirkung einer größeren, farbigen Fläche real vorstellen zu können, gab es bisher viele Fehlentscheidungen. Das ist heute kein Problem mehr – *aufgrund / während* (5) einer App, mit der man die heimischen Wände virtuell in allen gewünschten Farben einfärben kann – und sich dann hoffentlich richtig entscheidet.

☐ 3 Diese App sollten Sie sich zulegen, wenn Sie *mangels / trotz* (6) Zeit Ihre Kleidung nicht in einem Geschäft kaufen wollen. *Während / Anstatt* (7) langer Wartezeiten vor einer Umkleidekabine suchen Sie Ihr komplettes Outfit online aus und probieren es virtuell an Ihrem eigenen Körper an, dazu brauchen Sie nur ein Foto von sich! Und das alles auch noch *außerhalb / infolge* (8) der üblichen Ladenöffnungszeiten!

☐ 4 Wenn Sie *trotz / mangels* (9) aller Bemühungen, gute Selfies von sich zu machen, noch nicht ganz zufrieden sind, haben Sie nun mit AR-Filtern die Möglichkeit, witzige oder überraschende Effekte einzubauen. Das sind dann nicht nur Fotos mit Katzen- oder Hundeohren, sondern oft kleine Filme, die Bewegungen und Entwicklungen zeigen. *Mangels / Während* (10) einer kreativen Phase können Sie so ein Video von sich produzieren.

b Ordnen Sie die Zeichnungen den Erfindungen in 6a zu.

A    B    C    D

zu Lesen 1, KB 155, Aufgabe 3

7 Bewertungen und Rezensionen

GRAMMATIK

Ergänzen Sie *anlässlich, angesichts, hinsichtlich, mithilfe, mittels, oberhalb*
oder *ungeachtet*. Manchmal passen mehrere Präpositionen.

App für Möbel ★★☆☆☆

Eigentlich eine gute Idee, denn _mithilfe_ (1) der App
kann man den Schrank im Zimmer da platzieren, wo er
stehen soll. Aber bei mir wurde er dann entweder zu

5 klein oder zu groß dargestellt, _____ (2)
der Größenverhältnisse stimmt also etwas nicht. Dann
habe ich mal ein größeres Bild ausgewählt und wollte
das _____ (3) meines Sofas an die Wand
hängen, das ging gar nicht. _____ (4)

10 dieser Probleme kann ich die App leider nur bedingt
empfehlen.

App für Wandfarben ★★★★☆

_____ (5) eines Berichts
in der Zeitschrift *Future* habe ich
diese App _____ (6) einiger
Anfangsschwierigkeiten installiert.
_____ (7) eines Panorama-
Videos konnte ich mir dann auf meinem
Smartphone mein Arbeitszimmer
in verschiedenen Farben anschauen.
Ziemlich cool, ich werde die App auf jeden
Fall weiterempfehlen! ☺

zu Lesen 1, KB 155, Aufgabe 3

8 Im modernen Homeoffice

GRAMMATIK

Schreiben Sie Sätze.

1 Homeoffice / Büro / innerhalb / eigene Wohnung /
   sein / , / deshalb / man / es / räumlich / abgrenzen /
   müssen
2 mithilfe / von / Teppich / Stoffe / Gardine / man /
   für Ruhe / sorgen / können
3 man / ungeachtet / Kosten / hochwertige Büromöbel
   und Geräte / sich anschaffen / sollen (Konjunktiv II)
4 es / wichtig / sein / , / dass / man / unweit /
   Schreibtisch / eine Möglichkeit / zur Bewegung
   (z.B. Yoga-Matte) / sich schaffen
5 mittels / Sofa / oder / Liege / man / idealer Ort /
   für / kurzer Mittagsschlaf / haben
6 hinsichtlich / Dekoration / man / motivierende / , / aber / nicht zu auffällige / Motive / wählen / sollen
   (Konjunktiv II) / , / sonst / man / leicht / abgelenkt werden
7 oberhalb / Arbeitsplatz / man / verstellbare Hängelampen / anbringen / kann, / die /
   kompletter Raum / ausleuchten
8 angesichts / grauer Büroalltag / Zimmerpflanzen / oder / Vase mit frischen Blumen /
   für Abwechslung / sorgen
9 für / genügend / Tageslicht und Frischluft / man / sorgen / , indem / man / außerhalb /
   seine Arbeitszeiten / regelmäßig / spazieren gehen
10 anlässlich / nächste Meeting / man / sich freuen, / mal / wieder / rauskommen / und /
   seine Kollegen / wiedersehen

*1 Das Homeoffice ist ein Büro innerhalb der eigenen Wohnung, deshalb muss
man es räumlich abgrenzen.*

zu Schreiben, KB 156, Aufgabe 2

9 Tier- und Menschen-Wohl   KOMMUNIKATION / WORTSCHATZ

a Lesen Sie die Stellungnahme eines Lesers zum Thema *Tiere als Arbeitskräfte*. Markieren Sie das richtige Wort und ordnen Sie die Redemittel zu. Zwei Redemittel bleiben übrig.

> ☐ Meiner Ansicht nach dürfen Tiere dem Menschen dienen • ☐ Der Bericht schildert, wie •
> ☐ In dem Artikel erfährt man, • ☐ Ist es nicht sogar ein großes Plus für Mensch und Tier •
> ☐ Es ist positiv zu bewerten • ☐ Viele Menschen sehen es problematisch, wenn •
> ☐ ist das auf jeden Fall kritisch zu sehen • ☐ Zusammenfassend lässt sich festhalten •
> ☐ Und einer aktuellen Debatte zufolge

Vor Kurzem las ich in Ihrer Zeitschrift *Die Welt von heute und morgen* einen Bericht, in dem es um Tiere als „Arbeitskräfte" ging. __(1)__ dass betreute ältere oder auch behinderte Personen immer häufiger mit Hunden, Katzen und anderen *zutraulichen / vertraulichen* (2) Haustieren zusammengebracht werden. Es heißt, das würde sich sehr positiv auf die Psyche der *Geholfenen / Hilfsbedürftigen* (3) auswirken und ihnen emotionale Stabilität geben.

__(4)__ Tiere eine Art professionelle Aufgabe übernehmen und sozusagen als Arbeitskraft *fungieren / funktionieren* (5). __(6)__ fordern einige Tierschützer noch strengere Regeln, sodass man sich fragen muss, wie der Kontakt von Mensch und Tier in Zukunft aussehen soll. Ist es nicht anrührend zu erleben, wie einem Menschen, der in seinen Möglichkeiten sehr *eingeschränkt / eingegrenzt* (7) ist, das Herz aufgeht beim Kontakt mit einem süßen Vierbeiner? __(8)__, weil Letztere bei solchen Einsätzen keineswegs leiden, sondern im *Gegensatz / Gegenteil* (9) meist sogar den Kontakt zu den Personen, die sie erfreuen sollen, suchen.

__(10)__, wenn beide Seiten davon profitieren, sei es emotional oder weil sie dann *ausreichend / ausführlich* (11) Bewegung haben, wie es zum Beispiel bei Reitpferden oder Schlittenhunden der Fall ist? Wenn aber Tiere von Menschen beispielsweise im Sport auf *Höchstleistungen / Höchstgefahren* (12) gedrillt werden oder wenn Haustiere in zu kleinen Wohnungen oder Käfigen keinen artgerechten Lebensraum vorfinden, __(13)__.

__(14)__, dass es immer darauf ankommt, ob die Art und Weise, wie man mit dem Tier umgeht und was man ihm antrainiert oder abverlangt, mit dem Tierwohl *machbar / vereinbar* (15) ist. Hier ist wohl eine Portion gesunder „Menschen"-Verstand gefragt!

b Welche Ansichten vertritt der Verfasser / die Verfasserin des Kommentars? Markieren Sie.

☐ Er/Sie sorgt sich nicht sonderlich um das Tierwohl.

☐ Er/Sie meint, dass Tiere davon profitieren können, wenn sie Aufgaben übernehmen.

☐ Er/Sie erwartet genau beschriebene Regelungen zur Einhaltung des Tierschutzes.

☐ Er/Sie ist der Meinung, dass Tiere unter gewissen Umständen dem Menschen dienen dürfen.

zu Hören, KB 157, Aufgabe 2

10 In der Forschung

WORTSCHATZ

a   Was passt zusammen? Ordnen Sie zu.

1 Forschungs	quote
2 Lebe	information
3 Erb	stadium
4 Versuchs ——————	wesen
5 Experimentier ———	teilnehmer
6 Gen	vorhaben
7 Treffer	technik

b   Ergänzen Sie die gefundenen Begriffe in den Definitionen.

1 Wer bereit ist, bei Experimenten mitzumachen, ist ein _Versuchsteilnehmer_ .

2 Wenn eine Technologie noch nicht auch ganz ausgereift ist, befindet sie sich im

_____ .

3 Wenn junge Wissenschaftler Unterstützung haben wollen, brauchen sie ein interessantes

_____ .

4 Wenn eine große Anzahl von Experimenten gelingt, hat man eine hohe

_____ .

5 Gewisse Grenzen der Forschung gibt es vor allem im Bereich der

_____

6 Der in den Chromosomen gespeicherte genetische Code ist die

_____ .

7 Menschen, Tiere und Pflanzen sind aus Zellen aufgebaut, können sich fortpflanzen und
wachsen. Sie gehören alle zur Gruppe der _____ .

zu Sprechen, KB 158, Aufgabe 1

11 Mit anderen Worten

KOMMUNIKATION

Schreiben Sie die Sätze mithilfe folgender Ausdrücke neu.

> jemandem zu etwas verhelfen • zum Einsatz kommen •
> sich einer Sache bedienen • ~~einer Sache im Wege stehen~~ •
> jemandem ins Handwerk pfuschen

1 Das lange geplante Forschungsprojekt kann jetzt
   durchgeführt werden.
   Dem lange geplanten Forschungsprojekt steht
   nichts mehr im Wege.

2 Anfangs hatte der Projektleiter, Professor Siebenschlau, Bedenken, dass ihn Konkurrenten durch
   politische Einflussnahme an der Durchführung hindern könnten.
   Anfangs hatte der Projektleiter, Professor Siebenschlau, Bedenken, dass ihn
   _____
   _____ .

3 Der zufriedene Professor sorgt nun dafür, dass seine Mitarbeiter eine gute Bezahlung erhalten.
   _Er_____ _seinen Mitarbeitern_____ _einer guten Bezahlung._

4 Es soll bei dem Projekt mit einem superintelligenten Roboter gearbeitet werden.
   _Man will_____

5 Natürlich werden auch altbewährte Methoden angewendet.
   _Natürlich_____ _auch altbewährte Methoden_

zu Sprechen, KB 158, Aufgabe 1

12 Bewertungen in Kommentaren erkennen   KOMMUNIKATION

**Lesen Sie im Kursbuch (KB 158) noch einmal die Kommentare aus dem Diskussionsforum.
Woran erkennt man jeweils die positive bzw. negative Bewertung der Errungenschaften?
Notieren Sie die Textstellen.**

1 der.mit.hut: *…, warum nicht neben der Patchworkfamilie auch noch eine mit zwei Müttern*
2 bealind: _____
3 Wotan: _____
4 Denkerin: _____

zu Sprechen, KB 158, Aufgabe 1

13 Ist das wirklich alles wünschenswert?   KOMMUNIKATION

a   **Was ist richtig? Markieren Sie das passende Wort.**

	Funktion
In dem Artikel über das „Drei-Eltern-Baby" ist __(1)__ von einem neuen Gesetz in Großbritannien. ☐ das Gespräch ☒ die Rede ☐ die Idee	
Meines __(2)__ spricht der Wunsch nach einem Kind auf Bestellung dafür, dass diese Menschen ihr Leben von A bis Z durchplanen wollen. ☐ Meinungs ☐ Wissens ☐ Erachtens	
Diese Entwicklung halte ich für äußerst __(3)__ . ☐ bedenklich ☐ bedenkenswert ☐ dankbar	
In meinem heutigen Vortrag __(4)__ ich mich mit der Fragestellung, ob und inwieweit der Mensch in die Natur eingreifen darf. ☐ fasse ☐ erfasse ☐ befasse	1
Folgendes würde meiner Meinung nach eine Alternative __(5)__ : … ☐ vorstellen ☐ darbieten ☐ darstellen	
Dort, wo ich herkomme, sind solche __(6)__ streng verboten. ☐ Vorgänge ☐ Verfahren ☐ Ideen	
Das Fazit meiner Präsentation könnte also __(7)__ : … ☐ lauten ☐ behaupten ☐ folgen	
Ich könnte mir aber auch eine andere Möglichkeit vorstellen, mit dem Problem __(8)__ . ☐ zu tun ☐ zu behandeln ☐ umzugehen	

b   **Welche Funktion haben die Sätze jeweils?
Ergänzen Sie in 13a in der rechten Spalte. Einige
Funktionen können mehrmals genannt werden.**

1 Eine Präsentation einleiten
2 Eine Meldung wiedergeben
3 Mögliche Alternativen nennen
4 Vergleich mit dem Heimatland
5 Den persönlichen Standpunkt wiedergeben
6 Das Kurzreferat abschließen

zu Sprechen, KB 158, Aufgabe 1

14 Ein besonderes Hörerlebnis

LESEN

a   Lesen Sie, worum es in diesem Hörbuch/Roman von Andreas Eschbach geht.
    Ergänzen Sie dabei die fehlenden Wortteile.

Herr aller Dinge

Die bei d e n (1) Hauptfiguren könnten unterschiedlicher kaum se ___ (2). Als Kinder bege _____ (3) sich
Hiroshi, ein Junge mit einem Tal ____ (4) für die Repa-
5   ratur von defekten techni _____ (5) Gegenständen
gepaart mit ein ___ (6) Schwäche für Robo _____ (7),
und Charlotte, die üb ___ (8) eine ungewöhnliche
Bega _____ (9) für Fremdsprachen und einen
besonderen „sechsten Sinn" verfügt, mit dem sie die
10   Lebensgeschi _____ (10) der Menschen hinter den
Dingen erspürt. Er ist der Sohn einer japanischen Haus-
ange _____ (11), sie die verwöhnte Tochter des französischen Botscha _____ (12).
Hiroshi und Charlotte verbr _____ (13) heimlich viel Zeit mitein _____ (14), doch der
soziale Unter _____ (15) steht von Anfang an spürbar zwischen den beiden.

15   Da entwickelt Hiroshi eine Vision, wie die Arm ____ (16) in der Welt zu überwinden
wä ___ (17) und es allen Mens _____ (18) gleich gut geh ____ (19) könnte. Vor all ___ (20)
mit dem Ziel, Charlottes Lie ___ (21) zu gewinnen, macht er sich daran, seine Ideen Wirklichkeit wer ____ (22) zu lassen. Tatsäc _____ (23) gelingt es ihm, zum Schöp _____ (24) von
Robotern und Masch _____ (25) zu werden, die sich sel ____ (26) reproduzieren können.
20   Allerdings gelangt er dur ____ (27) seine revolutionären Erfind _____ (28) auf die Spur
eines ural ____ (29) Geheimnisses und Charlotte, die ein besonderes japani _____ (30)
Messer berührt, erspürt des ____ (31) unfassbare Geschichte.

Die beiden, die die mei _____ (32) Zeit ihres Lebens getre _____ (33) voneinander verbringen
und bis zum Ende des Rom _____ (34) nie ein Paar wer ____ (35), stoßen bei ihren Studien
25   auf dass _____ (36) Geheimnis: auf die Exis _____ (37) einer hoch entwickelten Zivili-
sation vor unserer Zeitrechnung, eine Entdeckung, die nicht nur das Leben der beiden
Protago _____ (38) zu bedrohen beginnt.

b   Lesen Sie nun eine Rezension zum Hörbuch. Welche Punkte hebt der Rezensent
    positiv hervor, was kritisiert er? Ergänzen Sie.

Positive Punkte: _____

Kritik: _____

Es gelingt dem Sprecher Matthias Koeberlin, die Zuhörer mit seiner sanf-
ten Stimme und seinem warmen Ton in die Geschichte hineinzuziehen. Fast
unmerklich gibt man sich seinem Charme hin und bleibt am Ball, obwohl
der Autor Eschbach, der über ein enormes Fachwissen im Bereich der Nano-
technologie verfügt, die Vorstellungskraft seiner Leser bzw. Hörer manchmal sehr strapaziert. Die Geschichte von Hiroshi und Charlotte ist nicht nur
die Geschichte von Liebenden, die nicht zusammenkommen können, sondern gleichzeitig auch ein äußerst spannender Thriller.

Matthias Koeberlin

zu Lesen 2, KB 160, Aufgabe 2

15 Wie wär's mit Mister Pepper?

HÖREN

4 ◀⏺ 29   Hören Sie ein Telefongespräch und ergänzen Sie in Stichpunkten.

1	Anlass des Anrufs:	*Die Kundin sucht einen Roboter als Geburtstagsgeschenk.*
2	Gewünschte Fertigkeiten des Roboters:	
3	Typische Haushaltsroboter können:	
4	Der Roboter „Pepper" ist ...	
5	„Peppers" besondere Fähigkeit:	
6	Mögliches Hindernis für den Kauf von „Pepper":	
7	Frage der Anruferin am Ende des Gesprächs:	

zu Lesen 2, KB 160, Aufgabe 2

16 Ähnliche Bedeutungen

WORTSCHATZ

12

Was passt nicht? Streichen Sie durch.

1 humanoid – ~~android~~ – menschenähnlich – menschlich
2 die Eigenschaft – der Charakterzug – das Merkmal – das Merkwürdige
3 minimieren – verhindern – verringern – vermindern
4 drängend – akut – dringlich – lästig
5 entmachten – entkräften – widerlegen – gegen etwas argumentieren

——————————————————————— **WIEDERHOLUNG GRAMMATIK**

zu Lesen 2, KB 161, Aufgabe 3

17 Haushaltshelfer

a   **Bilden Sie aus den unterstrichenen Partizipialkonstruktionen Relativsätze.**

1 Wir haben einen <u>selbstfahrenden und sich alleine reinigenden</u> Staubsauger.
2 Der <u>„Robbi" genannte</u> Staubsauger ist klein und rund.
3 Er hat ausfahrbare, <u>sich drehende</u> Bürsten.
4 Die <u>von „Robbi" gesaugten</u> Teppiche und Böden sind alle sauberer als früher.
5 Er saugt auch die <u>herumliegenden</u> Katzenhaare komplett auf.

1 Wir haben einen Staubsauger, der von selbst fährt und sich alleine reinigt.

b   **Bilden Sie aus den Relativsätzen Partizipialkonstruktionen.**

1 Der Roboter, der von meiner Frau angeschafft wurde, ist der beste Freund unserer Katze.
2 Unsere Katze, die ständig schnurrt, ist glücklich, wenn sie auf „Robbi" durch die Wohnung fährt.
3 Frau Hansen hat einen Wisch-Roboter. Er reinigt auch Böden, die stark verschmutzt sind.
4 Putz-Roboter, die singen, finde ich etwas übertrieben.

1 Der von meiner Frau angeschaffte Roboter ist der beste Freund unserer Katze.

zu Lesen 2, KB 161, Aufgabe 3

18 Partizipialsätze

a Formulieren Sie die unterstrichenen Partizipialsätze in Nebensätze
mit *weil, obwohl, wenn* (2x), *indem* oder in Relativsätze um.

1 <u>Vom sinnvollen Einsatz überzeugt</u> entwickelten die
Wissenschaftler einen Roboter, der Gefühle zeigen kann.
Weil sie vom sinnvollen Einsatz überzeugt waren,
entwickelten die Wissenschaftler einen Roboter,
der Gefühle zeigen kann.

2 Der erste Versuch war, <u>obwohl gut durchdacht</u>, ein Misserfolg,
denn der Roboter konnte nicht lächeln.
Der erste Versuch war,

ein Misserfolg, denn der Roboter konnte nicht lächeln.

3 <u>Mit Strom versorgt</u> zeigt der Nachfolge-Roboter der Umwelt nun seine Gefühle.

zeigt der Nachfolge-Roboter der Umwelt nun seine Gefühle.

4 Der Roboter, <u>in einen robusten Metallkasten gepackt</u>, spielt gern Fußball und spricht auch.
Der Roboter,
spielt gern Fußball und spricht auch.

5 <u>Mit Mund und Augen lächelnd</u> wendet sich der Roboter seinen Kommunikationspartnern zu.

wendet sich der Roboter seinen Kommunikationspartnern zu.

6 <u>Abgesehen von einigen Anfangsschwierigkeiten</u> war die Entwicklung eines Roboters mit Gefühlen
ein voller Erfolg.

war die Entwicklung eines Roboters mit Gefühlen ein voller Erfolg.

b Was ist richtig? Markieren Sie.

1 Eingeschobene Partizipialsätze werden … abgetrennt.
☐ a durch Kommata ☐ b nicht durch Kommata

2 Partizipialsätze, die sich in einen Relativsatz auflösen lassen, sind Informationen zu
☐ a einem Verb. ☐ b einem Nomen.

zu Lesen 2, KB 161, Aufgabe 3

19 Gefühle für Roboter

Formulieren Sie die unterstrichenen Nebensätze in Partizipialsätze mit Partizip II um.

1 <u>Wenn es genau genommen wird</u>, dürften Maschinen keine Gefühle im Menschen hervorrufen.
2 Der Roboter Sam, <u>der von amerikanischen KI-Forschern entwickelt wurde</u>, hat große blaue
Augen und rote Lippen.
3 <u>Wenn es anders gesagt wird</u>, fühlen Menschen mit Robotern mit.
4 Roboter, <u>die als Altenpfleger oder Küchengehilfen eingesetzt werden</u>, müssen in der Lage sein,
Gefühle zu interpretieren und bis zu einem gewissen Grad selbst zu zeigen.
5 <u>Wenn es mit früher verglichen wird</u>, sind Roboter heute schon zu erstaunlichen Dingen fähig.

1 Genau genommen dürften Maschinen keine Gefühle im Menschen hervorrufen.

zu Lesen 2, KB 161, Aufgabe 3

20 Sciencefiction

GRAMMATIK

a Was passt? Ordnen Sie zu.

> ☐ obwohl ganz verschieden · ☐ Spannend erzählt und gut gemacht · ☐ ebenfalls einsam ·
> ☐ Von seinen Freunden im Wald verlassen · ☑ verfilmt von Steven Spielberg

Bei dem Film E.T., _(1)_ , geht es um einen Extra-Terrestrischen (E.T.), der auf die Erde kommt. _(2)_ sucht E.T. Schutz bei einem Haus. Dort wird er vom 10-jährigen Elliot, _(3)_ , gefunden. Zwischen Elliot und E.T., _(4)_ , entwickelt sich bald eine enge Freundschaft. Die beiden erleben viele Abenteuer zusammen. _(5)_ gehört der Film inzwischen zu den Klassikern der Filmgeschichte.

b Beschreiben Sie mit ähnlichen sprachlichen Mitteln wie in a einen interessanten Film Ihrer Wahl.

zu Wortschatz, KB 162, Aufgabe 2

21 Wortbildung: Vorsilben *durch-*, *über-*, *um-* und *unter-*

GRAMMATIK ENTDECKEN

Was passt? Ordnen Sie zu.

durch-

1 etwas dringt … durch
2 durchdrungen sein von etwas
3 durch etwas laufen
4 man durchläuft etwas

A Auf einem Berggipfel ist Nour oft von einem Gefühl der Bewunderung erfüllt.
B Wer ganz nach oben will, muss verschiedene Stationen hinter sich bringen.
C Die Musik des Nachbarn hört man durch die dünne Wand.
D Die Flüssigkeit fließt durch den Filter.

über-

1 etwas geht in etwas über
2 man übergeht etwas
3 etwas springt über
4 man überspringt etwas
5 jemand tritt zu etwas über
6 man übertritt etwas

A Jussuf ist von der SPD zur Partei DIE LINKE gewechselt.
B Wer das Gesetz nicht beachtet, muss Strafe zahlen.
C Mùlán ist so gut, dass sie eine Klasse auslassen kann.
D Der Funke ist sofort von Roya auf Nabil hinübergehüpft, jetzt sind sie verliebt.
E Wasser verwandelt sich beim Erhitzen in Dampf.
F Die Chefin hat die Argumente des Betriebsrats nicht beachtet.

unter-

1 man zieht etwas unter
2 sich einer Sache unterziehen
3 jemand hält etwas unter etwas
4 man unterhält sich
5 man unterhält jemanden / etwas

A Xuān muss den Lebensunterhalt seiner Exfrau finanzieren.
B Es ist kalt, ich trage ein Unterhemd unter meiner Bluse.
C Chén hat Rückenprobleme und muss eine schmerzhafte Behandlung durchmachen.
D Amira benutzt ein Handtuch, damit ihre nasse Bluse nicht auf den Boden tropft.
E Leyla kann stundenlang mit ihrer Freundin sprechen.

um-

1 jemand fährt etwas um
2 man umfährt etwas
3 jemand schreibt etwas um
4 man umschreibt etwas

A Schwierige Wörter sollte ein guter Lehrer mit anderen Worten sagen.
B Yara hat den Text ihrer Bachelorarbeit jetzt zum dritten Mal verändert.
C Hasan ist so stark gegen das Fahrrad gefahren, dass es umgefallen ist.
D Wir konnten in einem Bogen um den Stau herumfahren.

zu Wortschatz, KB 162, Aufgabe 2

22 Chemische und menschliche Reaktionen

GRAMMATIK

a **Bilden Sie Sätze im Perfekt.**

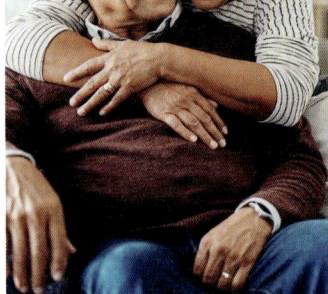

1 chemischer Prozess / mehrere Stadien / durchlaufen
   Der chemische Prozess hat mehrere Stadien durchlaufen.

2 Flüssigkeit / nicht / durch den kaputten Filter / durchlaufen
   _____

3 nach einiger Zeit / anfängliche Freundschaft von Tatjana und Miro /
   in Liebe / übergehen
   _____

4 Arbeiten dieses Wissenschaftlers / man / lange / übergehen
   _____

5 Habib / seine Doktorarbeit / zum fünften Mal / umschreiben
   _____

6 weil / Alexej / „Innovation" / nicht / verstehen, Anna / dieses Wort / umschreiben
   _____

7 Samir / sein Konto / vor 3 Wochen / überziehen
   _____

8 wegen / Kälte / Hayet / dicke Jacke / überziehen
   _____

9 Gärtner / Pflanzendünger / untergraben / um Erde fruchtbar machen
   _____

10 die Studierenden / das Ansehen des Professors / mit ihren Vorwürfen / untergraben
   _____

11 Efret / sein Bett / gestern / zum dritten Mal / umstellen
   _____

12 Polizei / Gebäude mit den Bankräubern / umstellen
   _____

b **Ergänzen Sie die Verben im Infinitiv mit *zu*.**

> ~~unterziehen~~ • umfahren • überziehen •
> unterhalten • durchlaufen • überspringen •
> umschreiben • übergehen

1 Endlich konnten wir Hóng überreden,
   sich einer Kur __zu unterziehen__ .
2 Der Lektor hat den Autor aufgefordert,
   den Text _____ .
3 Es ist am besten, die Stadt auf der Umgehungsstraße
   _____ .
4 Aufgrund der Kürze der Zeit hat der Vorsitzende vorgeschlagen, einen Punkt auf
   der Tagesordnung _____ .
5 Leider dauern unsere Besprechungen immer länger als vorgesehen. Können wir uns
   darauf einigen, die Zeit in Zukunft nicht mehr _____ ?

6 Die dünnen Sohlen meiner Schuhe habe ich bald _____.

7 Omar braucht dringend eine Gehaltserhöhung. Er hat eine große Familie _____.

8 Der Wissenschaftler bittet seinen Chef, ihn bei der Beförderung nicht _____.

zu Sehen und Hören, KB 163, Aufgabe 1

23 Skurrile Gebrauchsanweisungen   SCHREIBEN

a   Lesen Sie die Gebrauchsanweisung für Weihnachtskerzen. Was ist hier wohl schiefgegangen? Notieren Sie Ihre Vermutung.

> Mit sensationell Modell GWK 9091 Sie bekomen nicht teutonische Gemütlichkeit für trautes Heim nur, sondern auch haben Erfolg als moderner Mensch bei anderes Geschlecht. Nachdem Sie Weihnachtsgans aufgegessen und laenger, weil Batterie viel Zeit gut. Zum erreichen von Gluckseligkeit unter finstrem Tann. Es gibt ganz einfach Handbedienung von GWK 9091:
>
> 1. Auspack und freu und laecheln fuer Erfolg mit GWK 9091.
> 2. Fuer eigene Weihnachtsfeierung setzen GWK 9091 auf Tisch. Kabel einsteck – fertig!
> 3. Wenn kaput oder Batterie nicht mehr zu Gemütlichkeit beschweren an: wir, Bismarckstrasse
> 4. Fuer neue Batterie alt Batterie zurueck fuer Sauberwelt in deutscher Wald.

Wahrscheinlich ist hier Folgendes passiert. …

b   Im Text gibt es Rechtschreibfehler, Grammatikfehler (falsche Endungen, falsche Wortstellung) und falsche Wortwahl. Markieren Sie jeweils mindestens vier Fehler.

c   Was verspricht die Anleitung? Notieren Sie die Punkte, die Sie verstehen.

1   *Die Kerzen bringen deutsche Gemütlichkeit in Ihr Heim.*
2 Man hat Erfolg _____
3 Die Batterien _____
4 Die Bedienung ist _____
5 Die Kerzen stellt man _____
6 An die Firma soll man sich wenden bei _____
7 Leere Batterien kann man _____

d   Verfassen Sie eine kurze, verständliche Gebrauchsanweisung für die Weihnachtskerzen.

24 Fluch oder Segen?   MEIN DOSSIER

Notieren Sie zu jeder der genannten Technologien und wissenschaftlichen Entwicklungen positive und negative Aspekte.

3-D-Drucker: + kostengünstige Herstellung von Ersatzteilen
              – …

Selbstfahrende Autos: + / – …
Künstliche Intelligenz: + / – …
Gentechnik: + / – …
Embryonenforschung: + / – …
Humanoide Roboter: + / – …

— AUSSPRACHE: Kontrastakzentuierung —

1 Widersprechen

a Vergleichen Sie die folgenden Aussagen mit dem Kurzbericht „Lernfähige Nager am Flughafen" im Kursbuch (KB 156) und korrigieren Sie die Fehler.

1 Mäuse haben einen schlechten Geruchssinn.
   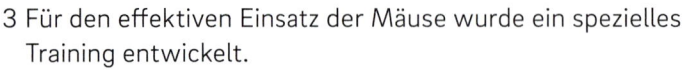
   Nein, Mäuse haben einen ausgezeichneten Geruchssinn.

2 Ihre Lernfähigkeit macht Mäuse zu potenziellen Detektiven in Supermärkten.

   _____

   _____

3 Für den effektiven Einsatz der Mäuse wurde ein spezielles Training entwickelt.

   _____

   _____

4 Für die Mäuse ist das Verfahren weniger einschüchternd als schnüffelnde Spürhunde.

   _____

   _____

b Arbeiten Sie zu zweit. Tragen Sie die falschen und die korrigierten Aussagen vor. Achten Sie dabei auf die richtige Betonung.

4 ◀)) 30 **c** Hören Sie und vergleichen Sie.

2 Trennbare und untrennbare Verben

a Bilden Sie zu der jeweiligen Bedeutung des Verbs einen Satz im Perfekt.

1 durchbohren
  [a] etwas durchdringen   Ich / durchbohren / mit meinen Blicken.
      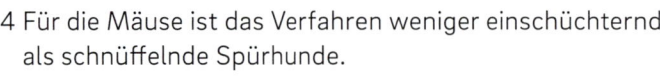
      Ich habe ihn mit meinen Blicken durchbohrt.

  [b] ein Loch in etwas machen   Ich / durchbohren / das Brett.

      _____

2 überwerfen
  [a] etwas locker umlegen   Ich / überwerfen / mir / eine Jacke.

      _____

  [b] sich mit jemandem nicht mehr verstehen   Ich / mich überwerfen / mit meinem Team.

      _____

3 umschreiben
  [a] die Bedeutung eines Wortes beschreiben   Ich / umschreiben / den Begriff „sozial".

      _____

  [b] neu oder anders schreiben   Ich / umschreiben / die Geschichte.

      _____

4 ◀)) 31 **b** Hören Sie jeweils eine Variante der Verben aus 2a im Infinitiv. Markieren Sie in 2a anhand der Betonung, welche der vorgegebenen Bedeutungen jeweils gemeint ist.

c Lesen Sie nun die Sätze zu der jeweiligen Bedeutung des Verbs laut.

4 ◀)) 32 **d** Hören Sie und vergleichen Sie.

die Realität, -en
   die *Augmented Reality (Sg.)*
   die *Virtual Reality (Sg.)*
die Technologie, -n

alltäglich
dreidimensional
virtuell

die Anwendung, -en
der Avatar, -e
der Gesichtsausdruck, ⸚e
die Körpersprache, -n
die Neustrukturierung, -en
das Spracherkennungs-
   programm, -e
die Virtual-Reality-Brille
   (VR-Brille), -n

sich durchsetzen
einsparen
platzieren
projizieren
überlappen
visualisieren

im Eiltempo verbreiten

effizient
physisch

tageweise
zweifelsohne

angesichts (+ Gen.)
anlässlich (+ Gen.)
hinsichtlich (+ Gen.)
mithilfe (+ Gen.)
oberhalb (+ Gen.)
ungeachtet (+ Gen.)
unweit (+ Gen.)

der Behälter, –
das Gut, ⸚er
das Rauschgift, -e
der Scanner, –
der Sprengstoff, -e
der Zweck, -e

auslösen

großschreiben, schrieb groß,
   hat großgeschrieben

zusammenfassend

der Eingriff, -e
die Evolution (Sg.)
das Experimentierstadium,
   die Experimentierstadien

Grenzen setzen
Grenzen überschreiten,
   überschritt, hat überschritten

gentechnisch

die Erbsubstanz, -en
die Errungenschaft, -en
das Gen, -e

umgehen mit, ging um,
   ist umgegangen
jemandem verhelfen zu, verhalf,
   hat verholfen

zum Einsatz kommen, kam,
   ist gekommen
jemandem ins Handwerk
   pfuschen
umstritten sein
sich einer Prozedur unterziehen,
   unterzog, hat unterzogen
im Wege stehen, stand,
   hat/ist gestanden

genetisch
strittig

das Dilemma, -ta
das Pflegeheim, -e
der Roboter, –

jemanden gefährden
interagieren
lächeln

in etwas Einzug halten

eckig
hilfsbereit
humanoid
menschenähnlich

das Reagenzglas, ⸚er

durch etwas durchlaufen
etwas (z. B. Phasen) durchlaufen,
   durchlief, hat durchlaufen
in etwas (z. B. eine andere
   Materie) übergehen
etwas/jemanden übergehen,
   überging, hat übergangen
   (hier: auslassen)
etwas überspringen
etwas (z. B. eine Klasse)
   überspringen, übersprang, hat
   übersprungen (hier: auslassen)
zu etwas (z. B. eine andere
   Religion) übertreten
etwas (z. B. eine Regel) übertreten, übertrat, hat übertreten
etwas (z. B. ein Rad) umfahren
etwas (z. B. eine Baustelle)
   umfahren, umfuhr,
   hat umfahren
etwas (z. B. einen Text)
   umschreiben
etwas (z. B. ein unbekanntes
   Wort) umschreiben,
   umschrieb, hat umschrieben
jemanden unterhalten,
   unterhielt, hat unterhalten
   (hier: finanziell unterstützen)

durchdrungen sein
   (hier: erfüllt sein)

die Norm, -en
der Rohstoff, -e

12

1 Wortschatz

Ergänzen Sie *humanoid, effizient, virtuell, genetisch, potenziell* **und** *strittig*
in der richtigen Form. Schreiben Sie die Lösungen auf ein separates Blatt.

1 die ... Welt des Computerspiels
2 der ... Einsatz von Maschinen
3 die ... Methoden der Gentechnik

4 die ... Roboterpuppe für autistische Kinder
5 die ... Investoren für die neue Technologie
6 die ... Untersuchung des Patienten

Je 1 Punkt   Ich habe _____ von 6 möglichen Punkten erreicht.

2 Grammatik

a   Ergänzen Sie *angesichts, anlässlich, mithilfe, oberhalb, ungeachtet* **und** *unweit.*

_____ (1) des gelungenen Einsatzes von menschenähnlichen Robotern im Weltraum
treffen sich derzeit Astronauten und Erfinder _____ (2) der neuen Trainingsstation.
_____ (3) neuester Technik und genialer Programme konnten diese mit den
Astronauten ausgezeichnet interagieren. _____ (4) dieser erfolgreichen Mission
überlegt man nun, wie man diese Roboter sinnvoll anderweitig nutzen kann. Denkbar wäre ein
Einsatz bei autistischen Kindern. Dies scheint _____ (5) der realen Kosten, die weit
_____ (6) der Budgetgrenze einer sozialen Einrichtung liegen würden, sehr sinnvoll.

Je 1 Punkt   Ich habe _____ von 6 möglichen Punkten erreicht.

b   Formen Sie um und schreiben Sie die Lösungen auf ein separates Blatt.

1 Eine steile Wand hochkletternd kann man gleichzeitig mit der Mini-Drohne ein Selfie machen.
2 Die Frühchen beruhigen sich, durch die Matratze mit der Mutter verbunden, sehr schnell.
3 Wenn man es so sieht, sind wir Menschen in vielen Bereichen schon heute ersetzbar.
4 Da der Erfinder die Absichten der Konkurrenten durchschaut, hält er seine Ideen geheim.

Je 1,5 Punkte   Ich habe _____ von 6 möglichen Punkten erreicht.

c   Ergänzen Sie *überziehen* **(2x),** *durchbrechen* **(2x) oder** *umschreiben* **(2x) in der richtigen Form.**

1 Im Simulator der Raumstation ist es Pflicht, sich einen Schutzanzug _____.
2 Außerdem darf die vorgegebene Zeit in der Kammer nicht _____ werden.
3 Das neue, ferngesteuerte Fluggerät hat den Zaun des Nachbarn _____.
4 Bei der Landung ist die Drohne allerdings in der Mitte _____.
5 Der Professor versuchte, die Bedeutung des Wortes „humanoid" _____.
6 Nun muss das Gerät verbessert und die Gebrauchsanweisung _____ werden.

Je 1,5 Punkt   Ich habe _____ von 9 möglichen Punkten erreicht.

3 Kommunikation

Ordnen Sie zu.

1 In dem Artikel
2 Diese Entwicklung
3 Der Bericht gibt außerdem Auskunft darüber,
4 Dieser Argumentation
5 Ich finde das Gesagte in sich sehr schlüssig,
6 Ich könnte mir aber auch vorstellen,

A wer bereit für so eine Prozedur ist.
B halte ich für äußerst bedenklich.
C kann ich nicht wirklich zustimmen.
D bin aber selbst nicht ganz dieser Meinung.
E dass es dazu andere Meinungen gibt.
F ist von einer neuen Regelung die Rede.

Je 0,5 Punkte   Ich habe _____ von 3 möglichen Punkten erreicht.

Auswertung:

Ich habe _____ von 30 möglichen Punkten erreicht.

☺	☺	☹
30–26	25–15	14–0

ANHANG

WICHTIGE REDEMITTEL / KOMMUNIKATION

SICH IN EINER DEBATTE / DISKUSSION ANGEMESSEN VERHALTEN   LEKTION 7

um das Wort bitten
Darf ich dazu etwas sagen?
Dazu würde ich jetzt gern etwas sagen.
Lassen Sie mich kurz darauf eingehen ...

jemanden höflich unterbrechen
Wenn ich Sie kurz unterbrechen darf: ...
Eine kurze Zwischenfrage bitte: ...
Darf ich da kurz einhaken?

Argumente einbringen
Ich halte es für besonders wichtig, dass ...
Wenn man bedenkt, dass ..., dann ...
Man sollte unbedingt berücksichtigen, dass ...

Unterbrechungen abwehren
Darf ich das bitte zu Ende führen?
Einen Moment bitte, ich bin gleich fertig.
Würden Sie mich bitte ausreden lassen?

ARGUMENTIEREN   LEKTION 7, 9, 10

auf Argumente eingehen
Wie meine Vorrednerin / mein Vorredner gesagt hat, ist es so: ...
Darauf lässt sich / möchte ich erwidern, dass ...
Man könnte andererseits aber auch ... anführen.

Argumente zusammenfassen
Ich bin der Ansicht, dass vieles für / gegen die These spricht. Beispielsweise die Tatsache, dass ...
Meiner Meinung nach ist das falsch. Vielmehr / Im Gegenteil könnte man sagen, dass ...
Ich stimme der Aussage zu, und zwar deshalb, weil ...

Argumente entkräften
Das Argument ... ist nicht stichhaltig beziehungsweise wenig überzeugend.
Ich kann nicht nachvollziehen, warum / wo / was ...
Das Argument überzeugt mich nicht, und zwar aus folgendem Grund: ...

jemandem widersprechen
Ich muss sagen, da bin ich anderer Ansicht. Ich finde ...
Da muss ich dir / Ihnen leider widersprechen. Meiner Meinung nach ...
Dem kann ich leider nicht zustimmen. Ich meine, ...

WICHTIGE REDEMITTEL / KOMMUNIKATION

Angaben über die wirtschaftliche Lage eines Landes machen

Die Lebenshaltungskosten in … gehören zu den höchsten / niedrigsten …

Sie liegen bei etwa / schätzungsweise …

Die größte Belastung des Haushaltsbudgets bilden die Ausgaben für …

Vergleiche ausdrücken

Ähnlich wie / Anders als in der Schweiz gibt es …

Dafür sind die Steuern im Vergleich zur Schweiz …

Im Vergleich / Gegensatz zur Schweiz ist das Preisniveau eher etwas …

Das Preisniveau in … ist (nicht) vergleichbar mit …

In … werden mehr als / weniger als / etwa gleich viel Steuern bezahlt wie …

Während es in der Schweiz sechs wirtschaftliche Zentren gibt, sind es in … (nur) …

eine Präferenz ausdrücken

Meiner Meinung nach kommt eher … infrage. Das passt zu …

… ist meines Erachtens besser geeignet.

… finde ich von der Bildaussage her besser passend.

etwas positiv bewerten

Bild A … ist in Hinblick auf … besonders passend!

… ist doch ein richtiger Hingucker!

… halten wir auf diesem Bild für absolut gelungen!

Für … spricht die hervorragende Darstellung von …

etwas negativ bewerten

… ist unserer Meinung nach nicht sehr aussagekräftig.

… passt aus meiner Sicht nicht zum Thema, weil …

Von … bekommt man ja geradezu Augenschmerzen!

Ich finde es unangemessen / unangebracht, dass …

Bezug auf eine Grafik nehmen

Im vorliegenden Schaubild geht es um das Thema …

Die Grafik geht der Frage nach, aus welchen Gründen / wie / ob …

Umfrageergebnisse kommentieren

Was besonders auffällt / ins Auge springt, ist …

Ein wichtiger Gesichtspunkt wäre für mich dabei …

den Inhalt einer Grafik beschreiben

Aus dem Schaubild geht hervor, dass …

Die Daten geben Auskunft über …

über Prozentangaben sprechen

Ungefähr … Prozent der Männer / Frauen geben an, …

Lediglich / Nur … Prozent sind der Ansicht, …

Hauptaussagen zusammenfassen

Insgesamt kann man feststellen, dass …

Zusammenfassend lässt sich sagen, dass …

WICHTIGE REDEMITTEL / KOMMUNIKATION

SCHRIFTLICH STELLUNG NEHMEN   LEKTION 9

Ich habe selbst schon einmal ...
Der Beitrag beschreibt / zeigt ...
Das sieht man beispielsweise daran, dass ...
Ich bin der Ansicht / Ich finde, dass ...
Große Herausforderungen sind ... Positiv ist aber ...

KOMPLIMENTE MACHEN   LEKTION 11

ein Kompliment machen

Du hast / Sie haben eine/n hervorragende ...
Ich finde es gut, dass du / dass Sie ...
Du hast / Sie haben die besondere Fähigkeit, ...

auf ein Kompliment reagieren

Es freut mich sehr, dass du / dass Sie ...
Es hilft mir, dass du das sagst.
Danke! Das bedeutet mir wirklich viel.

PRÄSENTIEREN   LEKTION 12

eine Präsentation einleiten

In meinem heutigen Vortag befasse ich mich mit folgender Fragestellung: ...
Das Thema meiner heutigen Präsentation lautet ...

eine Meldung und Kommentare darauf wiedergeben

In dem Artikel ... ist die Rede davon, dass ...
Man erfährt auch, warum ...
Eine Leserin / ein Leser reagierte darauf mit / indem ...

mögliche Alternativen nennen

Ich könnte mir aber auch vorstellen, dass ...
Eine Alternative stellt meiner Meinung nach ... dar.

Vergleich mit dem Heimatland

Die Situation in meinem Heimatland ist folgende: ...
In meinem Heimatland ... sind / werden solche Verfahren ...

den persönlichen Standpunkt wiedergeben

Meines Erachtens spricht der Wunsch nach ... für ...
... könnte ein Schritt in die richtige Richtung sein.
... halte ich für äußerst bedenklich / gefährlich / problematisch, weil ...
... käme für mich persönlich (nicht) infrage, weil ...

die Kurzpräsentation abschließen

Zum Schluss möchte ich noch einmal betonen, dass ...
Das Fazit meiner Präsentation lautet also: ...

PRÜFUNGSFORMATE IN SICHER IN ALLTAG UND BERUF! C1

Das Lehrwerk **SICHER IN ALLTAG UND BERUF! C1** bereitet auf alle gängigen C1-Prüfungen vor, darunter das Goethe-Zertifikat C1, das ÖSD-Zertifikat C1, die Prüfung telc Deutsch C1 sowie den TestDaf und den digitalen TestDaf. Die in den beiden Tabellen (AB 193–194) aufgelisteten Aufgaben und Übungen sind an die entsprechenden Prüfungsformate angelehnt, sodass die Lernenden mit jedem Prüfungsformat vertraut gemacht werden.

LEKTION 1	DIGITALER WANDEL
KB 3, 2a	Telc Lesen 3 / TestDaf Lesen 3
KB 8, 2	Telc Sprechen 2 / digitaler TestDaf Sprechen 5
KB 10, 2b	Goethe Schreiben 1
AB 7, 13	ÖSD Hören 2
AB 10, 18	Goethe Lesen 3 / Telc Sprachbausteine

LEKTION 2	IM TOURISMUS
KB 16, 1b	Goethe Hören 1
KB 21, 2	Goethe Hören 2 / Telc Hören 2
KB 22, 1b	Goethe Lesen 3 / Telc Sprachbausteine
KB 22, 1c	digitaler TestDaf Sprechen 3
AB 16, 3a	Goethe Hören 2 / Telc Hören 2
AB 17, 4	Telc Lesen 3 / TestDaf Lesen 3
AB 19, 8	ÖSD Lesen 4
AB 24, 17	Telc Hören 1
AB 25, 19	Telc Lesen 1 / ÖSD Lesen 3

LEKTION 3	INTELLIGENZ UND WISSEN
KB 30, 2	Goethe Lesen 1
KB 36, 2b	digitaler TestDaf Sprechen 2
AB 30, 3	Goethe Lesen 3 / Telc Sprachbausteine

LEKTION 4	MEINE ARBEITSSTELLE
KB 45, 2	Telc Hören 1
KB 50, 1	Goethe Schreiben 2
AB 49, 9	Goethe Lesen 3 / Telc Sprachbausteine
AB 49, 10	Goethe Hören 2 / Telc Hören 2
AB 50, 11	Goethe Lesen 1

LEKTION 5	KUNST
KB 60, 2	Telc Lesen 2
KB 62, 1	Telc Sprechen 1
KB 64, 1b	ÖSD Lesen 4
KB 67, 2b	ÖSD Schreiben 1
AB 62, 3	Telc Lesen 3 (Beruf) / ÖSD Lesen 1 / TestDaf Lesen 2
AB 65, 9	Goethe Hören 2 / Telc Hören 2

LEKTION 6	STUDIUM
KB 76, 2	Goethe Sprechen 2
KB 79, 2c	TestDaf Schreiben
AB 77, 5	Goethe Lesen 1
AB 80, 11	Telc Lesen 3 (Beruf) / ÖSD Lesen 1 / TestDaf Lesen 2
AB 81, 12	Goethe Lesen 2
AB 85, 19	Goethe Lesen 3 / Telc Sprachbausteine
AB 86, 20a	Goethe Hören 1
AB 86, 22	ÖSD Lesen 2

LEKTION 7	FINANZEN
KB 86, 1b	digitaler TestDaf Lesen 3
KB 90, 1b	digitaler TestDaf Lesen 5
KB 93, 2b	Goethe Sprechen 2 / digitaler TestDaf Sprechen 6
KB 94, 2b	Goethe Hören 2 / Telc Hören 2
KB 100, 2	digitaler TestDaf Sprechen 1

AB 92, 4	ÖSD Hören 1
AB 95, 9	Goethe Lesen 3 / Telc Sprachbausteine
AB 98, 13	TestDaf Hören 1

LEKTION 8	PSYCHOLOGIE
KB 98, 1b	Telc Lesen 1 (Hochschule) / ÖSD Lesen 3
KB 102, 2	Goethe Schreiben 1 / ÖSD Schreiben 2 / digitaler TestDaf Sprechen 4
KB 103, 1b	Goethe Hören 2 / Telc Hören 2
KB 103, 1c	digitaler TestDaf Hören 3
KB 105, 1d	digitaler TestDaf Sprechen 7
KB 107, 2a	digitaler TestDaf Hören 5
AB 110, 9	Telc Lesen 1 / ÖSD Lesen 3
AB 112, 13	digitaler TestDaf Lesen 7
AB 114, 14b	TestDaf Sprechen 3
AB 119, 23	Goethe Schreiben 2

LEKTION 9	STADT UND DORF
KB 115, 2c	ÖSD Schreiben 2
KB 117, 3	digitaler TestDaf Hören 4
KB 118, 1d	digitaler TestDaf Schreiben 1
KB 120, 2	Goethe Lesen 2
KB 122, 1b	Telc Hören 3
KB 123, 1a	Telc Sprechen 2
AB 125, 4	Goethe Hören 2 / Telc Hören 2
AB 128, 9	digitaler TestDaf Hören 7
AB 129, 11	Goethe Schreiben 2
AB 132, 16b	digitaler TestDaf Hören 1
AB 133, 17	digitaler TestDaf Schreiben 2

LEKTION 10	LITERATUR
KB 129, 1	Goethe Sprechen 1 / ÖSD Sprechen 2
KB 130, 1b	TestDaf Lesen 1
KB 132, 2c	TestDaf Hören 3
KB 134, 3	Telc Schreiben 1
AB 145, 14	digitaler TestDaf Lesen 2
AB 146, 17	Telc Lesen 2

LEKTION 11	INTERKULTURELLE GESCHÄFTSKONTAKTE
KB 143, 1b	digitaler TestDaf Lesen 6
KB 144, 2a	TestDaf Hören 2
KB 145, 2a	TestDaf Sprechen 3
AB 158, 8	digitaler TestDaf Lesen 1
AB 158, 9	Goethe Lesen 1
AB 162, 15	digitaler TestDaf Hören 6
AB 164, 19b	Telc Hören 1
AB 167, 24	digitaler TestDaf Lesen 4

LEKTION 12	FORSCHUNG UND TECHNIK
KB 154, 2a	Telc Lesen 1 / ÖSD Lesen 3
KB 155, 2b	Telc Sprechen 2
KB 156, 2b	ÖSD Schreiben 2
KB 157, 2a	TestDaf Hören 3
KB 159, 2a	ÖSD Sprechen 2
KB 160, 2a	Telc Lesen 3 / TestDaf Lesen 3
KB 163, 3	ÖSD Sprechen 1 / TestDaf Sprechen 1
AB 173, 5	digitaler TestDaf Hören 2

PRÜFUNGSFORMATE IN SICHER IN ALLTAG UND BERUF! C1

Prüfungsformate im Teilband C1.1 in schwarzer Schrift / Prüfungsformate im Teilband C1.2 in blauer Schrift dargestellt.

PRÜFUNGSTEIL		GOETHE C1	TELC C1	ÖSD C1	TESTDAF	DIGITALER TESTDAF
LESEN	1	KB 30, 2 AB 50, 11 AB 77, 5 AB 158, 9	KB 98, 1b** AB 25, 19 AB 110, 9	AB 62, 3 AB 80, 11	KB 130, 1b	AB 158, 8
	2	KB 120, 2 AB 81, 12	KB 60, 2 AB 146, 17	AB 86, 22	AB 62, 3 AB 80, 11	AB 145, 14
	3	KB 22, 1b AB 10, 18 AB 30, 3 AB 49, 9 AB 85, 19 AB 95, 9	KB 3, 2a KB 160, 2a AB 17, 4 AB 62, 3* AB 80, 11*	KB 98, 1b KB 154, 2a AB 25, 19 AB 110, 9	KB 3, 2a KB 160, 2a AB 17, 4	KB 86, 1b
	4			KB 64, 1b AB 19, 8		AB 167, 24
	5					KB 90, 1b
	6					KB 143, 1b
	7					AB 112, 13
HÖREN	1	KB 16, 1b AB 86, 20a	KB 45, 2 AB 24, 17 AB 164, 19b.	AB 92, 4	AB 98, 13	AB 132, 16b
	2	KB 21, 2 KB 94, 2b KB 103, 1b AB 16, 3a AB 49, 10 AB 65, 9 AB 125, 4	KB 21, 2 KB 94, 2b KB 103, 1b AB 16, 3a AB 49, 10 AB 65, 9 AB 125, 4	AB 7, 13	KB 144, 2a	AB 173, 5
	3		KB 122, 1b		KB 132, 2c KB 157, 2a	KB 103, 1c
	4					KB 117, 3
	5					KB 107, 2a
	6					AB 162, 15
	7					AB 128, 9
SCHREIBEN	1	KB 10, 2b KB 102, 2c	KB 134, 3	KB 67, 2c	KB 79, 2c	KB 118, 1d
	2	KB 50, 1 AB 119, 23 AB 129, 11		KB 102, 2c KB 115, 2c KB 156, 2b		AB 133, 17
SPRECHEN	1	KB 129, 1c	KB 8, 2 KB 62, 1	KB 163, 3	KB 163, 3	KB 100, 2
	2	KB 76, 2 KB 93, 2b	KB 123, 1a KB 155, 2b	KB 129, 1b	KB 57, 2	KB 36, 2b
	3			KB 159, 2a	KB 145, 2a AB 114, 14b	KB 22, 1c
	4				KB 36, 2b	KB 102, 2b
	5				KB 43, 2d	KB 8, 2
	6				KB 79, 2b	KB 93, 2b
	7				KB 65, 1d	KB 105, 1d
SPRACH-BAUSTEINE			KB 22, 1b AB 10, 18 AB 30, 3 AB 49, 9 AB 85, 19 AB 95, 9			

* Diese Übungstypen sind an das Format *telc Deutsch C1 Beruf* angelehnt.
** Dieser Übungstyp ist an das Format *telc Deutsch C1 Hochschule* angelehnt.